宿命的阅读

关于一个作家的非文学批评文本

新世纪敬老扶少
文学出版工程书系
第十八辑

高　晖◎著

沈阳出版发行集团
沈阳出版社

图书在版编目（CIP）数据

宿命的阅读：关于一个作家的非文学批评文本 / 高晖著. --沈阳：沈阳出版社，2023.12
（新世纪敬老扶少文学出版工程书系. 第十八辑；4）
ISBN 978-7-5716-3648-7

Ⅰ. ①宿… Ⅱ. ①高… Ⅲ. ①中国文学—当代文学—文学评论—文集 Ⅳ. ①I206.7-53

中国国家版本馆CIP数据核字（2023）第179932号

自序

ZIXU

宿命的阅读

“我是从哪里来的？”记得从5岁起，我就开始向身边的大人征求答案，但他们给我的说法不一。如桥头捡来的、亮中集市买来的、用小黄牛与隔壁老郑家换来的。当时，我自然不晓得哪个答案正确，并且觉得他们根本没说清我的真正来源。于是，接着发问：“就是我第一次来到你们人间这种地方——到底是从什么地方？”母亲拒答：“你这死孩子就愿意刨根问底！”说着扔过一本书，可能是想以此作为武器攻击我。这本书，就是那本著名的《赤脚医生手册》。拿起它，当时我并不能连贯地读下来——里面陌生的字太多，也不知道里面有我要问的问题的标准答案，就没有急着读下去。不久之后，我还是决定慢慢地看完，后来肯定是有了更好的念头，这本书被我读完一点就放在一边了。不过，我因此学会很多字。这就是我阅读生活的序曲。

我的阅读生活真正开始，与避孕套有关。在我上学的前一年秋天的一个午后，村西头突然冒出一辆卡车，装满一摞摞的纸箱，车上有一女，手拿胡萝卜，叽里呱啦地讲，我们这些孩子听不清也听不懂。当时，全村大人都在。然后，讲话女开始组织拆、分箱子，里面的东西一下子掉出来，花花绿绿的小包，随便拿。那东西呈透明状，且黏糊糊，我的伙伴小六子首先发现用它能吹成气球。于是，全村孩子都吹疯了。没多久，我的村庄被白气球覆盖。成年人说这东西叫“炮皮子”，矿里装炸药用的。至此，避孕套在我村首次成为爆破用语。只要有的吹，孩子也接受这个命名及功用。但我还是有些疑问：也没炸药，弄这么多“炮皮子”干吗呢？单是让我们吹气球？不会的，成年人从来没有对我们这样好过。

晚上，我开始研读说明书，其中涉及一个不懂的词语——“快感”。突然，我想起来，就在那本《赤脚医生手册》里有过这个词语，我开始逐行查找。没过几天，这本书被我读完了，其实并没有完，只是后边的部分被大人当作抽烟纸了——这本书消失在286页——我清晰地记得，看完最后一页的时刻，就是那个秋天的夜晚，我跑出去望着星空，心里空落落的：人竟然是这个样子呀！一点也不好玩儿。原来，他们并不是真想要我，而是想要快感，然后，我就不明不白地来到这个地方了。我当时挺委屈。现在想来，其实，我真正的童年生活在那一刻已经结束。

我开始贪恋书，是从发现书的味道开始的。那时，上小学一年级第六天才发课本。班主任挨桌发课本，我在后排，这样便有了几分钟的期待，我猜想她从前往后依次发放的那种东西一定是非同寻常的物件。放在我眼前的是两本书——语文和数学。我绝对是先拿的语文课本，翻开书页的瞬间，首先感觉到的不是颜色、文字和拼音，而是气味。一种浓烈的特别气味钻进我的鼻子里，香甜、苦涩、绵长，是那样特别，总之，那是我现在仍然能完全记清的气味。那是平生第一次触及这样的气味，当时我的鼻翼肯定是富于节奏地翕动着，那里面柔静的绒毛也会蠕动若干下，手也随之颤动着，两腮红润。这样美妙的气味就在我并不十分在意的时候出现了。后来才知道，人们把这种味道定义为墨香。等我发现这种愚蠢的定义应该遭到反对的时候，早就来不及了，大家很早以前就这么叫了。不过，那天还没放学，我就读完了整本书，比《赤脚医生手册》简单多了。

在读小学的大半时间里，我都无法逃离这种味道的诱惑。每当新书发到手上的那些日子，我甚至舍不得去看它，只是闻。书一般在没有翻阅的时候才有这种味道，用久了，夹在书页之间的味道就淡了，最后的结局是散尽。一写到“书”字，首先感到的是关于那种味道的记忆，然后才是书的实体。这使我想到，某些神秘的东西是先从气味开始的。这种开始是一种先兆、一种灵光，然后，那实物便隐隐约约地出现了。那种东西消失的时候，气味也是最后离开的，实物走了很远，淡淡的气味仍然滞留着。味道是一件事情的开始时刻和结束时刻。

接着，我开始寻找家里一切能阅读的东西。我开始完整意义上的阅读，应该是在1972年或者1973年冬天。有一天早上，家里没人。在童年的印象中，我常常是一个人躺在炕上，早上阳光从窗子透过来，照在炕席上：有我，还有一只老猫，黑的或花的。的确，那时我和猫身上也常常是有阳光的。那天，还多了一个物件，就是那本书。一定是爸爸临走时落下的。我从炕席上拿起那本书，发现里面有图片，就开始一页一页地翻，先挑画片看。图片上有吉普车、有各种枪械，更让我心驰神往的是，那辆吉普车是水陆两用的，开到水里就是船。此后，我一直梦想自己能驾驶那样一辆车，车里放的是那堆各式各样的枪。我在地上飞也似的跑，后边得有敌人追，当然敌人是越多越好，然后是，他们刚要追上我，我一下子把车开到水里。图片毕竟在那本书里有限，不一会儿就看完了，这时，我才考虑到看一看图片以外的东西。就这样，我大约花两天空闲时间看完了那本书。这本书比一般的书大许多，没皮儿，只是几个鲜红的大字“中共中央文件”。

我这次阅读经历是疲惫的，几乎因此丧失了对这本书的理解和记忆。看过几行还会遇到几个我不认识的字，只能硬着头皮念下去。那次，我是带着问题阅读的，所以十分在意车和枪这样的字眼儿，似乎从头到尾只是那几幅照片的周围有这样的字眼儿，其他的话都上不着天、下不着地让我无法理解。

那几天，我的情绪相当复杂，晚上的时候，老半天睡不着，想着书里的片言只语。这本书给我提供的刺激以及设下的疑问使我在很长一段时间里不能自拔。它给我的童年平添了许多抽象的概念。后来有一天，爸爸回家急匆匆地找那本书，我在一边看着：我没看见，真没看见。就这样，这本书没有被缴上去。因为藏错了地方，直到我15岁那年搬家时才在仓库里找到它，已经被老鼠吃得差不多了。直到爸爸将近退休时，有一天我们聊天儿，他说他在“文革”时弄丢了中央的机密文件，受到了记过处分。我说：“我给你藏起来了。”他说：“你藏得还真挺好，不然他们那时想把我调到清河当书记，我不爱去，有了这事，他们就不提了。”我们都笑了。

我的第一本完整读物竟是中共中央文件，这是有一定级别的干部才能接触到的读物。不过，这种超前行为让我养成了读各种文件的癖好，关于执政党的一切我能见到的文件资料以及政治教材、领袖传记之类读物，我都能读下去并能留下印象。比如，北京开了什么会，我就找报纸上的新闻或原文看，记不住也看，喜欢受那种词语的刺激。我常常只是从文体意义上产生一些想法。我觉得，现在的文风时常被人们忽略，文章写得缺少应有的力量，像我这样有较好阅读训练的人看着都费劲，很难让更多人读懂。那些事关国计民生的大报告是玩不得现代派的。我读过一遍《毛泽东选集》，老人家话说得明白、有劲。真正的口语方式必须得有节奏，有适度的停顿，得用形象带出理念。

随后，我开始读第二本。那是本小说，当时称之为“大书”。封面是胖墩墩的一个男孩的半身像，我记得是穿着蓝衣裳。书的名字叫《新来的小石柱》，谁写的我早就记不清了。讲的是一个体操队员小石柱的故事。一个乡下孩子，一个会翻筋斗的乡下孩子，偶尔被教练选中，来到少年体操队。这孩子是新来的，功课、生活还有专业都跟不上，于是他就刻苦适应，赢得了小伙伴的佩服和教师的夸奖，最后在一次大型比赛中拿了冠军。似乎还有一个孩子，被安排成有些资产阶级生活习惯的孩子，爱吃一些小食品，后来他没比过小石柱。

就是这么一本普通的故事书，很多人也许记不得书名和情节。我记得这本书在我的童年乃至少年生活里举足轻重。当小石柱在集体中孤独的时候，常常到一片小树林里，在这小树林里想家、练功。其中有这样一个细节，我始终难忘：这片小树林里有一棵笔直的小树，小石柱每隔一段时间，就在上面划一道痕，盼望自己能快些长高。这成长的愿望让我迷恋了许久。其实，这是多么普通的愿望，对于我却成了某种象征，它象征着我童年和少年积极向上的那一部分生活。想来，这本书不过是极普通的一本文学儿童读物，一定不是深沉博大的那种书。不过，这没关系，这本书诱导了我对自己生活中向上那部分东西的理解，没有比这更重要的了，特别是我当时那个年龄。小石柱成了我那一时期生活中的一个榜样，单纯、善良而勤劳的榜样，特别是能自己默默地承受一些东西的榜样。总之，《新来的小石柱》给我带来了丰富而温暖的阅读感受，小石柱在练功之前对树的默想，上单杠前对奶奶的思念，这里面就包含了梦想、祈祷和信仰。其实，这类书籍对人的启示常常在于诱引，诱引出与自己当时精神契合的一种场物质，这种场物质会笼罩或长或短的一个时期的个人心灵生活。刚开始的时候是一种临摹般的人格仿真，这样的仿真久了，也就逼向了心灵深处。

后来，我开始享受阅读给我带来的荣耀。如果没有记错，那是小学三年级的一个早上，在我的家乡——康家村小学。那时的学校是两栋并排的土房，靠大门一侧的两面房山有两块黑板报，用水泥抹成的。那个早上，我发现了它们上面是密密麻麻的字，花了很长时间读完了上面的字。是日记——一个女生的日记，主要是谈及黄帅对她的影响。日记的主人是我上两个年级的同学，盛爱玲。看那些字的时候，我生出了一个念头——我也要写日记，并要把他们写在黑板报上。一年以后，我的愿望实现了，我写了学习杨滢的体会。放学的时候，我躲在一旁，偷偷地看教画画的老师一笔一画地往黑板报上抄我的日记，一直抄到天黑。那天晚上，一想到第二天早上所有的同学都会发现我的日记写在上面了，我兴奋极了。后来情况发生了变化——夜里下了一场雨，我们什么也没有看到，黑板报上是一条一条的白道儿，难看死了。我第一次发表的作品就这样被雨水冲刷得干干净净。我难过极了。怎么那样巧？那雨怎么偏偏冲我的方向下过来？我开始贪恋叙述的力量，它可以把我和那些不叙述的人区别开。

初中时，我的作文又有几次作为范文写在黑板报上，趁没有人的时候，我从头到尾地看完，心里怦怦直跳，然后在有同学表示羡慕的时候，我会跟他们说："这有什么，我才不在乎呢。"其实，整个小学和初中，我读的一些书都是随机的，没有什么选择性和系统性，那期间我甚至没有去过书店。就在我小学毕业的时候，妈妈成为公社文化站的图书管理员，全站除马恩列斯等政治书籍没有看全，其他的文学类、社科类书籍我几乎都看过，苏联的小说居多。当时，我甚至觉得自己可以写作了。初中二年级时，我想参加《春风》杂志的文学青年函授，需要6元钱。在一个黄昏，我向姥姥说了这件事，她为给不给我"投资"整整决策了一个下午。最后，她说："就当丢了。"结果是那些用"巨资"买来的函授教材，我不喜欢，有些理论的东西也看不大懂——我不敢和姥姥说这些。那时的6元钱现在值多少我不知道，但我记得那几乎是姥姥全部存款的十分之一。高一的时候，在县城书店，我惊奇地发现，那里面零零落落堆着那些文学、哲学、医学书，几乎都是我读过的东西。

1987年秋天，我当时在煤城读书，和一些同学去了一趟叫塔子沟的山。来到山脚下的时候，我便不想再上去了，我决定在底下给他们看衣服。我躺在那里吸烟，想着我的春春里发生过的一些事情，挺入神，入神的后果是我烧着了身边的杂草，若不是我扑救及时，恐怕那座山早就草木皆无了。我用自己的衣服扑灭了周围的火苗。我独自一人重新躺下来，闻着草木余灰浓烈的气味，我觉得自己正实实在在地活着，特别开心；我投入一种并不盲目的冲动中，我想就这样活下去，就这样活下去。我当时认为，这样想并没有什么错。又有一些东西离我远了，同时也又有一些东西离我近了。值得庆幸的是，那时我又记起了少年时的黄昏。我想感谢那块刚刚过火的土地，它支持我躺下来，这是一种可以看见天的姿态。其实，读书就是一种看天的姿势。后来，我在看书的时候，常常在书页上出现这样的场景。

其实，我前半生最重要的阅读生活就是从这时开始的。我曾经在《阅读者》里面写过："煤城给我最大的惊喜，就是书店。"煤城有一家四层楼的新华书店，里面的文学、哲学书籍整整占了两层，那时已经有人开始大面积阅读，只不过我当时没有找到这些家伙都藏在什么地方。我清晰地记得，那次我买到弗洛伊德的《精神分析引论》、萨特的《存在与虚无》和《词语》、欧文·斯通的《心灵的激情》，还有一本旧书《渴望生活》——也是欧文·斯通写的凡·高传记，上面还盖着一个蓝色的戳记：镇江市水产养殖场工会图书室。那时候，一个标准的文学青年的手头总是要有几本这样的书，否则根本没脸见人。第一本，我根本没有看懂，至今也没有再看；第二本，我看了一些，然后就放下，这样的书根本就不是给人看的，只能是翻阅，信息量庞大、密集，而且让人头疼；第三本，我可以断断续续地看下去；第四本，写弗洛伊德故事的《心灵的激情》——后来，我庆幸自己在青春年少的时候与这样一本书相遇；至于《渴望生活》那本旧书，我甚至不敢立即读完——每当遇到特别的书都是这样——我不敢读完——读完这本书以后的生活该怎样继续下去呢？即使是现在，像这样随意说出一本震动过我灵魂的书，自己都有些后悔，就像轻易地说出自己的隐私一样。断断续续写作的这些年，我始终不喜欢作家推荐书目这样的文章，都是瞎掰，好书，对于那些特定的写作者，就像情人一样属于隐私。我永远都能背诵凡·高的一些话，比如这句："真正的画家是受心灵（即所谓热烈的感情）指导的；他们的心灵，他们的头脑，并不是画笔的奴隶，而是画笔要听从头脑的指挥。”

那时，还有一本书异常重要，就是《金蔷薇》，就是那本非常著名的苏联散文。我记得那是一个午夜，我在自己的书架上发现了这本书。这又是一本买后没看的书，因为刚读到一个外国大师谈到了这本书，我就找出来看。翻开正文的第1页，我的心开始激烈地跳动。舍不得看，有些书我们真的舍不得马上看完，只是担心看完以后的日子怎样打法。这是一本有香气、有旋律的书。我真高兴，在自己开始写作不久遇见了它，感谢这个苏联人，感谢我们的译者。刘小枫说，20世纪60年代出生的人，生下来就是一个理想主义者。我们坚信神圣的社会理想定然会在历史的行动中实现。但是，就是这本小册子，导致我开始怀疑《钢铁是怎样炼成的》和《牛虻》里面的激情，觉得为保尔而流下的泪水是那样幼稚。也许就是从那时开始，我重新配置了自己的理想主义。“‘我们总是过迟地意识到奇迹曾经就在我们身边。’这是巴乌斯托夫斯基提到的勃洛克的诗句。开始的时候，我们这代人曾误解过奇迹，听信过伪造的奇迹。实际上，奇迹从来就只有一个，那就是十字架受难中所显示的奇迹。于是，我们开始学习关于怕和爱的生活。”①就像刘小枫所说，怕和爱的生活本身高于历史理性的绝对命令。

我常常是这样：用整整一个晚上或者更多的时间来收拾书，我那一排排摆在书架上的书。程序大体上是：先一摞摞地将书从架子上抱下来，放在写字台上，一本本地翻。这时，我能集中几乎全部的精力盯着书上面的字。字几乎都看不大清，心在忽闪忽闪地动，只有一个念头：这本是什么时候买的？当时是什么情景？我看过没有？我喜欢这样的时刻，这种时刻我呼吸的声音与翻书页的窸窣声

① 默默（刘小枫）：《我们这一代人的怕和爱——重温《金蔷薇》》，《读书》1988年第6期。

混合在一起，让我感受着一种难得的踏实。

拿下来的书多了，架子上的书就少了。直到我差不多被书埋在里边了，才慢慢地站起来，生怕弄倒四周耸立着的书，然后一本一本地往架上放。放的时候没有什么规矩，都是随手的事。偶尔会突然蹦出一本想看的时候找不见的书，或者发现了一本别人没有的，也没有谈论过的书。这时，我会在心中涌起一阵不应该的兴奋，像守财奴私藏了什么宝贝未被人发现那样。我一遍遍地抚摸书皮儿和书背，想法变得单纯明朗：有这些书读，还要别的干什么？甚至，写作也变得不那么重要了。读书原本是和写作没什么直接联系的事。我知道，有些书的高度，我是永远无法企及的，这不是单靠勤劳就可以弄懂的，这需要造化和天分。在好书面前，我无数次地脱帽致敬。也只能这样。其实，对于一些书，用几十年时间能读懂就不错了。这样想的时候，就对自己的写作产生了绝望，这也是十分自然的事。然而，充满希望的是我发现并且读到了一些真正的好书。

我有些疑惑，对那许许多多个没有读书的日子。那些日子我是怎么熬过来的呢？我只能这样解释：那些时候，我并不需要读书，不需要就是不需要。什么是需要呢？就像人对于水、阳光和空气。更确切地说，我当时没有能力发现这种需要。最简单的道理往往都是最后才认清的。

书读得渐渐多了一些，就不免写些读后感类的东西，我倒从来不认为自己是在做什么评论。我的想法大都是感性的。直到有一天，我被一些人称为评论家的时候，才看看以往自己写的那些东西。那的确不是什么严格意义上的评论，尽管有些篇章发表在非常重要的文学评论期刊上。我几乎看不完现在市面上的评论文章，有的文章看了几眼之后，就发现这个家伙根本就没有细看人家的原作，在那里“自成体系”地瞎蒙，直写到连他自己也说不清的时候才肯停笔。由于没有自己的感受，才制造一些高难的理论，用概念推倒概念，最终呈现出高高在上的面貌，将个人应有的审美鉴赏力模式化了，就是这些程式化的东西将巨大的概念变得神秘莫测。我真的想推倒那些艰涩的概念，将一些东西向每个有一般理解力的、20岁左右的文学青年解释清楚。我始终认为，所谓的评论，必须对单个的文本下一个单个的定义，否则就会远离这个文本本身——所有的思想系统都应该建立在个体读者的感受之上。我还认为，理想的读者就是野蛮的读者，是那些没有“预设概念”的读者，把文本当作一个封闭的世界阅读，又把它放在开放的同类整体中去“系统”。

兰德尔·贾雷尔，这个美国诗人，在1953年曾经说过这样一句话：读者，真正的读者，几乎同作家一样是野蛮民族，而大多数批评家则属于——似乎建立了种种制度的驯顺民族。在这个意义上，我愿意相信自己是野蛮的读者，努力与自己所关注的每一位作家相和而又能够保持双方的个性。我始终喜欢那些野蛮而理智的批评。严格意义上的评论已经成了朋友间的窃窃私语，到底是评论缺少了什么，还是读评论的人缺少了什么？喜欢读书的人根本不用读什么评论，然而真正喜欢读书的人肯定会写一些读后感的。评论和读后感不是一档子事。也许，好的评论就出现在读后感里面呢。

现在，我想说的是，一本书你能读下去，就对你重要。一个人是否适应某些书，这很重要。读好书就是剥离自己的过程，就是把自己内心中被层层包裹的东西剥离出来，显露出内心最柔软、最丰富、最具想象力的东西。读书能在一定时间内改变你对这个世界的看法。一个作家为什么读书呢？我认为有这么四个目的：一是模仿。其实，每一个写作者都是从模仿开始的。开始写作的时候，你会不自觉模仿一些你喜欢的作家的手法，甚至是后来这种模仿也不能幸免，最后才是隐退了形式追究其内容。我曾经说过，新时期文学的30年，就是中国作家摹仿外国作家的30年。我甚至可以说出新时期每部重要作品的背后是什么。二是思考方式。君特·格拉斯的《铁皮鼓》给我们提供了一种思考方式。一个人内心成长的过程和他强烈的表达愿望是成反比的。三是形成内在的语言系统。感受自己内心的真实需要是形成稳定的内语言系统的根基。语言问题不在于语言本身，而是我们观察问题的方法。作家形成了什么样的语言系统和模式，与读什么样的书关联很大。四是感悟。读书无论怎么重要，与写作本身相比都显得逊色。写作就是写作，它是上帝安排给人类中极少一部分人的特殊任务，是以作家内在生命的感悟作为支撑的，作家的生命仅仅是一块试验田地、试验器皿，本来无须用自身生命以外的东西做相关支撑，但是书籍可以诱引，诱引出形式感甚至内容。比如，我在一本1973年出版的科普读物《怎样养兔》中读出另外一种东西，于是写出中篇小说《杀人犯吴玉刚印象记》。当时，我写小说，找不到特别的形式感就没有话说。很多书籍让我看到了小说的形式感。于是，有了第一句就有了第二句。

我想起一个故事，应该是美国小说家辛格写的，除了他谁还能有这样的方式呢？故事发生在很久以前的美国小镇。一个孩子在吃饭的时候妈妈让他去买调味品，他把钱丢了，就没敢回家。然而，伪装过的孩子就在家附近。一直过了好多年。好多年以后，他看着家里发生的变化。直到有一天，他回家，大喊："东西买回来了。"这个出色的短篇，很多年前我就看到了，记住了。也许这里面有沧桑和震撼。对了，震撼应该有时间长度，那就是沧桑。沧桑如果有惊人的细部就会震撼。

20世纪世纪60年代出生的写作者的阅读经历和生活经历大体相同，但每个作家呈现出的状态大不相同。虽然时间会让与文学相关的审美法则发生些许变化，但文学还是根基于传统。无论怎样，任何文学的审美法则都不能作为创作的依赖，好的作家从来不跟随思潮来创作。文学作品要想恒久，就得抛弃当下的世俗价值和所谓的主流价值。比如，张贤亮的作品现在看来没有什么大惊小怪的，但是它们在80年代中国的人性启蒙过程中，起到了无与伦比的作用。我们应该了解20世纪80年代初期的意识形态是什么样子，他当时的作品无异于原子弹爆炸。余华的创作呈现出20世纪60年代作家的特征，个体生命的感受开始浓郁，个体对世界的惊恐、残酷而尖锐的自身体验构成了余华小说的重要因素。还有，就是他会很朴素地说话。仔细想想，与国外一流大师相比，余华还是缺少某种东西。是什么呢？忏悔感、沧桑感。我们常常提起的苏童，苏童的长篇创作一般，但他堪称短篇小说大师，他能写出短篇的色彩、旋律、节奏。当我们读了乔伊斯、辛格和卡佛的一些短篇后，会更加觉得苏童真的了不起。还有韩东，抛开创作指向不说，单说他可以让日常生活具有强烈的形而上感——这是非常高级的一种状态，阅读这类小说，就会发现读者需要智力、心性方面的准备。还有，史铁生的《我与地坛》，寥寥两万字的作品，我们怎样评价都不过分——梦想、生死、祈祷、忏悔、宿命，几乎什么因素都有了。作为自然人，史铁生是高位截瘫的残疾人，同时他又是这个世界上精神最为健全的人。作为作家，他又呈现出一种特殊的形态，没有人可以复制他。

阅读经验告诉我，近百年来，中国作家从来不缺“贴着地面行走”的东西，缺少的恰恰是幻想性的元素、浪漫的元素和丰富的人性因素，总之是需要精神提升。我们这个民族，在先秦、在魏晋、在唐宋，个体乃至群体的精神维度曾经达到过无与伦比的高峰。就在20世纪八九十年代，中国知识分子的想象力和创造力也达到了一个高点。事实上，新时期以来，哲学、文学、绘画、音乐等领域已经出现经典作品和大师，只是因为时空的原因，我们不愿轻率地将经典作品和大师的桂冠给那些优异的作品和制造它们的艺术家。这样，才更需要高水准读者的认知力。

其实，从童年开始的阅读生活，并没有教会我什么有现实力量的东西，倒是让我养成了按照书上描述的办法处理现实生活及自身感情生活的不良习惯，特别是一牵扯到细节更是如此。读书使我的羞耻感更加完整而尖锐。这样，我的青春期的真实焦灼——再掺杂上小说里主人公的心灵磨难，就使我那段生活感受变本加厉，甚至一时无法分清哪种状况更加真实。阅读变得艰难的时候，往往是对这世界感受零乱的时候；这种状态往往不如写作艰难表现得尖锐。捧了一本书，刚看过几页就被迫停滞了：脑袋里大都是想着与书里相反的事情；然后是拿起另一本，状况依然。这样，在一个晚上要拿起放下10来本书。起先并不大在意，后来这样的事情发生得多了，就开始问自己：这是怎么了？我怎么不能集中地进入一本书里？无法进入写作的时候脑子和纸都是空白的，很容易让人急躁，像跑在路上的车子一下子没油了。无法进入阅读的时候似乎比这好一些，虽然眼睛不能一行行地走下去，脑子里却是满满的。都是些书和纸之外的想法，当然就是这时现实世界里各种细微的事情也便乘虚而入了。现实世界强烈地干扰着我顺着一个思路想下去。我首先想到的是阅读内部出现了异常。其实也应该这样，在停顿的时候想想这件事情本身或许也是某种持续。

准备阅读的时候，我当然期待着能一本本连续地读下去，次序和完整是我关心的两个基本内容。现在，不但这两个方面都因受到阻力而扭转了方向，而且出现了一拿起书就想放下的情况。当我的眼睛对书以外的物件的兴趣大大减弱的时候，一些丧失也随之凸现出来。我由一个行为敏锐的人变得现实感迟缓，这肯定是阅读导致的结果。读书给我制造的羞耻感使我失掉了挺进现实的若干次机会，这是事实而且是我没有心情抱怨的事实。我的大部分快乐和悲伤注定要围绕阅读而发生。那么，让我们把话题集中在阅读本身，这样更符合我此刻的心情。

阅读艰难时常常让人想起初衷。开始的时候，只不过是顺手翻翻，最多只是被故事吸引。后来，对叙事文学形成排斥。于是，我开始读诗歌和哲学。有一段时间，我读了大量诗歌和哲学著作，我甚至读完了萨特那本艰深的《存在与虚无》。我的初衷是读故事，但时间一长，我自己也控制不住局面了，阅读诗歌、哲学甚至无人问津的闲书成了我的一种习惯和需要。这样，常常受到挫伤是最自然不过的事情。其实，我是个既没勇气让自己的心脏停止跳动，又不想完全睁开眼看世界的人，相当长一段时期，我不大喜欢这个世界。不管怎么说，读书使我能沿着一个思路想下去，就像顺风而行的帆船。我真不情愿承认，现在我的状态是这样啊，眼睛一盯着那些超越现实的东西，心里就舒服。阅读的时候，我蜕变成了一个梦中人，也许就在这时，我开始改变单纯的初衷。阅读变成了某种对抗，对现实无言无语的对抗。在人声嘈杂的地方，你从口袋里掏出一本书，旁若无人地读起来，或者，开会的时候你在想着书里面的事情，就是这样。

那么，如果现在读书成了停顿，上面的说法还能继续吗？如果说有序的部分逐渐增大是这个世界进步的根本标志之一，那么，个人的精神成长可不可以这样呢？有时，我们就像乘坐在一艘颠颠簸簸的大船上，失重恶心这些震荡大都是由这艘船带来的，然而作用于每位乘客身上肯定会有些细微的差别。我知道差别的根源，不是说我能忘记正在进行的斜倾和下沉，我说的是另外一个意思：自己再制造一艘小船？我应该有这个愿望。读书就是一种睡眠，睡眠是一种假死状态，那么读书也是这样的状态吗？是想把自己冷冻起来，在适合自己活命的时候再活过来吗？这些设问和阅读有什么本真的联系吗？

在我还没有学会读书的时候，甚至在没有学会集中想一件事情的时候，我已经开始贪恋水了。整个童年几乎都潜在水里。我学会了扎猛子，就是试图在水中待尽可能多的时间：先吸一口气，然后把头扎在水中憋气，刚开始的时候在水中什么也来不及想，后来积累了一些经验，可以逼迫自己在水中想一件事，想出结果来，再伸出脑袋，再呼吸一口气。那都是些简单的事，甚至只能说是场景，不是什么事。浮出水面的时候，我常常是胸闷气短，两颊绯红，这时的呼出和吸入是贪婪而致命的。呼出的是二氧化碳，吸进的是氧气，书里这样说。尽管那时我还不知道呼吸这般科学，然而我却体会到严重了。那时的水是污浊的水，甚至应该是有害的，我当时没能力留意这些，童年的眼里什么东西都是干净的。那时，我有一个强烈的愿望——能在水中换气。据大人说，有人能做到在水中待一天一夜而不必呼吸，都是些我无法看见的人，他们不是死了，就是不在我的家乡。后来，看到书里说的潜水衣，我神往了很久，虽说也是衣服，但那毕竟是能在水里换气的衣服哇！

现在，我知道——阅读已经改变了我的生活，这本身就是一种宿命。那么，什么时候我不需要读书，不必为阅读艰难担心了呢？那时，我心中肯定会有一部无须删改的大书了。这又是一个梦想，是我近年来的梦想。

目　录

流派与文体论

序言或后记

自序与后记

印象或书信

附　录

作家与作品论

史铁生的意义[①]

读过史铁生的很多著作，但迄今尚未写过关于史铁生的任何批评文字——每当提起笔来，大脑常常会出现屏蔽。有些作家就是这样：你可以读他，也可以想他，就是无法写他——也许这时，该作家和自己的心灵已经产生了某种神秘联系。在更多的时候，论说的过程其实就是消解的过程，不过，现在我还是想说说——这里面肯定有自己内在的冲动，不只是源于某本书[②]的启悟。

如果按照当下“出生年代+后”的划分方式，1951年出生的史铁生无疑应该属于“50后”。“文革”这代人，还有一个烙着历史特殊印记的专有称谓，即“红卫兵一代”。在中国大陆，“红卫兵”已脱离原有的词语意义，成为一种特别的符号，其本质特征就是“激进的理想主义”。

我现在谈到史铁生的时候，不可避免地要涉及“50后”的整体精神样貌，同时又必须挣脱上述预设语境。因为，“50后”一代的人生实践已经达到新的峰值，特别是其中的个人精神样本效应已经开始显现，史铁生无疑就是最重要的一个。

---

① 此文写于2001年10月，曾刊载于《当代作家评论》2010年第3期，其后被收入多种选本并被数次引用。收入本书时有删节。

② 许纪霖：《另一种启蒙》，广州：花城出版社，1999年。

许纪霖先生从思想史角度描述过这样的情景[①]：到20世纪90年代初，面对市场经济的汹涌浪潮和信仰虚无主义的泛起，张承志等一批老红卫兵就再度举起理想主义的旗帜，匆匆上阵应战。应战的姿态是悲壮的，但所用的武器却是那样的陈旧，几乎只是20世纪50年代青春期的翻版，以至于缺乏足够的思想魅力和现代价值吸引新一代年轻人。人们敬佩的只是张承志的血性人格，但对他与张炜那种偏激的、红卫兵式的道德理想主义或多或少持有保留意见。

从本质上说，“50后”的理想主义是一种群体声音，群体声音的典型表征就是说教，其本质是统一模式，是针对群体采取的一种“化零为整”的强化措施。但是，史铁生的理想主义并不代表群体声音，是从自己内部发射出来的个人立场；他的生命的意义不再与历史的或形而上的终极目标这些巨型词汇发生关联，而是自己面对自己内部虚无困境的挑战和超越。

从本质上说，史铁生的理想主义是个人理想主义，充满温情和伤感，是个体生命体验的完成者，同时史铁生能够超越自身，努力解决个人生命中的精神难题，为此，我们只能从他的心灵内部寻找原因。在史铁生身上，我们不难发现他藏于内心深处的悲天悯人情怀。其实，中国作家的智力、技术、情感积累，特别是对现代文体认知已经完成并取得很好的业绩。现在所缺少的重要东西就是情怀——那种巨大的悲悯情怀，这是真正导致作家巨大起来的缘由，主要包括：一是怎么看待这个世界，其中历史感、宗教感不可或缺，当倚仗这些东西做支撑审视世界时，就会找到特别的细部；二是用什么角度、方式观照人类精神——其中，悲天悯人是重要的组成部分，当作家在这种状态下观照人类的精神世界时，首先会拿自己的内心当作试验的器皿，接近忘我境界；三是用什么眼界观察并切入

---

① 许纪霖：《另一种启蒙》，广州：花城出版社，1999年，第194页。

生死，其中，超越既是目的也是手段，当你用超越的眼界看待生死时，就会还原真相、抵达趣味，在内心深处找到根源，进而反映出灵魂深处的纠结与搏斗。

在史铁生的作品里，我总能看到那种自然流露的人文关怀，特别是他在翻检日常生活细部时所传达的那种悲天悯人情怀。我愿意这样推测：在很久以后，从那时的眼光再看这些，史铁生作品的技术部分已经开始丧失应有的魅力，但是其情怀、高度等东西会突兀起来——这些才是真正的先锋精神。我认为，真正的先锋始终就是返回古典。

如果我们说作为作家的史铁生已大于思想家——不是指相对深度，而是绝对广度，那些没有边界的广度，那么，史铁生的思想资源来自哪里？仅仅来自个体生命体验吗？

其实，个体生命体验本身是一个比较宽泛的概念，就作家内在的基本原则而言，我想应该包括以下内容：一是对自身生命的基本看法，即对自身的生命意义、生命质量建立一个综合评价体系，首先要回答生死问题。对于史铁生，就是在生命受限的情况下怎样超越，这是一个基本体系。二是怎样建立起作家的良知，捍卫权利，坚持正义。那么，怎么样对待陈旧体制以及与其形成的矛盾？我们要像砂轮磨铁一样不停地打磨，这样，首先可以保持铁的正常以及砂轮的旋转；其次是砂轮在打磨中获得生命本身的意义，同时保持合理的磨损度。三是如何看待穿透情感。当一个作家走回自己的内心，其传达情感的感情及其方式才能进入读者的内心。建构上述体验，并能自觉进行按照自己建构的方式体验，其难点在于支撑点，即用什么做支点使自己离开地面进而飞翔。就生命体验本身，中国有不少作家的写作状态是脑子参与、心灵溜号，这样，当我们发现史铁生创作的那些心灵参与的文字，就会格外地珍惜。因为，史铁生的写作不再是漂移的思想表层，而是沉潜在内心生命的底部。一般来说，这样的写作有以下特征：一是因排斥速度而节奏非常缓慢；

二是在进入写作者内心的同时进入读者的内心，时时有细部让你冥想；三是所有文字的最后指向都是爱、智慧以及穿越虚无的意义。

一般来说，“一个世俗社会的全面来临，总是伴随着一场深刻的精神危机”[①]，就像一部汽车的真正瘫痪是从发动机开始的。的确，精神危机发生的主要标志是无视与终极性有关的一切问题，如个人如何获得生命的意义、重建人文关怀以及坚守理想主义的立场——这些，都是中国知识分子长期以来用于瓦解世俗观念的重要词汇。20世纪90年代初期，针对这一问题的讨论异常活跃，其实这是知识分子的内部焦虑造成的。在所争论的关键词中，“人文精神”“理想主义”“精神家园”出现的频率最高。

在文学界，集中论说上述问题，张承志和张炜的方式比较激烈——激烈就会显得热闹，反抗世俗的热闹惹来世俗的围观是最自然不过的事情。“旗帜的问题是关键问题”——只是我们发现，旗手们树立的旗帜对我们的内心生活根本无法产生直接的影响，体验到热闹之后，作为个体生命的我们——都不难发现：我们自己的位置应该是、也始终是处于历史的波谷之下，我们渴求内心和谐安宁，渴求探寻生命本身的真正意义。也许，能够拯救我们的金矿就在我们内心寂静的底部。

就在这样的时刻，史铁生向我们缓缓地走来。史铁生的思想更符合我们的内心，具有内在的自我问询、自我组装的特征——这是一种珍奇的个人力量，是这个时代里个人的根本勇气所在。史铁生在重建个体生命的意义上，着力解决生命意义的问题，并将此问题提升到哲学的高度。毋庸置疑，史铁生自身的肉体限制，逼迫他思考生死问题——可以这样用一句话概括，但具体到个人则需要相当长的阵痛的过程，史铁生的精神增长点就是在这个过程中产生，那

---

① 许纪霖：《另一种启蒙》，广州：花城出版社，1999年，第195页。

是没有虚无、没有轮回、没有祈祷，只依靠个体生命内在启悟带来的内在的理性力量。

史铁生首先认同加缪哲学，认同荒谬是人与世界之间联系的唯一纽带，荒谬是不可能被消除的，人只能带着裂痕生活[①]。但是，人必须超越荒谬，在荒谬的生活中获得意义。针对这些必须回答的问题，史铁生这样表述。人有三种根本的困境：一是孤独，人生来注定只能是自己，无法与他人彻底沟通；二是痛苦，人生来有无穷的欲望，而实现欲望的能力永远赶不上欲望的能力；三是恐惧，人生来不想死，但总是要走向死亡[②]……这些困境是永恒的，无法克服的，它们构成了人生虚无感的背景。每一种困境都意味着生命的残缺，人生注定是残缺的，荒谬和不圆满的，即使我们人为地进行好运设计，最后也会沮丧地发现它并不存在[③]。这是史铁生在深刻的绝望之后的顿悟，史铁生和加缪相遇——这是一次极其丰富的相遇。人的命运被偶然之网所笼罩，人生充满了荒诞感和虚无感——史铁生的个体经验是有说服力的。就在此时，史铁生与自己的“50后”在精神认知上分道扬镳，史铁生意识到人生的困境和残缺，却将它们看作获得生命意义的应有部分。如果没有孤独，爱就失去了意义；如果没有欲望的痛苦，就得不到实现欲望的欢乐；生命的残缺，人生的虚无状态，反而为人战胜自己、超越困境和证明存在的意义敞开了可能性空间[④]。我非常赞同许纪霖先生的分析，正是因为这些，使史铁生认同加缪并超越加缪成为可能。

---

① 加缪：《加缪全集》（散文卷I），上海：上海译文出版社，2010年，第77页。

② 史铁生：《自言自语》，广州：广东旅游出版社，1992年，第87页。

③ 许纪霖：《另一种启蒙》，广州：花城出版社，1999年，第196页。

④ 许纪霖：《另一种启蒙》，广州：花城出版社，1999年，第196页。

人生的偶然性决定了它的荒谬性——怎样赋予荒谬性的人生以意义是解读史铁生的关键。"只有人才把怎样活着看得比活着本身更要紧，只有人在顽固地追问并要求着生存的意义。"[①]史铁生上路的时候，他的所有困境和痛苦具有个人化的内在真实，考虑的核心问题就是灵魂的拯救，且仅是一种自我拯救，并未将任何社会道德责任覆压其上。于是，史铁生选择写作作为生存意义的证据，并且剔除了写作的功利目的，仅仅作为生命存在的方式。

我认为，写作的意义对于史铁生来说，就是写作本身，首先传达出浓重的个人意义。在这里有个重要问题，就是史铁生的最初的思想资源来自哲学家刘小枫的相关基督宗教理论，但最后的指向与佛教精神相通。"为了让那个躲在园子深处坐轮椅的人，有朝一日在别人眼里也稍微有点光彩，在众人眼里也能有个位置。"[②]通过史铁生的写作，我们看到一种温情、善良、智慧的内心生活，是写作在改造他的内心还是他的内心在改造写作已经无需考证，不过，我们看到他内心世界已出现巡回游走的状态——在童年、青年、少年、中年、老年之间交错游走且不断重叠。这时，我们已经感受到，写作的最小意义本身就是其最大的意义。对于他来说，写作的意义就是平衡，试图克服现实带来的不安、克服对生命本身的恐慌、获得智慧的工具，尽管他知道即使写作也是徒劳，但仍然是一个诱人的过程。此外，我们不难发现，他不喜欢自己所处的时代，这时写作可以缓解他和现实的紧张关系，写作帮助他营造出较为完整的心灵生活，进而制造出另外一种现实，同时史铁生在写作过程中真正体会到形而上意义——有那些高于日常生活的意义的存在。写作给史

---

① 史铁生：《病隙碎笔》，西安：陕西师范大学出版社，2002年，第112页。

② 史铁生：《我的遥远的清平湾》，北京：新华出版社，2010年，第76页。

铁生创造丰富而完整的内心生活以及不同寻常的个体生命勇气，同时赋予新的观察世界的方式，世界的色彩发生变化，使他在那些逝去的时间深处发现藏在夹缝中的崭新意义。总之，作为生命个体，写作给史铁生已经带来那些可以清晰体会到的、绚烂的东西。这时，那些巨型的抽象名词与他已经彻底失去联系。史铁生始终在拿自己当作试验的容器，始终考虑自己内心的柔度、硬度、宽度、长度、限度——到底建立一个什么通道——才能保证内心完整？保持什么样的状态才能显示出应有的更有力量？吸纳什么东西才能使自己的内心更细腻、敏锐、柔弱、坚定，从而释放出适宜的能量？经历怎样的灵魂搏斗才能找到回家的道路？最后可以抵达什么地方？这些，都是史铁生不断试验、观察的重点部位——其实，他在时时观察着自己心灵的化学反应。这些，就是史铁生提出的一个重要命题，那就是：作家面对内心的真正含义。仅仅在这样的时刻，我们才可以说：史铁生以丰富的个体生命体验，竭力超越虚无和荒诞、超越传统的理想主义的实在和功利。

我认为，至少在文学界，种种迹象已经表明：中国的新理想主义时代正在缓步走来，同时这种新理想主义的基座必将是史铁生式个人理想主义的增强版，并会率先发生在“60后”作家身上，而且将一并裹挟着20世纪80年代的启蒙，夹杂着一部分现代性，夹杂着对个体生命本身的感悟。其根本原因是，“60后”作家已经开始思考意义，有的人甚至已完成精神爬坡——爬不过来的就会坠入谷底甚至变成魔鬼。实际上，这也是“60后”一代的最后一次“精神翻墙”的机遇。我认为，对于“60后”，史铁生的意义集中体现在以下三个方面：第一，标志着“50后”的一代人的精神样本凸显。随着史铁生肉体的消失，标志着“50后”的精神样本被凸显。我还愿意推测，“50后”在百年之后到底能留下多少这样精神标本？史铁生无疑是其中重要的一个。第二，“60后”会逐渐感受到史铁生精神与自身生命的链接部位。“60后”在荒芜经年后已开始回到对生命意义的重新认知上，即如何穿越生命虚无重新认知意义以及能否最后一次飞翔——这是中国“60后”作家的精神宿命。比如，作为“60后”的精神样本崔健，已变得不激愤、不绝望甚至温情起来，并试图唱出破碎后的意义。我们不难发现，的确有一种东西正在缓慢走来，一种崭新的曙光。

其实，史铁生的个体生命体验的关键部位，就是如何能获得在更高的意义上率先观察自己内在生命的能力，其中包括方式、形式、方法和支点。我认为：中国作家所制造的精神难题通常是假命题并与个体生命体验本身脱节，甚至与周遭现实缺乏联系甚至脱钩。

尽管史铁生的理想主义是从个人的苦难中得出的人生真谛，仅仅是一种个人化的人生哲学，但其意义规则及落实方式，无疑具有普遍的启示。每个人的信仰对象可以不同，但是信仰的方式却值得反思。什么是真正的激情？尼采已给出明确答案——他曾经在其散文《曙光》里说过这样一段话：“一切激动的、吵闹的、不连贯的神经质行为都与伟大的激情毫无共同之处；伟大的激情在人心深处静静地燃烧，吸收了人身上的全部光和热，使他外表看上去平静而冷漠。”[①]其实，真正的勇敢，就是知道真相后的深深热爱。如果没有《我与地坛》，史铁生的全部作品将存在怎样的缺憾？那无疑是另外一种状态。其实我们已经知道，这篇散文将在文学史越来越显示出独特的意义。让我们再读一次《我与地坛》的结尾：

但是太阳，它每时每刻都是夕阳也都是旭日。当它熄灭着走下山去收尽苍凉残照之际，正是它在另一面燃烧着爬上山巅布满烈烈朝晖之时。有一天，我也将沉静着走下山去，扶着我的拐杖。那一天，在某一处山洼里，势必会跑上来一个欢蹦的孩子。

---

① 尼采：《尼采散文》，北京：人民文学出版社，2008年，第156页。

当然，那不是我。

但是，那不是我吗？

宇宙以其不熄的欲望将一个歌舞炼为永恒。这欲望有怎样一个人间的姓名，大可忽略不计。[①]

在上述文字中，我们不难发现史铁生内心深处已经生长出博大的力量，这种力量用激情不能涵盖，用宁静也无法传递，这是另外一种神思的智慧，已经超越生死。就是在这里，我们已经看到内心感悟的力量、个人精神拯救的力量。在这种力量面前，一切主义、理念都变得微小而无声。史铁生的博大情怀，决定他对世俗社会始终抱着宽容、理解乃至超越的姿态，他始终站在一个高点看待世俗行为，既不陷入也不疏离。世俗从来不是神圣的前提，但是却是神圣的背景——我始终坚信小隐隐于野、中隐隐于市、大隐隐于朝的生命状态。

综上，史铁生的理想主义是以个体生命体验为基本方式的个人理想主义。在这里，史铁生内心深处的爱、智慧、生命意义等依次递进的三元素已与其个体生命体验水乳交融，而且这里的生命意义是从虚无中蒸发出来并经荒诞洗礼后获得的，进而显得格外凝重。“爱，永远是一种召唤，是一个问题。爱，是立于此岸的精神彼岸，从来不是以完成的状态消解此岸，而是以问题的方式驾临此岸。爱的问题存在与否，对于一个人，一个族，一个类，都是生死攸关，尤其是精神之生死的攸关。”[②]我认为，史铁生对于我们的现实意义是，在没有英雄的年代，一个人仅仅依靠自己内心的启悟，如何在最大程度上突破肉体和精神的双重限制，即一个人在不关乎具体宗

---

① 史铁生：《我的遥远的清平湾》，北京：新华出版社，2010年，第80页。

② 史铁生：《无答之问或无果之行》，《北京文学》1994年第11期。

教时，能够获得多大的内心和谐与力量？能否自由地飞翔、能否精神复活、能否殊途同归？一个作家怎样做到在形而上、形而下两岸间自由穿行？说到底，就是在一个没有英雄的世俗化年代，怎样做成一个健全的人。

其实，世界上几乎所有的宗教都是依靠爱与彼岸来支撑，几乎所指出的所有的路最终都是一个方向。正如佛经所说，凡人皆为佛，佛亦为凡人，回到本觉自成。即使平凡的人回到自己的本体也可以获得自在，这样，一个不依赖具体宗教的人，甚至也能像庄周一样鲲鹏万里。当上帝为你关上一扇门的时候，往往会打开另外一扇窗——肉体越是残缺、脆弱，灵魂越是强大，因为需要更多的直面与穿越，而这个过程本身就是发现意义的过程。同时，因为这个艰难的过程而成为更坚强更绚烂的存在。假如史铁生的肉体是完整的，也许灵魂的感触震动以及穿越会相应地削弱，正如荷尔德林的精神疾病，从某种意义上说是对他思想的纯粹性的一种保护[①]。

附：高晖诗歌

致史铁生

2011年1月3日上午
阳光还是从狭窄的南窗
飞进来
经久不散
空气里的尘埃
曲解着光线的形状

---

① 此句根据散板如歌（自由撰稿人刘茜）与作者在村长博客上的交流文字整理而成。http：//blog.sina.com.cn/s/blog_610bb2010100qjev.html

微不足道
我躺在沙发上校对《史铁生的意义》
那是高晖写于2001年的议论文
想起前天那个祝福新年的短消息
来自一个陌生人
我愿意知道他是谁

谢谢祝福，南京小米和北京小米可是同一个小米

我想家，就将北京的小米变成了南京的小米，你好吗

啊，我还好。原来你在南方猫冬

我喜欢南方，冬天还是待在南京更舒服

我也喜欢那个地方，首都，而且那里的女人我行我素。比如你吧——南京女孩儿，喜欢吃贵州菜，于是嫁给做贵州餐馆的人，仅仅是印象

那只是借口，其实我更爱他这个人，还有他的诗。我的个性快要守不住爱情了

到底发生了什么

他希望我完全顺服，我做得不好

我知道吃是借口，一个诗人嫁给另一个诗人——才是这个时代难得的和谐。不过，建议你也别更改个性。我觉得你说的爱情，不是能守住的——是机缘，是被爱情。我对这个领域比较陌生，但不妨碍我愿意祝福诗人们的爱情

谢谢你能这么说

你们是诗人，这很重要。我不写诗但能指认出诗人的样子

其实，我知道自己不会写——他也说过，我不会写，还说过我出手不凡

我觉得，诗人是一种生活状态，不在于你写多少，甚至一生只写一首。你看过你写的一首好诗，于是就记住了你

接下来，我告诉她：31日凌晨史铁生走了。如果有天堂，他肯定就去了那个地方

三分钟后，她回复：嗯……哀悼中……

三分钟后，我回复：收到……如果他真在那个地方，我愿意去看看他……我们还没有见过面呢

这时，我已泪流满面
2011年1月3日上午
第三天
这些短消息就发生在
史铁生走后的第三天
我感冒加重，嘴角开始起泡
我知道，我在想他
在这个残缺的时代
为什么死去一个健全的人
对于我的现实世界
史铁生的确是陌生人
发短信的南京诗人小米
也是陌生人
为什么
那些能和我对话的人
常常都是陌生人
也许
史铁生的真正意义
就是一个不牵扯具体宗教的人
仅仅依靠自己内心的力量
能否突破肉体限制
能否自由地飞翔

能否精神复活

能否殊途同归

说到底，就是在没有英雄的年代

怎样做成一个完整的人

卡夫卡的核心问题[①]

开始的时候，得预设一个讨论问题的前提，即现在时髦的文学评论文章均有所体现，那就是：真正的艺术家生涯应该是人类一般生存状态的集中体现，是当时代一切精神苦难的最后承担者；同时，他们创造了意义，既是黑暗中的光明，也是虚空中的存在。从这个意义上说，是艺术家完成了关于人的定义。这样，无论大众怎样误解他，也不妨碍他所作的提升人类尊严和灵性的工作性质，我的意思是说——如果没有他们，大众就将沦为可怕的物质动物。

在我们有限的外国文学阅读里，有种比较奇特的现象，是关于以下两个作家的：一个是博尔赫斯，另一个就是卡夫卡。对这两个作家，我们常常是谈论得最多而阅读得最少。在近年来接触的作家中，我发现上述状况已经成为一种较为普遍的现象。这两个作家似乎已经成为一种符号，常常脱离原有的意义而变成一种虚幻。对于卡夫卡，这样的状况就更为突出。我们到底存在怎样的阅读障碍？读者的内心与一种特别的文学作者内心，应该有一种契合部位做连接，该连接有时会呈现出某种神性的启示。卡夫卡需要有一种特别的内心生活的人才可以领略。

---

① 是指《灵魂的城堡——理解卡夫卡》。残雪著，上海：上海文艺出版社，1999年。

我们常常会说——卡夫卡是20世纪最伟大的作家。脱口而出这样一个判断句时，也许并没有切身考虑自己的真实感受。这样的结论，会不会像以往的其他一些传奇英雄和圣徒式人物一样被久远地以讹传讹？著名的奥登在1941年说：就作家与其所处时代的关系而论，卡夫卡完全可与但丁、莎士比亚和歌德等相提并论。这又是一个劈头盖脸的结论，对许多作家来说，卡夫卡还是一团迷雾，一个符号和一则“公案”。就像奥茨[①]所说，卡夫卡的经历是“终极性的解脱的内心经历”[②]。此句式虽然文弱，但毕竟与我们的内心有一些勾连。可以想象，我们关于终极性思考的相关命题，几乎被卡夫卡全部经验过。我们历数的精神难题，有很大部分也已经被卡夫卡体验并解构。这样，对卡夫卡的解读方式就应该有一个样板，即有一种引领我们侵入卡夫卡秘密领地的文本的出现，该文本应该是可以超越卡夫卡的典型主人公的立场，甚至从澄清卡夫卡作品本身入手。只有这样，才符合我们的原有的阅读经验，并且不与现有东西切断联系。当然，这样文本需要一种禀赋。一个作家眼中的卡夫卡不是另一个作家眼中的卡夫卡。这就是文学史常常对一些特别的作品误读的原因——当然，这远不是萨特所说的“他人就是地狱”。卡夫卡的作品本身就没有边际，亟须一位天才的读者来划出一道领地。在这位天才的读者划出领地的一刹那，就是为一座宝库打开一个缝隙，一般性读者便可以挤进去。读者在这个世界中能否看到什么，取决

---

① 乔伊斯·卡罗尔·奥茨（1938—），美国女作家，以写心理现实主义小说著称。作品题材广泛，许多作品带有明显的女性主义色彩。她是个多产作家，已出版40多部长篇小说和短篇小说集。她也写诗和文学批语批评文章，在美国文坛上十分活跃。

② 见《卡夫卡的天堂》（1976），这是奥茨的一篇重要论文，她用一个作家的慧眼，以卡夫卡的主要作品《城堡》《审判》等为例，分析了卡夫卡的创作思想、艺术特点及哲学信念，对理解卡夫卡及其作品，对借鉴卡夫卡的艺术技巧，都有一定的参考价值。

于当时的领悟，同时必须仰仗心灵撞击出来的火花的照耀。这种状况也许是这样：这些由于心灵撞击的火花，偶尔能在黑暗中向人们揭示它的无限性，旋即熄灭。虽然无法看清卡夫卡作品的底蕴，但知道了黑暗中并不是一无所有，曾经有光一闪，照亮卡夫卡的世界。那是一颗怎样的灵魂哪？和我们一样阵痛、一样苦苦求索、一样的看待世界、一样的接近瓦解、一样的龟裂、一样的破碎复又缝合。那么，谁能为我们撕开这道缝隙呢？无疑，就是残雪。

残雪和卡夫卡的相遇不是巧合——在我对残雪的跟踪阅读中，早就发现残雪的这一禀赋，残雪拥有卡夫卡看待世界的目光。这个珞珈山下的女裁缝，本身就有一种诡异之气。当年，残雪在一篇创作谈里写道："我从来就不认为创作和评论有什么截然分明的界线，我自己历来就在一边写作，一边不断地自己评论自己的。"[①]这非常符合我的想法，也是我对残雪一直充满兴致的原因。细心的读者会发现，残雪的作品本身也充满着对自己写作的评论，在她的许多小说中，我们可以看到她对自己创作的看法，而她的一些创作谈本身也是严格意义上的文学作品。残雪的小说创作和评论一直存在一种互文性。我们从残雪的《天堂里的对话》《突围表演》《思想汇报》里，不难看到卡夫卡的《饥饿艺术家》《女歌手约瑟芬或耗子民族》的影子。卡夫卡的"饥饿艺术家"没有"合胃口的食物"绝食而死，残雪比这位艺术家要幸运一些，她在卡夫卡那里找到了合胃口的食物。当然，这种食物并不能止住饥饿，反而刺激起更强烈的饥饿感。这种食物是精神食粮的替代词，也是饥饿本身，是一种呼吁。残雪沿着卡夫卡的思路递进了一步，形成现代人写照——"对饥饿的饥饿"，对没有精神难题的困惑。

我一直相信——在人类的精神世界，应该有一个超越于种族、

---

① 见《圣殿的倾圮——残雪之谜》，贵阳：贵州人民出版社，1993年。

国界、时代、性别和个体之上的领地，这个领地处于神秘的中间地带，是一湾细细的小河，它连接着两个端点；有时候，也像卡夫卡所说的城堡，只有敏锐导线通往外界，就像是一种电磁波一样，有时候是靠遥感与外界发生联系。沙水在残雪《解读卡夫卡》的跋中写道：因为他们知道，这个王国或城堡其实并不在别处，它就在每个人心中，只是一般人平时从不朝里面看上一眼，无从发现它的存在罢了。但即使一个人拼命向内部观看、凝视，也未见得就能把握它的大体轮廓；它笼罩在层层迷雾之中，永远无法接近，只能远远地眺望。虽然如此，人们毕竟有可能认定它的存在，并为之付出最大的、甚至是毕生的心血，去想方设法地靠近它、描述它。这种努力本身就是它存在的证明。我常常这样想，残雪对卡夫卡的解读已经不是一种单纯的解读，而是一种回应，是一种接续，是一种递进，残雪借助卡夫卡的目光来看待自己内心世界里的精神难题，她在完成着卡夫卡的视野所没有到达的地方。当然，残雪也认为自己业已找到卡夫卡问题的核心。

在这里，不能不提及卡夫卡的《审判》和《城堡》。总的看来，残雪认为全部卡夫卡的作品，是作者对自己内心灵魂不断深入考察和追究的历程展现。以往，大多数读者对于《审判》的理解来源于一些译者在序言中的误导，大体上这样：这是一场貌似庄严、实则荒唐无聊、蛮不讲理、无处申冤的“审判”，实际上是一次莫名其妙的谋杀；主人公约瑟夫·K尽管做了英勇的自我辩护和反抗，最后还是不明不白地成了黑暗制度的牺牲品。残雪却把整个审判看作主人公自己对自己的审判，“K被捕的那天早上就是他内心自审历程的开始”[①]，“史无前例的自审以这种古怪的形式展开，世界变得陌生，一种新的理念逐步地主宰了他的行为，迫使他放弃现有的一切，脱

① 残雪语。

胎换骨”[①]。我认为，残雪这一解读，拓宽了我们理解卡夫卡的便捷通道。K从认为自己无罪到有罪的过程，不是外在世界的迫害，而是自身灵魂的挣扎和彻悟。审判K的法庭是K自设的——是一个罪人自己审判自己。罪人对罪人自身的审判，自身的审判和真身的辩护凝结在一起，会勾连出黑色幽默来，在这种氛围里，我们会发现整个人生自审的严肃性——自审将使人的生命充满沉重的忏悔和羞愧，它是否会窒息生命的灿烂光辉呢？是否会使人觉得生和死并没有什么根本的区别，甚至宁可平静地接受死亡呢？在这一刻，残雪放大了卡夫卡的问题。在残雪的表达里，卡夫卡的“城堡”成了生命的目的。人类的一切生命活动都隶属于它，它本身却隐藏在神秘的迷雾中。

与城堡那坚不可摧、充满了理想光芒的所在相对照，村子里的日常生活显得是那样的犹疑不定，举步维艰，没有轮廓。混浊的浓雾侵蚀了所有的规则，一切都化为模棱两可。为什么会是这样？因为理想（克拉姆及与城堡有关的一切）在我们心中，神秘的、至高无上的城堡意志在我们的灵魂里……而城堡是什么呢？似乎是一种虚无，一个抽象的所在，一个幻影，谁也说不清它是什么。奇怪的是它确确实实地存在着，并且主宰着村子里的一切正常生活，在村子里的每一个人身上体现出它那纯粹的、不可逆转的意志。K对自身的一切都是怀疑的、没有把握的，唯独对城堡的信念是坚定不移的。[②]

其实，只要按照残雪给我们开列的逻辑，将《审判》中的“法”不是看作外来的迫害，而是看作心灵自审的最高依据，我们就可以

---

① 见《艰难的启蒙》。

② 见残雪的《理想之光》。

看出，“法”和“城堡”本质上是一个东西。就是说，人的自审和人的生存意志以及对理想的追求是一个东西。为此，我们在《审判》中读到的神父所讲的那个晦涩的故事，实际上已经是《城堡》的雏形。《城堡》中的K与《审判》中的K的一个最大的区别，就是他不再自以为纯洁无辜，他的自审已成为他内心的一种本质结构，因而极大地释放和激发了他的生命本能。这时，残雪说：

K永远是那个迟钝的外乡人，永远需要谆谆的教导和不厌其烦的指点，他的本性总是有点愚顽的，可是他有良好的愿望，那梦里难忘永恒的情人伴随着他，使他闯过了一关又一关，在通往城堡小路上跋涉。但是K不再是纯粹的外乡人了，在经历了这样多的失望和沮丧之后，他显然成不了正式的村民了，他仍然要再一次地犯错误，再一次地陷入泥淖，但每一次的错误，每一次的沦落，都会有种“似曾相识”的放心的思想，这便是进村后的K与进村之前的K的不同之处。

K与城堡的对峙是无法解除的，它不取决于K的思想境界，不取决于他与城堡或法门的距离。在这点上，他与老死在法的大门外的那个外乡人是惊人的一致。“K又怎么料得到，那高高在上，永远也无法进入圣地，竟是只为他一个人而存在的呢？村民们究竟是要引导他明白这一点，还是要阻碍他达到这个认识呢？”（《城堡的形象》）《城堡》与《审判》始终构成一个悬而未决的矛盾，双方谁也不能归结为谁，哪一方也不比另一方更高明，因为这是人类永恒的矛盾；没有自我否定（自审），生命就会沉沦；但没有生命，自我否定就无法启动；自我否定将否定生命，走向死亡；但走向死亡的自我否定（向死而生的生存）不正是强健有力的生命的体现吗？生命本身就是在这种自相矛盾和自身冲突中从一个层次迈向另一个更高的层次，哪怕结局同样是死，但意义却大不相同——一朵娇嫩的玫瑰要比整个喜马拉雅山更加高贵。

残雪是在一个角度上放大了卡夫卡的核心，而不是我们通向卡夫卡的唯一通道。那么，卡夫卡还有其他的通道吗？当然有。其实，现代艺术的视野转向内部——转向那个虚无幽冥的心灵王国。这样，现代艺术只有那些内心层次极为丰富、精神生活极为复杂的现代人，才能够创造和加以欣赏——它的自身属性决定着读者面的狭窄。它与古典艺术和大众文化以及和通俗艺术的分野也就在这里。同时，卡夫卡这样的现代艺术具有超越时代、超前大众接受力的特点，表现为作品的未完成性。一方面，是它的文本的未完成性；另一方面，它始终期待一些具有内在潜质的评论家对它进行创造性接续性评论——它始终是处于待完成状态。这样的作品只是一个诱因，一种召唤或对自由的呼唤，作者用全部生命所表达出来的那种诗意和精神内涵，绝对有赖于并期待着读者的诗性精神的配合，否则便不存在。

我们一直在讨论精神性，那么精神性到底是什么呢？我一直以为，精神就是永恒的不安息、自我否定；精神就是对精神的不满和向精神的呼吁。精神性就是背叛；精神性就是破坏。安定的精神和自满自足的精神都是被异化的精神。精神的最后指向是什么？无疑就是自由和虚无。奥茨在论述这一问题时引用过《城堡》里的一段对白：

……有一个人曾说过：为什么这样逡巡不前？只要你按着寓言去做，你自己也就成了寓言，这样，日常的烦恼就会一扫而光。

另一个人说：我敢打赌，这段话也是一个寓言。

第一个人说：你赢了。

第二个人说：但是，不幸的是，只是在寓言的意义上赢了。

第一个人说：不，你在实际上赢了，在寓言的意义上却输了。

卡夫卡指什么呢？难道他是想说——生活里各种令人绝望的难题，说到底都只是游戏而已？奥茨在论述这一问题时，推测到：人们因为害怕下地狱，永无休止地折磨自己，似乎仅仅是任意编造寓言折磨自己。卡夫卡则大胆断言，在“实际”上我们始终是赢家。我们有把握得胜，但是只是在寓言的意义上，或者只在头脑里做各种有自觉意识的思考时，失败才成为一种可能性。必须先相信“失败”这个词，然后，失败才可能成为一种可能性；必须先相信“失败”这个词，然后失败才可能成为事实。

不难发现，卡夫卡笔下的主人公越是为胜利而搏斗，他们的理智就越是强烈地要求解释，而他们失败的结局也就越变得无可避免。关于这个真相，结果都陷在自己的诡辩中或者陷在自我的深渊中，无法自拔。看起来，这些人全失败了。不过，正如卡夫卡所说，他们只是在寓言的意义上输了。实际上，亦即事实上，他们得胜了。解决也好，出路也好，似乎都不存在，但正是这种将生活看作矛盾的概念摧垮了人的精神，这就是虚无。我所理解的卡夫卡就是这样。

那么，怎样挣脱矛盾、超越自我呢？还得需要东方智慧。就像我国佛教禅宗的信徒解“公案”一样。排解这种“公案”，胡猜是绝对行不通的，必须依赖一种实在的个人体验，我的意思是说——必须通过顿悟达到忘我境界，使有限的自我与无限融为一体，俗世也就成为天堂幻景啦。我认为，应该将卡夫卡定义为一位神秘主义作家，他的神秘主义，首先是一种由直觉去领悟统一的作用的；另一种是论证自我与自我之间区别的。卡夫卡追求静态原则的真理，既不知有“善”，亦不知有“恶”，仅仅就是‘善’的本身[①]。这是什么？这就是自由和虚无[②]。

这样，卡夫卡的幻觉艺术就带有浓郁的宗教色彩啦，但是，它

① 见奥茨的《卡夫卡的天堂》。

② 见奥茨的《卡夫卡的天堂》。

属于西方世界惯常意义上的宗教色彩，是一种所有宗教的最终指向——自由和虚无。当卡夫卡以令人敬畏的笔法探索天堂或地狱的时候，就注定是这样了。我们常常把卡夫卡渲染痛苦的描写当作他最终的幻想——其实，这种渲染只不过是记录着卡夫卡自我在接近超脱状态时所经历的危机，他在不断地描述自己所经历的过程——而在达到卡夫卡作品中经常提到的“光明朗照”境界之前，这种过程是不可避免的。按照奥茨的理论，卡夫卡塑造了一位更高大的卡夫卡，这位卡夫卡塑造了《审判》中的约瑟夫·K和《城堡》中的K；这位卡夫卡是个爱好幻想的人，绝非他作品中任何一个人物可以容纳。约瑟夫·K和K两个人为一个不可能实现的目标而奋斗，那就是为了抵达自己所认为的个人自由和虚无的境界。从这个意义上说，卡夫卡是在引导我们一步一步认识到这两个人的奋斗纯属徒劳，因为两个人追求的得救已经在他们的掌握之中。只有当人们将生活规定为矛盾时，生活才是矛盾[①]。

还得接着说残雪。作为一个新时期作家，残雪理解卡夫卡的方式就会打上新时期作家的烙印。什么样的烙印？那敏感的艺术心灵和苍白的宗教情怀。尽管，残雪笔下的卡夫卡呈现出与别的评论家定型化的卡夫卡不同的面貌，但是，残雪的卡夫卡仍然是一个纯粹的艺术家，而不是一个智者，她认为卡夫卡所描述的是卡夫卡自己所不懂的。

在更多的时候，智者有些像哲学家——现代的纯粹艺术已经接近哲学，但是仍然没有达到智慧的彼岸。残雪注重内心的感觉而没有一个宗教的参照系，就出现她对卡夫卡作品感觉的结论破碎。残雪一定认为没有心的共鸣不能解开卡夫卡之谜，这无疑是正确的——站在感觉的外围想抵达卡夫卡的内心无疑是徒劳的，但是，单单是有丰厚的感受，而没有卡夫卡的思维底座，也照样无法抵达

① 见奥茨的《卡夫卡的天堂》。

卡夫卡的内心。这个思维底座是什么？就是一颗时刻准备通向虚无的内心。如果不是这样，最多只是可以解释卡夫卡对人类在现代社会中所暴露出来的人性之根的思考，再次逼问人类一个终极的问题——没有或者不愿说出卡夫卡已经给定的出口。

有的时候，卡夫卡认为生活的苦恼的根源同样比较偏激，比如，他常常认为生活的苦恼就是自我对未来的一种想象。他抱怨那不是懂得善恶或恐惧的更高级的生活，而只是对上升到更高级的生活抱着恐惧，这时，人即使摆脱恐惧，也将遭受巨大的损失。前面，我推测过卡夫卡应该对中国哲学感兴趣。中国哲学的最高境界，就是把内部和外部世界调和起来，但是，卡夫卡在一生中的大部分时间里却始终没有做到这一点。

据马克斯·勃洛德①认为，到卡夫卡生命的最后一两年为止，他始终一味关注着罪孽问题。这时，卡夫卡经历着精力的苏醒，并有一种欲望，希望能过一过与往年的卡夫卡形成鲜明对照的生活。但是，卡夫卡的经历还是同《城堡》里的K十分相像，这是比较耐人寻味的一幕，从另外的一种意义上说，这是一个人精神求索的必由之路。其实，我们人类的精神求索之路是一个封闭的圆圈，从终点又回到起点是正常不过的事情——他还是反映自己为将知识之树和生命之树综合成一体的痛苦，仍然从生活本身的角度认识自己，这就是艺术家。其实，这是一种关于生命本身的恐惧，害怕丢失他限制自己灵魂的手段，关于这一点，奥茨认为他在1922年的一则日记②有一些暗示：恶并不存在；一跨过门槛，就全是善。而一进入另一个世界，你就必须不再作声。

这时，我们就可以说出卡夫卡问题的核心啦。中国宗教的法则

---

① 马克斯·勃洛德：《卡夫卡传》，石家庄：河北教育出版社，1997年。

② 见《卡夫卡书信日记选》，天津：百花文艺出版社，2009年。

是，如果不以消灭自我为代价地向尘世边界最后总攻，就是陷入沉默，进入“空”的境界。那么，卡夫卡的方式是什么呢？他将自己始终想象作一个寓言——他的一生就是一连串的寓言，而在这些寓言里，逻辑上二律背反的事物也能完美地结合在一起。这才是卡夫卡，他和中国的宗教存在着一个互不侵犯的边界。我们这些凡夫俗子，也可以依靠自己对自身生命的体验跨过这道门槛，其实也不是跨过——是自己制造了一道门槛，然后跨过去。这就是宗教和艺术的连接部位。

就我的阅读经验而言，毫无疑问，残雪是最接近卡夫卡的作家，如果没有精神上的一致性，残雪无法这样近距离地接近卡夫卡。现在，我们得谈谈残雪和卡夫卡在气质上和精神生活上的一致性。残雪和卡夫卡，在接近内心的细部上有着惊人的一致。他们在眼睛向内的过程中，有一种置身于自我之外调侃自身，调侃自己的一切真诚的决心和痛苦的眼泪的魔鬼般的幽默；有一种阴沉、绝望、一片漆黑然而却自愿向更黑暗处冒险闯入的不顾一切的蛮横；有一种自我分裂、有意将自己置于自相矛盾之中的恶作剧式的快感[①]……这些并没有什么理解的差异。

遭受同时代人误读的部位是，卡夫卡被视为现代社会的批判，残雪被说成是一个时代的噩梦和变态人格的妄想者。残雪被人们误读的原因，是读者源于对卡夫卡的误读。从一定意义上说，残雪是被卡夫卡启蒙的作家，由于残雪与卡夫卡内心的契合，我的意思是说——残雪审视世界的方式和卡夫卡是那样惊人的一致。可以想象，残雪在第一次读到卡夫卡作品的时候是怎样的震动。无论怎样，在更多的读者心中——特别是在那些专业的读者心中，残雪仍然是卡夫卡的影子。问题只有一个，残雪始终采用着卡夫卡的表达方式。对比阅读卡夫卡和残雪，我们就不难发现，两者之间的差异还是来

---

① 见沙水跋《解读卡夫卡》，北京：人民文学出版社，2000年。

自两种不同的文化心态——文化心态的影响在更深层次上表现在主人公灵魂的塑造方面。

通常说来，西方文化在某种意义上是一种罪感文化，主人公的自我意识主要就体现在“知罪”上。残雪的主人公则缺乏罪感，缺乏忏悔意识。其实，忏悔意识的缺失是一代新时期作家的通病。我真不想说残雪是一位单纯的模仿者——我知道，单纯的模仿不会出现残雪那样结实的作品，甚至残雪的某些小说在艺术表现上比卡夫卡的还要卡夫卡。但是，为什么残雪的小说始终被卡夫卡覆盖呢？她还是没有脱胎新时期中国作家的普遍境况。主要就是形式模仿，到精神取向的某面缺失，从而导致这批作家无法超越卡夫卡。在新时期中国作家的相关作品里，大都可以看到西方作家的形式影像和主题影像。但是，我不否认新时期中国作家的天才属性，其实，正是这些作家的天才属性，才会仅仅由于单纯的阅读诱因，就可以激发他们无穷的创作欲望。然而，也是由于这些，他们始终伴随着西方文学的影子，甚至格外突出。现列出几个简单的例子：当你读过《获救之舌》[①]和《成长》[②]这两本小说，你就会知道余华的《呼喊中的细雨》和《许三观卖血记》的出处；如果你细细地读过《霍乱时期的爱情》，你就会知道洪峰《东八时区》的结构和情绪。我的意思绝不是说新时期先锋作家是在模仿中成长的，而是表明新时期中国作家尚未大面积使用被搁置过久的武器——中国方式。在此基础上创造，特别是叙事指向中国方式或对中国方式的抗拒时，我们的叙事语态和结构将就会发生惊人的变化。那时，小说中的一切都是我们自己的东西啦。小说家所有的一切，就在于对抗，对抗传统和现实的力度，就是叙事的力度。那时，再也不用依靠阅读来刺激叙事，

---

① 埃利亚斯·卡内蒂：《获救之舌》，北京：中国工人出版社，1988年。

② 贝若森：《成长》，北京：作家出版社，1997年。

完全依靠自己内在的东西来推动自己的叙事。那时，中国自己的文学就真正开始啦。

卡夫卡不是一个只关注形而上学问题的作家，其实，他的注意力一直都在他的自身，他的病，他的梦，他的焦虑，他最琐细的日常生活。他一切的追问和描述，都是从这里开始的，他坚守的是个人面对世界的立场。克里玛在分析卡夫卡如何从完全是个人危机——出于捍卫个人写作的自由而对婚姻的恐惧——进行写作时总结道："当这个世界陷入战争狂热或革命狂热的时候，当那些自称是作家的人受惑于这样的幻觉，认为历史比人更伟大、革命理想比人类更重要的时候，卡夫卡描绘和捍卫了人类空间中最个人和内部的东西，而当另外一些人认为建立地上的人间天堂是理所当然的时候，描绘和捍卫了人类空间中最个人和内部的东西。"这几乎是对卡夫卡的最高评价。遗忘个人内部的人性景象——卡夫卡不是这样，他用他人性的个人记忆，有效地区分外部世界与他生活在其中的世界的不同，为他那个时代保存一个真实的个体与世界之间的抗争史。个人的缺席，人性生活的缺席，是文学内部真正的匮乏。作家们过于注重和强调自己作为时代代言人的身份，而在写作中将更有活力的此时此地的个人经验省略，或者说，他根本就没有注意过个人存在于这个世界可能有的诸多细节，他整个就被自己的阅读和毫无想象力的社会公论所误导啦。

我们知道，卡夫卡之前的艺术大多是在表达肯定、确切的精神体验，同时操着自己的武器批判时代。现代艺术在卡夫卡之后发生转折性的变化——否定、模糊的精神占上风，艺术家的武器发生锉钝，于是开始表达时代对自身的伤害，一种漫长的自我精神历险开始。这时的小说无论从语言、结构还是人性因素的表达，都覆压着怀疑与痛苦的碎片，"碎片是我信赖的唯一形式"[①]。作家固有的武

① 巴塞尔姆语。

器被失望、疲倦和无意义的情绪覆盖时，真实逐渐地演变成为梦想；同时，写作变成单枪匹马的个人斗争。与其他的作家斗争方式不同的是，卡夫卡使用自身的一切触角进行着斗争——他在自己的内部发现斗争中所必需的武器。这种武器不是简单地指向虚无。我们在阅读国内先锋作家的一些作品时，常常发现许多直奔空境、虚无的作品，直接表达作家对道、禅思想的心得，卡夫卡却在告诉我们，该怎样处理我们内心时刻都在涌动的欲望，即，在欲望与空无之间，该怎样转换和升华——我怎样才能从欲望的主体中脱身而出，抵达高不可攀的空境？卡夫卡没有省略个人与欲望的真实搏斗，他的虚无不是预设的，而是从自身的生命中生长出来的。他在干什么的时候，他自己并不知道——他只是做到不违背常识和自己的内心，没有将自己都不相信的事物硬塞给读者。

关于《东八时区》的小说要素[①]

我曾在洪峰《东八时区》扉页上写过这样一段文字：《东八时区》完成了某种实验。这种实验使洪峰进入自身小说创作的第三个阶段，即“见山又是山，见水又是水”阶段。洪峰在此阶段里显示出前所未有的纯净与平静。这样，使整个长篇小说的叙事话语回到“小说之初”提供实验性可能。洪峰首次集中描述对人类情感的宽容与善待，看到人类的心灵中挣扎着的希望，并努力凸现人类的共同理想。洪峰在这部小说中也和其他的一些小说一样，过多地依靠巧合伤害着某些纯净的东西，使故事本身带来浓郁的“小说”色彩。

看来，我是想围绕《东八时区》这个话题说点什么了——这不是评论，评论得说一些术语，而我一碰到那些术语就心慌，我在理解它们时常常伤害自己的智力。我不认为评论能给小说、给小说家提供一些什么必不可少的东西。现在的评论家们将评论搞成了新概念游戏，把评论对象当成了游戏机，只管投硬币，而不问游戏的程序。我竭力避免我的话不涉及理论，啥事一涉及理论，就会产生一些稀奇古怪的名词术语。我说过，我害怕那些名词术语。只能是竭力避免，就像一个口吃的人害怕口吃而一开口还是避免不了口吃；不口吃的人一着急也会口吃起来。我知道，我的话题感动不了别人，

① 此文写于1991年2月，其后遗失，此为复得。

也感动不了《东八时区》，只是我自己的读书习惯而已。

语言问题

洪峰小说给人最初的印象，就是叙述带给读者的快感。这种快感是叙述本身的魅力带来的。最初的印象也常常会转化为最后的印象。洪峰是“国家队”诸队员中最依赖叙述的人。洪峰的叙述魅力在《东八时区》里变得格外醒目。

卢小兵来到世界就遇上了好天气。这天早晨7点钟的时候落了几滴水，几分钟之后太阳就开始弥漫出一片橘红色光明。空气湿漉漉夹带了些许香甜味，很多人出了屋子去享受北方这种少有的早晨。鸡鸭狗们开始乱跑和叫唤，小城镇的早晨让人感受到生活的实实在在。

(上卷第一章第一节)

王先佩没有回答，沿着街道一直向西缓慢走去。王先佩觉得自己的双腿很有力气，手杖笃笃地叩着坚硬的路面，柏油路在傍晚散发出古怪的热气，王先佩沿着宅一直向西，他开始感觉到了灯光，那盏灯近三十年来一直为他亮为他熄。王先佩的脚下产生他所熟悉的热度，他已经看见小树林中的那幢房子和窗子透出的明亮的灯光。

王先佩把手杖夹到腋下，努力直一直驼下去的脊背，他大声地干咳了几次。

王先佩看见房门无声洞开，灯光直涌出来。

(上卷第五章第六节)

如果说洪峰前期的语言及叙述是“反复、夹缠、烦琐、冗赘、沉闷、阴郁、两可、冷峻、平淡”[①]，那么他在《东八时区》里的语

---

① 评论家吴亮语。

言特征鲜明地表现为纯净、平静、单色、明朗、热情、口语。我想，是洪峰感受生活的方式默默地发生了变化，才导致了自身的语言外壳变化。洪峰正在使叙述语言朴素化，接近问题的核心，那就是：把语言朴素化或鲜烈化，让它用崭新的力量去震撼人心。《东八时区》的语言及叙述标志着一种鲜活的语气和语态在长篇小说叙事话语体系中的形成，它为中国有自己的纯文学畅销书提供了可能。

我援引的两段文字是这部长篇中较有代表性的两段。前一段能让人感受到朴素和张力，后一段可以让人感受到鲜烈和热望。“卢小兵来到世界就遇上了好天气……”“小镇的早晨让人感到生活的实实在在。”洪峰将口语化的语言赋予了浓厚的生命气息。第二段代表了洪峰叙述语言的转化，他毫不吝惜地给自己的语言加大了浪漫浓度。我可以推测——洪峰愿意诗意地理解生活。

故事因素

其实，洪峰在《东八时区》中选择的故事并不独特——仍然像他在以往其他一些作品中的故事一样，甚至有的故事给人一种似曾相识的感觉。当然，这是我们获得阅读快感以后才得以发现的。洪峰敢于这样选择而又不至于使故事乏味，努力使故事本身焕发青春，这一过程既是依赖叙述的过程，也是凸现叙述本来面目的过程。满足读者的趣味也许不是洪峰的初衷，也许有些故事必须像这样叙述才是这种故事存在的原始状态。我常想，一个好的小说家本身也应该是一个好的小说批评家。他之所以这样写而不那样写——这本身就是一个选择的过程。选择的过程也就是批评的过程。当然，这是题外话。

我想说的是，这部长篇运用这样的叙述方式，意味着作者懂得将心比心，不难为读者。我又给弄通俗了，不过，也确实存在着作者应该适时地照应读者的需要的问题，读者的第一需要一般就是趣味性，虽然这趣味性包含着更多的内容，但通顺流畅还是最主要的。1994年度的诺贝尔文学奖得主大江健三郎说了一句耐人寻味的话。

他说，他写的小说是写给和他年龄相仿的日本人看的。从某种意义上说，这简直就是三流小说家的境界，不过，我倒认为这是个大境界。大江的国家里有门武功叫“空手道”，这门武艺的精髓就是简洁或者叫直接。还说趣味问题，趣味要求小说的局部美丽，《东八时区》就是由若干个局部美丽构成的。这些局部美丽常常表现为新世纪洪峰的一些突如其来的才华。可以这样猜想：洪峰会成为“国家队”中的第一位畅销书作家。这样断言的本意是想昭示一下洪峰的叙述方式是接近群众的——听起来太玄了——以后的事实将会证明：拥有更多的读者，不会降低小说家的质量和小说的文字分量。

书的名字

不久前的《文论报》上说：《东八时区》是一部值得注意的长篇小说……一个家庭中三代十几个人形形色色的爱情故事，分之，是一种具体的现实存在状态；合之，则构成了一幅纵向婚恋史。我想，它这样说有这样说的道理。

据说，小说原来的名字叫《中国爱情》，后来改成现在的《东八时区》。我一直认为书的名字很重要。《中国爱情》更符合书的原本意义，《东八时区》除了包含着地理学意义以外，还给人一种更深厚的感觉，哪个名字更好些，看来已经没有什么话要说了，似乎这两个名字是一回事，后者比前者更符合这部小说的深层含义。《东八时区》是中国所在的时区，也是中国历史，《中国爱情》是中国的爱情。小说家和读者最终的目的是一个：那就是故事。《东八时区》为我们提供了一家三代人在长达半个多世纪的时间里所发生的爱情故事，而且这些故事是形形色色的。这非同小可。

还是故事因素

洪峰的叙述魅力为我们阅读故事本身提供了保障，同时，也为我喋喋不休地复述这个故事提供了可能。每个故事的复述都认为自己的角度是忠实作者的，我也这样。不过，为了节省时间，我制作了一张表格。表格这种技术肯定会违背作者的初衷，给作品带来一些狭隘的界定。没办法，啥东西一进框子里都会变得生硬。

能把洪峰的作品制成表格，单单对于洪峰的创作本身来说，就包含着某种故事形态上的变化。我在跟踪阅读洪峰的过程中，发现他在操作绝大多数作品时都应该是这样的：他在动笔之前，肯定没有故事形态和通常的素材之类，一部作品最初给他的导火线是情绪，一大团莫名其妙的情绪覆压在他的心头，他的艺术感知会告诉他，又要有一个叫小说的东西来找他了，他应该拿出笔和本子来记录它。于是，洪峰坐在写字台前，静静地等待这篇小说的到来。突然，他写下了第一行字，然后是第二行字，依此下去，所有的原始积累都伴着这种情绪到来。等小说以物质符号状态存在的时候，洪峰会和我们一样读着这部小说。洪峰是他的作品最严格意义上的第一位读者。洪峰是一边写一边读的，也是写完之后在心里又读一遍。这样，我们读完他的作品，只有阅读时的快感和他把这种情绪转移到我们的心上，我们得不到关于完整故事的记忆。也许这是洪峰原来的本色感或粗糙感，不追求完整故事形态所带来的。

然而，《东八时区》就不一样了——在这部作品里，洪峰作为小说家第一次表现了对自己的故事同时也是对读者的温柔。我想，我也就是在这部作品中认识到了自己只对温柔妥协。我不想断言——继《东八时区》之后，洪峰就成了一个现实主义小说家，这样说太没劲。不过，我知道，洪峰尊重了大家的习惯，同时也尊重了大家的智力，这是肯定的。洪峰的这次出乎意料的温柔包含着多种因素，有一种因素就是这次操作比以往有很大不同。洪峰在动笔之前就有了故事形态，比较完整的故事形态，甚至洪峰会在脑子里形成人物名字和人物关系，偶尔也会在草纸上画几个关键人物以及故事的关键细节。当然，洪峰不会画张表格，有才华的小说家才不会这样干。洪峰在头脑中寻找这些故事的前前后后，肯定伴随着解读加西亚·马尔克斯的《霍乱时期的爱情》，还有就应该是“中国爱情”这个偏正词组，这四个字也许是个标志，制约洪峰选择故事的韵律和种类。

他开始写下第一行字：卢小兵来到世界就遇上了好天气……当他写完第一章第一节时他已经知道了整部书是个什么样子。所有的故事及细节在洪峰的大脑里形成了板块，在那里游移，他用自己的叙述习惯将这些板块拼出来就成了一部《东八时区》。

洪峰在《东八时区》这部作品中给我们带来了故事，同时带给我们的是想象也是约束。总之，洪峰的“温柔和厚道”给我提供了记忆这些故事的可能。记忆是一种约束，也是想象，洪峰提供给大家的记忆符号比较符合中国读者的经验。

在洪峰提供给我们的爱情故事中，卢振庭和田玉兰的爱情故事最古老也最具有传奇色彩，这个故事充满了令人怀念的侠骨柔肠。洪峰以高昂乃至悲壮的口吻来叙述这个故事。其实，洪峰最拿手的还是讲述这类故事，因为时间的距离可以使他那令人咋舌的想象力信马由缰，然而，在整部书中，洪峰主要不是讲述这个古老的故事，而是完成一种时间跨度的设置，使“远”和“近”有一种对接。当然，卢、田这个不寻常的爱情故事肯定对他们的后代卢景林、卢小彬、卢小兵的爱情生活带来久远的心理暗示，卢小兵的家族意识就存在于这个爱情故事中，这样，选择卢小红这个可怜的、没经历过爱情生活的人自杀，既是时代气氛渲染的原因，也是对卢小兵被死亡的第一次提醒。

王先佩和邓捷捷（金寡妇）的爱情故事是全书中持续时间最长，也是最缠绵的一个，它几乎存在于中国解放后的历史中。我们甚至有理由认为——这个爱情故事本身因缺乏理想主义色彩而显得过于真实和乏味。然而，王先佩和邓捷捷这两个人物却显得鲜烈。洪峰在叙述这个故事的时候，使他们成为人物，而不是角色。

傍晚，王先佩走出金寡妇的屋子，来到那片空地上清理思想。他狠狠左右开弓打了自己几个耳光。打得耳朵隆隆响了好一阵。“你这个老不要脸的东西！你对得起孩子们？对得起老伴吗？你这个好了伤疤忘了疼的死不要脸的老××！”

金寡妇自从跟上王先佩偷情，就再也没有接待过别的男人，看趋势，金寡妇大有嫁给王先佩的意思……

王先佩早就不再有羞愧自己的行为，只是深深感到人生莫测。叹了口气，伸手捉住女人的乳房抻一抻，说：“也都没多少活头了。不管了。”

就像洪峰叙述的那样：1966年夏天的那个傍晚，王先佩走出邓捷捷的家门。那以后的二十多年间，王先佩和邓捷捷明来暗往，邓捷捷是痛定思痛重新评定王老太爷的价值，王先佩是老来重温旧梦。两个人都不计历史旧账，睁着眼睛向未来。这两个人的平凡而拖沓的情爱故事很难说不包含爱情的成分，但有一点是可以肯定的，就是生命账，步履蹒跚仍然屹立。下面的一段写的是，经过“文化大革命”之后二人重逢的一段。我们肯定会看出人类情感的构成因素以及种类繁复。洪峰关于这段的叙述难免要被自己虚构的场景感染，于是它成为洪峰写对话最为出色的一段。当一个小说家被自己的叙述牵引的时候，那种震撼人心的东西就有机会到来。

两人见面之后，邓捷捷没有哭，这使王先佩预备好的许多话一句没用上，其他的问候语又很没趣，王先佩殊觉沮丧。咳了几声坐在炕沿上抽烟。

“老了老了，还学会了抽烟。有出息。”邓捷捷说。“闲的呗。一天到晚没事做。闲得难受。”

邓捷捷仰着脸想什么，好一会儿，噗地笑了。王先佩被邓捷捷笑得莫名其妙，睁着眼看。

邓捷捷轻轻用手掌拍炕沿打节奏。

“金寡妇，小花鞋，

跟着老王跑破鞋。

鞋底漏，鞋帮破，

抱着老王成宿乐。”

唱完了，两个人相互看看，后来都乐了。王先佩乐得直咳，丢了烟，说：“从今天起，戒了。”

邓捷捷没有什么表示，她走到柜子前，翻出一件衣服递给王先佩。“这是我活了几十年头一回自己动手做的衣服。你穿上看看。”

王先佩盯着衣服翻来掉去地看，然后把衣服放在炕上。“怎么？不敢穿？”王先佩摇摇头。

“那为什么不穿上让我看看，合适不？”

“来得及。”王先佩说，然后他一下拉过邓捷捷，他把中年女人搂在怀里，两只生了老年斑的手开始解邓捷捷的衣服。

“来得及。”王先佩说。

这个故事的持久性来源于情爱双方对自身命运和男女之事的彻悟。我这样说的依据是王先佩和邓捷捷，特别是邓捷捷作为一个女人的命运多舛开悟了她。现在看来，它包含着比爱情本身意义更广泛的东西。从某种意义上说，与王路琴和孙大有的爱情故事一样，这种意义也许就是平实。王路琴和王路遥的故事发生的背景相同，但后者比前者要复杂一些。其实，王路遥和卢景林的爱情故事，从一开始一见钟情到最后卢景林爱上了王路敏，这中间包含着王路遥作为女人的尴尬和痛苦——已经使王路遥的故事变得较为复杂和无奈。如果说起典型，这三个故事哪个更具有中国式的典型性？我看，应该是王路琴和王路遥的故事更典型一些。

同样，王建生和周明秀以及周明秀和苗人凤——这种在特定背景下颇多的始乱终弃的性爱故事就显得过于平庸。只不过，洪峰为了年代的需要不得不叙述这两个恶劣的故事，当然，也肯定有增加品种的因素。这是两个没有特色而似曾相识的故事，因为故事叙述者是洪峰，所以也不算难看。

若说真正有特色和真正耐人寻味的故事莫过于王建生和田青文的故事了。这一段肯定充分传达了洪峰的才华。在我的记忆中，洪峰写过两段对骂（不是对话），上一次是在《离乡》中，这次比上次更精彩，上次只不过是骂人，这次却骂出了一桩婚姻，甚至还是一桩包含着某种爱情成分的婚姻。这段对骂及其结果堪称“国家队”诸队员所有作品及所有细节中的一大奇特现象。在这段对话中（不是对骂中），传达着中国爱情故事的丰富性和历史的浓厚性。我真想引下全文，可惜太长了，只引结尾[①]。这段对骂分四个阶段：笔骂、口骂、撵着骂，还有就是最后两个人高一声、低一声共同咒骂苗人凤和周明秀，骂得口干舌燥时才住口。两个人相互看了看，都笑了。然后站起身，拍掉身上的土，往城里走。

现在看来，王路敏的爱情或者说王路敏和卢景林的爱情故事，在20世纪60年代那个背景下，就显得格外早熟和富于理想色彩。这个故事和朱力、卢小杉的爱情故事在整部书中显得非常耀眼，在洪峰的叙述中也是最成功的两个故事。同时，我认为王路敏、朱力以及王先佩，他们自身的性格显得尤为鲜烈，这涉及人物和故事两个方面，我想，应该是另外一个话题了。当然，我并没有想专门谈论王路敏和姜丽的故事，如果谈到朱力和卢小杉的故事时肯定会涉及这个话题。

这些形形色色的爱情故事，都具有自身的属性，同时也都在这种属性中展示着令人深思的社会背景，这种社会背景无疑是政治、经济和文化背景的总和。这些爱情故事（当然包括卢小兵自己的故事）是对半个多世纪以来中国爱情状况的说明和深思——故事本身带给我们这样说的依据了。我急不可待地想得出这样的结论：《东八时区》给我们提供的若干个悲剧和喜剧都不是个人的，而是关于社会生活本身的。当然，这个结论有些庞大了。

---

① 全文见《收获》，1992年第5期，第172页。

人物问题

洪峰原来几乎所有的作品里，都对人物性格的塑造毫不在意，似乎洪峰的叙述方式冲淡了人物的内在性格。我们说过——洪峰的小说最先接受的情绪笼罩，也许这不单是叙述本身的原因，肯定还有语言结构、主题倾向等诸多方面的原因。总之，这些因素的综合作用使我们甚至忽略了洪峰小说的地域色彩——人们被洪峰小说中诱人的那部分东西弄得眼花缭乱，忘记了故事发生的具体特点，就连《东八时区》这部给我们提供了故事和人物的长篇也存在着这方面的问题。我想提醒一下——洪峰写的是东北，更多的故事仅发生在辽北、辽南和辽西。我这样说，并不是想界定什么洪峰小说的地域文化属性，我对小说中有渲染的地域文化不以为然，一向认为：先有小说，后有文化——甚至文化和小说都不应该是同时进入读者视野的。洪峰的小说符合我的逻辑。我只是想说，洪峰写的确实是关东人的爱情。卢振庭和田玉兰身上有浓厚的关东人气息，王先佩和邓捷捷身上也有，以及他们的后代身上也有，只不过——时代已经不同了。我突然想起卢景林和王路遥的一段对话。

“没什么，毕竟时代已经不同了。”他说。

“人的生活却没有什么本质的变化。”王路遥说。

我推测，洪峰应该会对这段对话表示满意并由此展开他一些相应的联想——作为一个小说家，洪峰对一些句子有着天然的敏感，一个他感到深味深长的会在一部或几部作品中反复出现。如果洪峰认为小说首先是由几个鲜明的句子组成的，也一定有他的道理。这里不谈这个，谈几个人物。

1. 王先佩

在洪峰给我们塑造（说塑造不准确）的人物中，王先佩应该是比较鲜明的一个。作为一个关东商人，他的聪明、识理以及处理世事带着浓厚的功利性，还有他的情爱观念都是极有特色的。在半个多世纪里，他像一个自私的老家雀一样捍卫着窝里的小家雀，并极力保证窝里所有成员的宁静。这个老人像关东大地上的一些其他老人一样，在人生悲伤多难的背景下，显得灵动可爱。他与邓捷捷的情爱，特别是对孙女的隔代理解上，洪峰把他“叙述”成了一个善良而狡猾的形象，在王先佩身上，倾注了作者对人的充分理解。

2. 朱力

洪峰在这部长篇中，给我们提供两个现代军人形象：一个是朱力，一个是王路。当然，万家喜也是军人，李三炮（李龙岗）也是军人，但都不重要。朱力和王路是20世纪80年代的军人，而且都是真正意义上的军人——参加过对越自卫反击战。王路被冷不防地捅了一刀，这个情节极其平庸，我说过，只因为是洪峰写的，还勉强能让人看下去。王路的出现缘于朱力的需要，这么说也许太正统，怎么理解都行。不过，朱力这个人肯定是洪峰有意而为的。朱力的所有性格都表达在与卢小杉的爱情故事里，以及他残疾后的犯罪（太吓人了）过程中。洪峰以十分优美的笔调为我们树立了朱力，不露声色地描述着朱力犯罪的整个动机和过程，在这一描述，洪峰集中地表现了他的才华。洪峰表现出比才华更深远的东西——就是使卢小杉和朱力的爱情故事十分突出地显示了悲剧的壮美。

朱力是个军人也是个男子汉。虽然洪峰关于朱力因战争创伤这一性格动因的提示没有超越20世纪30年代美国文学的范畴，但是，洪峰并没有过多地渲染他对战争的看法。当然，朱力对战争充满着恶心和恐惧与他从这场战争给他带来的灾难是直接的因果关系，他毕竟不同于王路、不同于四肢健全的英雄报告团。朱力的责任心以及对自身命运的抗争和豁达的哲学，无疑是他成为男子汉的几项硬指标。朱力对卢小杉一如既往的热爱，使自己的爱情故事充满着人格光辉。朱力这一形象的塑造，标志着洪峰已经开始突破叙述以外的东西，这个人物的成功就在于洪峰叙事的平静和优美。朱力的命运伤感和智慧是洪峰关心的部分，似乎在朱力和卢小杉的爱情故事中，他更关注朱力。洪峰写朱力的几段成了《东八时区》的几个著名片段。

离开婚礼宴会，朱力摇着轮椅驶向海湾。太阳还很高，天上有几片白云还有掠过的鸟。朱力面对大海，海风吹着他的头发，远远看过去，年轻人像一尊雕像似的沉寂和灰暗。初夏的海边很少有人来，能看见几个六七岁的儿童在那里跑来跑去。朱力端端正正地坐在轮椅上，年轻人的脸色不停地改变，那几个孩子偶尔窜过他身边，黑溜溜的眼珠很惊恐地窥几下。

朱力用手扳动轮子，轮椅轻轻地响着滑向海水。这是一处条件尚佳的天然浴场，海底铺了细腻又坚硬的沙石，轮椅像小船一样安静地浮向远方。朱力在孩子们新奇兴奋的凝视中深入大海。

朱力和他的轮椅离开海滩已经有500米远，但海水一直没能淹没轮椅，朱力依旧平稳地露在海面上。他又前进了几十年，海水还是那样平坦柔和。朱力停住手臂，他抬起头看看天空，又看看变得深蓝的海水，朱力笑了。

朱力笑了一会了，就调转轮椅，缓慢地驶回海滩。海水开始涨潮，这使朱力比进入海水时多行驶了将近100米。

天黑之后，朱力拧干湿透的衣服，摇着轮椅回他的小屋子去。

这时候，朱小杉的衣服被新郎小心翼翼地一件件脱掉。姑娘美丽的身体暴露在昏暗的台灯旁边。新郎的呼吸发生堵塞，他的喉咙里产生咯咯的吞咽声。新郎抱住新娘，他把新娘压在自己下面。

几分钟的争斗之后，卢小杉很锐利地喊叫一声，哭了。

1983年5月22日。

这段平静的叙述所制造的伤感将朱力的命运全部凸现出来，就在这一时刻，朱力改变了自己的生活，将一个朱力留在了大海里，另一个朱力上了岸。战争的创伤给一个人的身上留下了永久的痕迹，战争不存在胜利。其实，在战场上归来的人也应该是烈士，只不过这部分人死的是灵魂。朱力在战争中失去了双腿，男性功能也随之丧失，这样他就承受着心灵和肉体的双重创伤。就是在这种状态下，朱力走向自己的新生活。他以罪犯的方式介入自己的新生活时，他是个清醒的人，他每天都知道自己在干什么。在这样的心态下，他的心理动因无疑是理想的毁灭所带来的。因为那场战争，他的生活被颠倒了，更重要的是——他的爱情生活也和其他部分生活一样被摧毁了。洪峰在这部长篇中，虽然对朱力着墨不多，但朱力的精神生活仍然给人以清晰的感觉。朱力撕戎装照，朱力工作时的发亮姿态，朱力打台球时的样子，所有这些细节都使这个人物鲜活起来。朱力摇着轮椅参加卢小杉婚礼时的场面曾让我激动不已。洪峰在朱力身上倾注了自己对中国男人的理想和期待——这是作品本身已经注释了的。这种理想化色彩集中地体现了朱力被绳之以法的场景。

警察走上来，他取出皮夹里的逮捕证亮了亮，“你是朱力吗？”朱力点点头。“你被捕了。”朱力说。

警察愣了愣，另一个警察亮出手铐。拿逮捕证的警察摆摆手，“算了，用不着。”

站门外的两个警察拉开门，朱力就摇着轮椅出去，到了警车后，几个警察合力抬起轮椅。这时候，朱力回头看了一眼追到门口的卢小杉，他咧开大嘴笑了笑，一点也没有勉强的样子。

在洪峰关于朱力的叙述中，我们肯定关心的是朱力的命运和这家伙的一举一动，直到警察出现在他面前的时候，我们才恍然大悟，原来这家伙是世俗意义上的罪犯。虽然在此之前，我们已经预感到这家伙要出点什么事，但都没有明确他在犯罪。这种被淡化的罪恶是洪峰的叙述才华造成的。我想依此推测洪峰的这种最具现实意义的才华会加速他成为中国严格意义上畅销书作家的进程。

朱力走后，他的爱情故事仍然在继续着。我必须抄录这个著名片段：

> 1月13日早晨，卢小杉走进妈妈的房间，卢小东也在。卢小杉突然跪下，她结结实实给王路遥磕了三个头。然后直起身体。她说："妈，从今天开始，我就搬到朱力家去住了。"
>
> 王路遥愣住了，好半晌才明白女儿的意思。她想了半天，才说："那，家喜……"
>
> "妈，我没做什么对不住他的事。"卢小杉说。

这样，男子汉朱力的爱情生活到此写下了极为震撼人心的一笔。在对朱力的形象设计里，包含了洪峰对战争和爱情及其两者之间接合部位的哲学思考。朱力和卢小杉的爱情故事在东八时区变得出人意料（温柔而不经意）的重要。洪峰对男人精神力量的张扬，使这个爱情故事有了浪漫主义色彩和一定意义上的悲剧美。我们现在的文学无疑缺少经典性男人，当然，我不是说朱力的出现就填补了这个空白，我的意思是洪峰已经显示了具有树立经典形象的功力。我不知道洪峰愿不愿意这样做，但我知道洪峰应该了解我们这个年代到底缺少什么。

3. 邓捷捷

洪峰对历史人物的把握历来带有任性的成分，在他以往的作品中涉及的历史人物，洪峰都本着"虽然时代不同了，但人的生活没有发生本质的变化"这个前提来展开他的想象。邓捷捷这个人物是洪峰着墨较多的一位，虽然洪峰没有心思把邓捷捷作为一个特定时期的典型女性来树立。洪峰只是把邓的一生作为一个特别的女人的命运来选择，尽管邓捷捷这个人物身上打着深刻的时间烙印，同时映衬在特定的社会背景上。我以下的描述尽量与洪峰保持一致，基本上是从女人的角度来描述邓捷捷。

洪峰对女性感情的独特敏锐的感觉，在对邓捷捷的描绘中又施展了一次。在这一点上，洪峰和托马斯·哈代确有些相似之处。先放下这个话题，我想说的是洪峰对邓捷捷一生的把握以及洪峰赋予在她身上的女性规则。

洪峰在这部《东八时区》中所选择的女人都有一种共性，那就是她们都在不同程度地追求幻想，有一种极为深沉的沧桑感在她们的性格里。当然，王路琴除外。王路敏和卢小兵身上就显得理想色彩更浓重一些，我的确应该另设一个话来谈论她俩。还是先说邓捷捷。

我们似乎忽略了邓捷捷的身世，邓属于苦大仇深的人，被王先佩收为三姨太以后，对王背叛的原因也不是阶级原因而是情感原因。王满足不了少妇邓捷捷的生理需要又加害邓的情夫大顺，是邓背叛王的主要原因，这个原因的无阶级属性让我们看得合理合情。是康拉德还是什么别的人，说过一句这样意思的话：妇女身上占统治地位的情欲使那些比她更强有力的男人神魂颠倒。当然，这句话放在邓捷捷身上就变得有的放矢了。邓捷捷倾慕李尔钢是想矫正自己的生活，一个优秀的女人肯定时刻被一种愿望引导着，邓捷捷虽然算不上优秀，但她想改变自己生活的愿望是无懈可击的。然而，时代和命运的综合作用使邓捷捷的愿望变成了乌托邦。于是，邓捷捷和其他女人一样——向命运求饶了。她在那个时代以很特别的方式选择了老金，她以极其智慧的姿态和老金过着平和的生活。不幸的是老金又不在了。这时，洪峰给我们留下了想象的空间，让我们愿意为邓捷捷着想。这时，洪峰的智慧是来自他尊重读者的智慧，他肯定对什么“新写实”不以为然。随后，邓捷捷开始证实前面那句话，她开始以情欲的方式和男人世界斗争了，当然，这里边也有经济成分，就像书里说的，在男女的问题上，爱欲和金钱缺一不可。

所以，邓捷捷又回到王先佩的怀抱显得合情合理，但个中缘由似乎不能十分明晰，按洪峰的说法就十分简单了。

1966年夏天的那个夜晚，王先佩走出邓捷捷的家门。那以后的二十多年间，王先佩和邓捷捷明来暗往，邓捷捷是痛定思痛重新评定王老太爷的价值，王先佩是老来重温旧梦。两人都不计历史旧账，睁着眼睛向未来。

我们既可以说两个人是在无可奈何的时候才重归于好的，又可以说王邓二人是在经过命运的反复映照才开始懂得生活，特别是男女生活的。同时，既可以说是邓捷捷的愿望一挫或再挫不振，又可以说邓捷捷认识到了生活的本来面目。我后悔前面过早地引用了王先佩和邓捷捷分离之后又重逢那个论断，在那个论断中包含了这两位老人的全部可爱之处。洪峰懂得生活的实质和他虚构的合理。这时，他为这个片段加了一段注脚：王先佩非常歉疚，心里挂念她也不敢去探望。这种相距咫尺又如在天涯的日子四年多才结束。那时候，革命由火上转到水里，冷热搞得人们只害怕自己，再没心管别人。这样，按照爱情的理想原则，邓捷捷的故事不能算完全的爱情，只能包含着爱情的成分，但我仍然认为这个故事的可爱，而且集中地表现在邓捷捷的行为上，我们可以称它为“准完全”爱情。

洪峰在邓捷捷的食杂店里放一张油画，让她的复杂里有几卷“舒尔美”牌卫生纸，这举动符合我们读者的想法。她应该是和其他老女人不同的老女人。

洪峰专注地叙述邓捷捷的命运，使我们忽略了邓捷捷的阶级出身以及社会背景，就像我们忽略了朱力的犯罪一样，还有一点和朱力一样的是：我们甚至忽略了邓捷捷的道德背叛，这又是一次叙述上的胜利。我一直以为，完美的叙述应该排除任何的道德判断，只是贴着事物的边际行走就可以了，其他的无论什么东西都会在叙述里呈现出来。我突然想专门谈谈《东八时区》里的女性，这样，邓捷捷本来应该和王路敏、卢小兵放在一起，完成老、中、青三结合的模式，可惜晚了。

卢小兵问题

我曾想把卢小兵单独从这本书里拿出来，所有的话题都站在卢小兵的角度去说，就像我列的那张表的名字叫“卢小兵三代血亲情感史总表”一样。原因很简单——卢小兵涉及全书的结构、人物、主题等各种所能涉及的一切问题。我想，若非得概括地说《东八时区》的话，甚至可以说一句话：卢小兵情感史。当然，我知道这本书的内容比我说的更为复杂。的确，卢景林和王路敏、王先佩和邓捷捷、卢小兵的爱情故事的分量令人醒目，但我总觉得前两者仅仅是卢小兵爱情生活的背景。

其实，我完全可以从卢小兵开始解读全书，作者就是这样干的。这样，我会陷入洪峰的创作时角度里去。就此打住。

张宏杰的激情PK余秋雨的虚空[①]

——关于《千年悖论》和《文化苦旅》的比较研究提纲

几年来的阅读生活非常明确地提示我，每到旧历的春节过后，我都能读到一两本好书。今年[②]也是这样。10余天来，我一直在断断续续地读着张宏杰[③]的《千年悖论》[④]。这本书给我带来的丰富的感受是我始料不及的。一接触到文本的时候还有一种似曾相识的感觉，但读了几页之后，就开始发现它的异常。于是，围绕它说几句话也就成了某种责任。这种责任感应该像祝勇先生将它编入“守望者文丛”时的那种感觉——他在“文丛总序”中，阐释了张宏杰这部书的“新历史主义”特征，指出了张宏杰散文的历史视角中的人道主义立场。其实，这些差不多构成了张宏杰散文的骨骼部分。我第一次感受到了这些抽象的固定名词所包含的贴切因素——简洁明快，一句话包了。我的描述也许能沿着它们的边际行走，是否越界我没有把握。

在我的印象中，近年来国内散文界呈现出一种人声鼎沸的虚假

① 此文刊载于《芒种》2000年第11期，原标题为《他凭什么挑战余秋雨?》，被多家选本编选。

② 指2000年春节。

③ 张宏杰，笔名张敞，文化学者、散文家。

④ 张敞：《千年悖论》，北京：时事出版社，2000年。

繁荣。一些不三不四的散文开始畅销——也许正是因此——我认为，散文在文学的各门类中已经呈现出明显的滞后状态。在坚持精神性上，现在的小说倒是最完整，一直处于寂寞状态的诗歌和以前一样好。特别是余秋雨的出现，我们的评论界似乎始终也没有给定一个较为明确的判断。我曾在一篇叫《关于散文的一些简单问句》[1]的小文章中说过：

前两年，余秋雨的一本《文化苦旅》引起了很多人说话。说话的热烈气氛使人们的注意力大都集中在说话本身上了，正如这本书里洋溢着的某种诱人的氛围让大家忽略了它究竟说了什么。一些有考据爱好的人开始运用历史知识校对作者的某些知识细节。当然，评价散文注定不应该牵扯上专业知识。现在想来，我们追问了一些无关痛痒的东西——为什么我们当时没问：既然是散文，作者本人在这本书的什么地方？人在什么地方？当然可以回答出一些理由，比如散文的公共性什么的。

歌德曾经说过这样一句暧昧的话，他说："历史是上帝的神秘作坊。"这句话包含着很多的意义，这毫无疑问。我想说的是，它至少是包含着对历史的敬畏，并且隐藏着一些想在历史里发现点什么新东西的冲动。余秋雨和张宏杰肯定都到这个"神秘的作坊"里去过，只不过他们回来的时候向人们讲述时的姿态发生了一些差异。他们开始进入的时候几乎是相同的：从时间的意义，也就是从史的意义上来理解现代，这是对现代的一种宽厚。终于把它放在时间的河流里了，而不至于让它始终处于上不着天、下不着地的状态。

1992年秋天，余秋雨的《文化苦旅》着实给中国的当代文学界，特别是散文界带来了一种别样的东西。虽然，当时的人们没有一下

---

① 见《向陌生人招手》，长春：时代文艺出版社，2001年。

子明确地反应过来，只是觉得它和某一种情绪特别贴近。那种情绪就是反思情绪。

我认为，1992年开始，余秋雨大面积提供给读书界的一大批品种相同的散文无疑在一定意义上接续了这个传统，并且在细部展开了全面推进。这应该是一条精神线索，尽管它有一定的构造性特征，我们的前提是遵守精神领域中的线性法则。据此，我们可以上溯到其前很久的林语堂先生的《吾国与吾民》，尽管它没有过多地使用史料而只是单纯推演出结论，但他们的反思性和方法论却是一样的，甚至可以并行到那场同样著名的“人文精神大讨论”。尽管余秋雨没在其中吸收足够的养料，造成了其散文的较大的缺憾，但不妨碍这场讨论提供给余秋雨一些方法，特别是在一些关于文化方面的新颖概念的提出上。余氏把叙述历史图景和抒情议论较为紧密地结合在一起，呈现出一派繁忙的景象，热热闹闹又不失凝重。专业角度说就是：“作者仰仗着渊博的文学和史学功底，丰厚的文化感悟力和艺术表现力所写下的文章，不但揭示了中国文化的巨大内涵，而且也为当代散文领域提供了崭新的范例。”[①]

一开始，我们大都认可了余秋雨说古论今的散文的文化内涵，而且也觉得他确实“为当代散文领域提供了崭新的范例”[②]。现在，我们几乎没有时间谈论他到底揭示了中国文化的哪些内涵以及为中国散文领域提供了什么样的范例了。但是，毫无疑问，我们仍然无法否定余秋雨散文的某些贡献，特别是从余秋雨以来的散文对自身文明和文化的不痛不痒的疑问被突显出来，尽管做得还不彻底。司汤达说过，“怀疑的精灵已经来到这个世界”，我们套用一下就是：怀疑的精灵已经来到中国的散文界。

一开始，张宏杰的散文也注定受过余氏散文的激发，这是一笔

① 见《文化苦旅》的内容提要。

② 见《文化苦旅》的内容提要。

想赖也赖不掉的账。这种方法论就是，通过一个个古老的物象、一汪汪小桥流水说话，描述大漠荒荒的所谓黄河文明以及江南文化。总之，那大都是对物象的观照。只有像《风雨天一阁》《青云谱随想》才能触及一些人的因素。看来，我是想把张宏杰的散文和余秋雨的散文对比一下来说几句，如果真有这样的可能，也确实能起到便于理解他们的作用。为了安全起见，我们也只在《千年悖论》和《文化苦旅》之间进行。其实，在一开始的时候，这个话题的萌芽就要显现出来，夭折的原因是当时还没有一个可以用来凭借的文本。比如，你说余秋雨的散文不尽如人意，你举个例子呀！我当时确实是举不出什么例子来，那时还没有《千年悖论》这个文本。

如果除去丛书总序、张宏杰自序和后记，这本书共选了13篇文章。大体上是这样的一个结构：写单个人的有《无处收留》《为朱元璋画像》《一个帝王的生活史》《解剖曾国藩》共计4篇；写群体的有《蒙古无边》《回首爱新觉罗们》《千年悖论》《神女生涯》《隐士们》共计5篇；其他4篇《慕古者说》《我是谁》《我们》《关于时间》等是思辨性较强的现代题材的散文。我罗列这些的目的，注定不是想给张宏杰的散文来一个逐篇的评点，只是想引出它们和《文化苦旅》在一些方式上的差异。张宏杰的散文几乎都是以历史的单个人或是群体为言说对象；而且都是在古籍中翻捡出来的东西，他的词语世界和已经逝去的世界碰撞着，在张宏杰的感觉中，历史世界只是他的词语世界的可被随时激发的元素集合。

余秋雨的散文大都是以阅读物象和风景为主要写作对象，并由此生发的情绪，而这些一般都具有可依托性。他写的是物，哪怕是写到了人也是物的背景。他对物的兴趣远远大于对人的兴趣。他给自己的言说弄了一个宽泛的概念作依傍，这个概念叫“文化”。这是一个十分贪婪又十分吝啬的概念。它能装得下很多东西，却唯独装不下他自己。叔本华在评价黑格尔的哲学体系时，说了一句大意是这样的话：他建造了一个富丽堂皇的宫殿，他自己却住在宫殿旁边的小草屋里。像这样大而空的概念，余氏用来作依傍的还有一些，比如“文化灵魂”“中国文人的人格构成”等等这些大的名词。这些东西，就像是一个个枷锁，禁锢了本来应该灵动的部分。由于太强的目的性而在文本一出发的时候就遇到了阻碍，阻碍它向人类精神的精微而高级的方向发展。

其实，这还不是余秋雨散文很少有人的因素和人的理想及其生活的主要原因。恩斯特·卡西尔[①]说，对于历史，“我们所能做的一切就是‘回忆’它——给它以一种新的理想存在。理想的重建，而不是经验的观察——乃是历史知识的第一步”。关于这个问题，我一直认为其中还有一个重要的原因就是：散文的创作者没有或没有能力将散文创作同所描述的历史对象的有生命的部分连接起来，创作者的生命本身没有力量激活历史中所固有的那一部分可以穿越自身的温柔。这需要创作者本身的、某种打通今古生命的激情。这样，他才有力量去关注“作为历史性精神的人”[②]而不是“作为物质性存在的人”[③]。

读过《文化苦旅》的人，大都不能忘记这样一个阅读经验，那就是：在读的时候，文本给我们提供了特别充分的美感，读者甚至沉醉在这迷人的哀伤中，惊诧于余秋雨行文的老到以及技法的娴熟。然而，掩卷沉思时到底留给我们一种什么样的东西呢？是切肤之痛？是黯然神伤？是百感交集？是悲剧的壮美？都不是。仍然是那种不痛不痒的东西。其实，对于散文，在“怎么写”这部分，余秋雨已经达到了相当的高度。单单从他的字里行间看，作者本人是努力挣脱俗世羁绊的人；但是，当你一追究文本的精神性的时候，我们就会痛惜地发现作者在精神性上没有任何“新的增长点”。余秋雨肯定

① 西方著名哲学家，代表作《人论》。

② K·拉纳语。

③ 同上。

是个入世颇深的人，这就掩盖了他作为散文家本来已经感受到的切肤之痛。他常常是刚要触摸到历史和现实接合部的时候，就迅速地躲开了。我想，这才是问题的根本之处。

那么，我们该怎样描述张宏杰的散文呢？其实，一开始张宏杰就给自己的言说制造了一定的难度。也许，他自己已经意识到了他是在“余秋雨早已规定好了”的外形结构里说出自己的声音，所以就必须有所不同。当然，我认为还是由于张宏杰的精神倾向所决定的。他也写别人习以为常的东西。他开始关注如何激活历史上能被用文字记载下的一些人。他在“历史人物的数不清的而且常常是自相矛盾的言论的背后发现统一性”①，并使这些统一性符合自己主题的表达。他艰难地在他要描述的人物本身中发现一种新的力量，靠着这种力量使他敢于向现实的力量挑战。在古今中外书写历史人物的一些作家中，就我所能读到的，斯蒂芬·茨威格已经做到顶峰，他用这种理念和方法写出了荷尔德林、克莱斯特、尼采、梅斯梅尔、玛丽·贝克尔、弗洛伊德、巴尔扎克、狄更斯、陀思妥耶夫斯基、卡萨诺瓦、司汤达、托尔斯泰。我认为张宏杰写人的历史散文和斯蒂芬·茨威格的人物传记在精神上（绝不是在形式上）有很多的契合之处。当然，我更多指的是张宏杰最优秀的散文《无处收留》。其实，也就是这篇散文使我产生了把他和余秋雨相提并“抗”、促进他挑战余秋雨的冲动。这篇东西，无论是给他自己还是给这样写散文的人都设定了一个轨范。在吴三桂的历史中，张宏杰把他的一切生活、一切行为都看成是吴三桂的生命力本身的沉降形态，并且竭力要把这些因素重组回原初的状态——让我们理解和感受产生它们的那种力量。这种东西是什么？这就是一个人在同现实对抗，特别是同自己对抗的过程中悖论出来的东西。当然，也可以简单地称之为命运。还是恩斯特·卡西尔说：

---

① 卡西尔语。

> 为了占有文化的世界，我们必须不断地靠历史地回忆来夺回它。但是回忆并不意味着单纯的复制活动。在这种重建中，人的精神转到了原过程相反的方向。一切文化成果都来源于一种凝固化、稳定化的活动……伟大的历史学的才能在于：把所有单纯的事实都归溯到过程，把所有静态的事物或制度都归溯到他们的创造性活力。

但是，恩斯特·卡西尔的这一句曲曲折折的话，到底说明了什么？我看这老人家至少说出了两个问题：一个是肯定了回忆历史的过程是抢夺文化的过程；另一个是把关于历史的那些单纯的事实和静态的事物还原到过程中去。张宏杰的散文正是朝着这个方向走去。张宏杰是怀着对历史的敬意来结果历史的，他把历史上的人当作了人而不是物或者是一种单纯的文化符号。同时，张宏杰又尽可能地把历史上的人身上的一切文化因素都昭示出来，主要原因就是张宏杰身上的一股可感的人道主义激情，这种激情既关怀着历史也关怀着当下。我们从张宏杰的描述中时常能听见一颗年轻的心在剧烈地跳动，尽管这样的激烈有时破坏了一些文本上的东西，但是，总的说来，一点也不妨碍我们理解它。特别是在《无处收留》里，他简直就是用诗人语调在叙述和组合乃至铺陈。我们说，他描述了“重大的心灵情节”[①]，这一点也不过分。

文学不是对历史的单纯模仿；“历史不是对僵死事实或事件的叙述。历史学与诗学乃是我们认识自我的一种研究方法，是建筑我们人类世界的一个必不可少的工具。”[②]从另一个角度陈述一下是这样：张宏杰提供了一个个案，在失去集体英雄的时代，个人的品格的重要性以及勇敢、忠诚被命运磨损时的丰富的状态。吴三桂的悲剧甚

---

① 王安忆语。

② 恩斯特·卡西尔语。

至就是一个神话模型，他包含着人类的一些普遍因素。当一个人拥有了在没有文化依托的绝境中生存一生的准备时，这个人才算具备了真正的勇敢——他就会面对自己生命中的混沌[①]，创造出一种扎根于自己个体生命混沌中的一种文化。我们能简单地说吴三桂失败在最后一刻了吗？这是过去时间中的人的精神。张宏杰使吴三桂的悲剧变得亲切可感了，这绝不单是什么形象的东西在帮助了我们，而是他的精神困境与我们的精神困境有着某种神秘的联系。如果我们被吴三桂的命运打动了，不如说我们被他与我们相同的那一部分东西打动了。

恩斯特·卡西尔说了很多关于进入历史的方式，但是他没有提到取得这些方式的武器。那么，进入历史的武器到底应该是什么呢？也可以这样说，张宏杰比余秋雨多了一件什么样的武器呢？我想，那就是精神难题——进入历史者本身关于他所处的时代的精神难题。现在，我们可以开始作如下判断：前面我们提到的那种激情就来自创作者的精神难题。这无疑是获得精神深度的前提，也就是说得先有问题，然后才能回答问题。一个没有问题的人，是回答不出什么问题的。在这个时代里，他自身已经是一个平衡体，是一件四四方方的东西了。他的结论只能是与立方体有关的一些现成的道理。静如止水的心灵迟早是要发霉的。托尔斯泰在谈到“灵魂”这个词的时候，前面用两个定语——“痛苦的高贵的”，我们可不可以理解为只有“痛苦的”灵魂才是“高贵的”？可以这样说，逃避痛苦就是堕落的开始。我们一般已经不在意它们的相关性了。不管怎样，我还是这样认为：游山玩水之后的轻愁遐想，只能产生一个“大于号的汪国真”[②]。

现在看来，反思远远不够，我们还得质问、拷问历史。在这个

---

① 我的朋友黄涛语。

② 笔者自造词。

问题上，虽然张宏杰走得也不算太远，但我们不难知道他已经比余秋雨教授多走了几步。这是非常关键的几步，这几步在余秋雨和张宏杰之间画出了一道较为鲜明的界线。我理解这个界线就是“精神难题”而产生的“精神冲动”，按照斯蒂芬·茨威格的说法就是：在大多数的普通人身上，心灵中的这个宝贵而危险的部分，很快就枯竭耗尽了；只是在极少数短暂的时刻里，在青春期的危机中，在由于内心世界的爱情或生殖的欲望而激动的时刻，这种跃然体外、热情奔放和自我牺牲的东西才会充满预感地控制了市民式的平庸生活。年轻的张宏杰，在大部分时间里肯定是个循规蹈矩的孩子，可能是突然有一天的一件事使他开始追问起关于人本身的一些东西了。他先是抽象现实的人，获得一些可质疑的概念之后，又把它带进了历史，已有的概念连同史料帮助他激活了一个个早已逝去的人物；张宏杰在他们中间发现了一种可以从基础上动摇关于人的固有观念的媒质，它使张宏杰的关于人的思考获得了一种确切的张力。

当然，张宏杰毕竟存在着某种局限，我能明显地感知到那是没有和西方历史进行尖刻比较而产生的局限。大家知道，我指的不是文本意义上的比较，也不单是指文化意义上的比较，我指的是完全的精神意义上的。比如，前面我谈到关于依照历史的记忆时，我提到了斯蒂芬·茨威格，他是努力挖出横的东西，这样视野就特别开阔；而我们的张宏杰竭力凿出纵深感，由于用力过猛而使自己大汗淋漓。《蒙古无边》等一些篇章失败得相当可惜；那几篇哲思性的篇章又由于过于水落石出而缺少了张力。我想，这也应该是张宏杰富于活力的部分。他毕竟是个年轻人。总之，张宏杰写出了《无处收留》这样优秀的作品。我们大家应该知道，张宏杰肯定会平复一下激动的心，然后继续上路的。他会看到更加丰厚的东西；他有一双锐利的眼睛。

独自上升及沉寂部分

——关于刁斗小说的随想录①

0

读完刁斗的大部分小说，我感受到了表达的痛苦。一连好些天，我都思索着与刁斗小说有关或无关的问题，其中也自然想到了与表达方式有关的东西。刁斗的这些小说似乎不单是说什么和怎么说的问题，远比这些要芜杂得多。要回答这些问题，我作为一个愚钝而野蛮的读者，只能采取一种避重就轻的形式。

我是按照他的创作时间顺序阅读的。阅读的姿势是正襟危坐，而我以前一直是躺着读书的，刁斗的小说让人必须采取坐这一姿势才能进入他所建构的世界。刁斗小说的世界纷繁多姿、落错有致，使我在感受到纯阅读疲惫之外，同时也感受到了刁斗的艰辛、虔诚以及曲折和上升。当然，这是针对单纯的创作状况而言的。

刁斗的小说告诉我，他是一位正处在上升时期的小说家，他的出道模式不同于近些年来其他先锋小说家。一般来说，这个制造流程是这样：处女作便不同凡响，然后即刻就拿出几部重头作，再然后是马上引起评论界注意，当然必须是褒的声音比贬的声音更有说服力。于是，一位小说家出道了。刁斗却不是这样，他的小说一直

---

① 此文已经收入《寻人启事》，沈阳：春风文艺出版社，1995年。

没引起人们太大的注意。具体说来，在我所读到的17个中篇短篇中，只有《真纯岁月》这部中篇被排在头题，其他的都被安放在各类期刊不大醒目的位置上，尽管有些是放在一些醒目的刊物上。刁斗就是在这种状况下运行着，缠绵而疲惫地运行着。如果现在可以定论刁斗是一位比较优秀的小说家，那么他的优秀里就会衍生出一些大于优秀的东西，比如耐得住寂寞什么的。不过，刁斗肯定是一位正在上升的小说家。

我曾为自己写刁斗的这篇文章拟就一个很有气势的提纲：

1. 刁斗有哪些独特的东西？
2. 刁斗已经达到了什么样的高度？
3. 刁斗到底缺少什么？
4. 刁斗和先锋小说家有哪些异同和承续关系？
5. 刁斗到底想说什么？
6. 刁斗和洪峰、马原们的内在联系是什么？
7. 刁斗要往哪里去？

这份在阅读刁斗之前就草拟好了的提纲，现在看来有点刻舟求剑、好大喜功的味道。其中，有些问题已不复存在，有些我无法回答。我只能采取随想的方式说些感受，也许不是纯读者的感受。

1

我无法回避给刁斗的小说分类，就像我们以往的大多数分类一样，尽管缺少准确，但毕竟给陈述带来了一次性的方便。刁斗的小说大致可以分为以下两类：

卡夫卡式主题：《想象的可能》《实际上是呼救》《蟑螂》《灰色：沉寂部分》《作家自杀团》《独自上升》《塑像》等。在这些小说中，刁斗一般都构建一个独特而集中的故事。这个故事也肯定蕴含着人性中比较特异的部分，然后我们能和刁斗一样得出结论。在这部分小说中，最能让人对刁斗产生想法。

性爱主题：比如《作为艺术的一种谋杀》《证据》《痛哭一晚》

《真纯岁月》等。这部分作品构成了刁斗小说中令人困惑的那一部分。

关于分类的两点说明：一是《真纯岁月》和《痛哭一晚》也可以另成一类，那就是自况性或自白性的一类，这在刁斗作品中并不多见，考虑到"性爱"这一主题空洞得足以装下它们，就不再另设；二是我没有把《假如种子死了》《为之颤抖》《捕蝉》归到一类去，尽管我勉强知道它们的归属，我只是不想让我的庸俗分类学染指刁斗的全部小说。

2

刁斗肯定是具体而纯朴地接受了卡夫卡。其实，卡夫卡不同程度地影响过我国的先锋小说家，但大多是在精神意义上，而在文体意义上十分鲜明地接受卡夫卡的并不多见，刁斗算是一个。刁斗接受卡夫卡，从6年前创作的短篇《我所享受的如此丰富的爱情》中就可以模糊可见，只不过，这个短篇还没有完成怎样写这一部分，大家不在意他写什么就变得十分自然了。在刁斗的小说中，具有明确的卡夫卡主题的那一部分，形成了刁斗的稳定性特征，同时也表现出了刁斗的顽强想象力，而且这种想象力不单是表现在传统意义中关于小说的构思以及布局谋篇上。若想细究刁斗能这样相对完整地模拟卡夫卡，肯定得追寻刁斗的小说之外的东西。不过，单从他提供给我们的这部分小说中，我们会有更单纯的认识。

《想象的可能》和《实际上是呼救》这两个短篇在这一部分小说里，又似乎可以分为一组。《想象的可能》里刁斗的想象翅膀第一次这么夸张地张扬着。这是个心理故事。一个人在他的儿子出生后，他的想象就开始了蓬勃，他想到他的儿子是他弟弟的产物，而且所有原细节逻辑又都是那样符合他的想象，而他的想象同时又推动着他对这些细节的认知。于是，这一连串大于关于他弟弟的想象也随之出现了。这样，故事也就有了相应的结尾：

于是，在刁民冷静的注视下，我的手掌在他纤嫩的脖子上开始了残酷的运作。轻轻地，但却是坚定地收紧。加力……

我们完全可以这样说，他是依靠想象力把儿子掐死了，这种荒谬的非理性杀死了新生命。从某种意义上说，这是一个不错的短篇，基本上体现了短篇小说至关重要的强度与深度。刁斗写了一个很特别的故事——杀子。关键词应该是："我"对新生命的恐惧和仇恨。其实，这个特别的故事本身并不具备故事内容，但是在刁斗扑朔迷离的叙述下，故事被添枝加叶后，朝着一个较好的轨道上发展了。现在的问题是，"我"的行为还缺乏足够的现实依据——是人们误解了"我"还是"我"误解了别人？刁斗为什么在很正常地行进时，自己给自己缠绕了一下呢？

同样，《实际上是呼救》也是以家庭生活为载体的故事。故事的第一句话是："我和小果离婚的第三天，爸爸和林阿姨结婚了。"故事的最后一句是："我和小果复婚的第三天，爸爸和林阿姨离婚了。"其间的故事都夹在这两句话中间，既是第一句话的结果又是最后一句话的原因。刁斗在这个故事中强化了父子冲突以及人与人之间的无法沟通，乃至可以总结成这样一句话：旧的隔膜消解了，新的隔膜又产生了，人与人之间消解隔膜的过程也是产生新隔膜的过程。在这两个短篇中，《实际上是呼救》完成得更好些，比《想象的可能》有更为充足的现实主义依据和技术上的完整。

《蟑螂》和《灰色：沉寂部分》也可算作一组。它们都具有寓言的某些特征，《蟑螂》的故事更加不露声色。刁斗在《蟑螂》里显示的是沉静，淡化了故事本身的讽喻性，同时也增添了许多讽喻之外的力量。我更愿意把它理解为：在人类灾难到来的时候，也正是集体排斥真理的时候。刁斗设置的这个荒诞场景比《灰色：沉寂部分》中的故事在接受时更具真实性，就在于刁斗没有剔除掉传统寓言以及卡夫卡寓言中所剔除的那一部分。《灰色：沉寂部分》的整体色调却是刁斗这部小说中最鲜明的部分，它不是灰色，而是黑色。刁斗设置了一个杀人的故事，在这个场景中共五人，一个刽子手，一个帮凶，三个被害者。刁斗在这个特设的场景中，淡化杀人偿命的重大道德犯罪（狭义）问题，突兀地展示了这五个人面对死亡时的态度。我更愿意把这场景中的五个人看成是四个人。刽子手不应该是人，而应是上帝的意识变形，他代表上帝和这四个人对话，当然对话的延长方式是处死。孩子的死是因为争名夺利和恐惧这一卑劣的情操；男人的死因是出卖和贪欲。按说，女人的表现一直是大义凛然，那么她的死因呢？她的死因和另外两个人的大前提一样，也是刁斗所要得出的结论，那就是——原罪。还有那个帮凶，在这个杀人场里，既得到了启悟，也得到了迷惘。小说最后写道：

“不要了。”

我说：“以后我也不会再挣这种钱了。”我的目光不敢与他对视，“但愿以后永远不会再碰到你……”

说完我独自向黑夜里的来路走去。走出了好远好远，寂静中，我还是只能听到自己的脚步声，我听不到另一个人的脚步声。

这样，刁斗的帮凶，在一片黑色的诗意中受到了洗礼，向善的彼岸走去。刁斗也完成了一次别开生面的对人的追问。

刁斗小说的大部分题目都很特别，有种极强的哲学意味。也就是说，刁斗的题目话语一般都许诺了它下面的意图，刁斗便一步步地向这个意图走去。在走向意图的过程中，刁斗在更多的时候，脚步沉稳踏实，神色也不慌张。尽管这类小说都是主题先行，而故事只能去追赶它。我想说的是，在这两组小说中，《蟑螂》所传达出的神秘感和坚实的理由，显得更为出色，而《蟑螂》是个传统型的题目。我无意推论刁斗是想重塑一个卡夫卡，还是制造一个大于卡夫卡的刁斗，但把刁斗和卡夫卡之间做一下简单的比较，似乎还是可行的。这种寻常的比较只能模模糊糊地作为这篇文章的一股潜流才不至于太张扬。刁斗尚未涉及卡夫卡式主题的全部，而刁斗也确实触及了卡夫卡的神经——某几根神经。这几根神经也足以成为刁斗小说中的几根粗壮的支柱。我看刁斗似乎有把纤细神经变成粗壮支柱的本事。具体说来，它们是：

A. 社会现实的荒诞、非理性；

B. 自我存在的苦痛和原罪感；

C. 父子冲突、家庭成员之间的冷酷关系；

D. 压抑、隔阂、灾难。

当然，刁斗的部分主题，是从卡夫卡主题中分离出来而且又增添了些许具体鲜活的东西，我这样说仅仅是因为，刁斗没有完全像卡夫卡那样操作文本。刁斗增添的角色的特性和行为的内在逻辑性，刁斗的故事不再是单纯的主观感觉、意念和体验的传声筒。尽管刁斗仍然是一位痕迹较重的接受者。这样的结论，肯定不是只针对前面那两组小说。

3

我愿意把《独自上升》和《作家自杀团》理解为前两组短篇的延长。这种延长具有内在和外在的双重性，这两部中篇都鲜明地触及了死亡。更加鲜明的是，刁斗的卡夫卡式目光盯在了我们这个时代两个很特别的角色上：诗人和作家。诗人之死是真实的，作家之死是虚设的。然而令我不解的是，虚设的作家之死却比真实的诗人之死来得更真实、更有力量。我想这里边肯定包含着刁斗小说操作中至关重要的问题：刁斗一受到现实的过分约束，他想象的翅膀就会失去平衡。当然，诗人之死和作家之死同样具有虚构的本质，而诗人之死接触地面的部分更大一些，也更先入些；作家之死是虚设，意志更坚强些，现实主义根据迟到一些。再具体一点说，《独自上升》具有原型性，刁斗的想象只是补充空白部分。应该是写海子的。这不是一个智力失灵的悲剧，是写诗人之死的：一个人赖以生存的东西不再出现的时候，这个人就失去了——这样说也不确切，总之，《独自上升》被刁斗弄糟了。口语和口语方式应该是刁斗首先解决的问题。《作家自杀团》是没有原型的，刁斗的想象是全面结构。这里边包含的问题也许是：那些不存在的故事对刁斗来说是真实的，而存在着的，哪怕是蛛丝马迹地存在着的故事，对刁斗来说都是虚伪的。这又是个卡夫卡式的感觉世界问题，只好先打住。

现在说《作家自杀团》。

我认为这部中篇对刁斗来说带有局限部总结性质。刁斗虚构了这个作家集体自杀的故事，读起来并不显得荒诞，每一处叙述，对话和细节都具有其合理性。商人钻子弃文从商后，除了赚足钱财，就是完成了组织作家集体自杀这个壮举。当然，这是个最后才揭底的恶作剧。刁斗第一次关注创作者自身——这样说也不尽准确，然而这个“作家自杀团”是准确的。一方面，市场经济时代挤压着作家个体；另一方面，作家群体的人格及其艺术品位也受着市场经济时代的检验。本来，光有准确也构不成这个故事的存在，其中大于准确的东西则是刁斗的虚构功夫。在这个没有原型的故事里，刁斗的想象力没有受到更多的干扰，这个闹剧以庄重的形式上演并传达一些更为庄重的话语。刁斗设置了大面积的荒诞时，沉着得连他自己都信以为真，他在推动这个故事进入尾声时，传递着的紧张感也是不经意的。《作家自杀团》所展示的刁斗的一些稳定性特征和前面两组短篇首尾呼应，它们已经让我们在朦胧中看到了刁斗的特质。同样，刁斗也处于这种朦胧状态之中。

4

我有些后悔用性爱主题来限定刁斗的这部分小说，当然这也是意料之中的事。刁斗在这部分小说中是既有爱欲又有情爱的，而且在构成上差别很大。在这部分小说里，刁斗显示了极不稳定性。

《作为艺术的一种谋杀》本来应该成为刁斗的重头作。我本想围绕这部中篇的不尽完美说几句刁斗小说中令人困惑的那一部分，也许还为时尚早。还先让这部中篇自己说话吧。

刁斗肯定是关注国和丰丰单纯的接连又分化的故事。当然这个故事包含着精神演进和肉体搏斗，实际上刁斗在卡夫卡式主题那部分小说中的全部冷静都渗入了这个故事中，刁斗在冷静地注视着这个故事，并在这注视中加以控制。问题也就出在这里。他在运作这个故事时，若干次的细节和局部失控造成了整个小说意图的缺乏连续性。刁斗的故事整体就像他以往的故事一样，逻辑缜密，无可挑剔。这次的混乱首先是细节、局部，最后导致了人物混乱。刁斗几乎以欣赏的目光看着国在他的手里一点一点地脱离了人的轨道，成了诡辩的动物；也可以试用另一个角度，就是黄海之死的角度去领会整体上的调整，然而，仍然摆脱不了混乱的阴影。我并不排斥这个故事总体上的相对完整和均衡平稳，我说的是细节和局部。

国和丰丰由陌生到相互引诱、相伴同行，到肉体搏斗、精神纠缠的整个过程，都缺少一种内在细节真实和内在逻辑演进。一般情况下，男人和女人上床是离不开这些基础细节的，刁斗没有完成丰丰和国的特殊故事所要求的细节和对话逻辑。也就是说，推进国和丰丰从行进到停止的那种东西没有进入这部小说。这种东西本应该由对话部分来完成一些，然而刁斗在这部中篇中对话的戏剧性暗示不够，整个对话变成了斗智斗勇的哲言比赛。生硬的哲言语句粗暴地干扰了已经出现的准确。情感交流的手续简化和芜杂造成的模糊同时存在。刁斗让丰丰经常流出无根据的眼泪，他也没有更好地控制丰丰。也呈现了看似超凡实则随俗的性爱态度。

然而，刁斗在这篇小说中所传达的神秘和宿命意识还是让人欣慰的。这两种东西，已经有要成为刁斗小说两块相对稳定的板块的趋势，而且在以后的两部中篇中更加明显，这是不容忽视的某种可贵的小说品格。

我把《证据》归结为性爱主题已经有点不伦不类了。还是引用刁斗在《证据》开始时的那句话吧，“仅仅是为了叙述上的方便……”《证据》是完善的，它初步完成了刁斗两类小说融合及对接，使《作为艺术的一种谋杀》中所有的缺憾不再发生，细节演进得缜密无缝，毫不吝啬地为读者留下再创性的空间。《证据》同时也反衬了《谋杀》中的某些缺陷。这个短篇仍然具有卡夫卡式主题倾向，同样以家庭作为故事载体，只不过这次出场的是夫妻。妻子寻找确定性的过程也是丧失确定性的过程。《证据》本来应该和《想象的可能》形成醒目的一组，前者比后者更踏实，这不仅仅是针对想象而言，不过妻子青青的想象仍然延长了想象的可能。《证据》的神秘感比《作为艺术的一种谋杀》中来得更不经意。《证据》是卡夫卡式主题的一次成功。

5

我在分类的时候说过《真纯岁月》和《痛哭一晚》这两部中篇的自况性。也许有点勉强，不过，在刁斗的大部分小说中，只有这两部的自白特征比较明显一些。到目前为止，刁斗还不是一个自况感很强的小说家，尽管他经常使用第一人称，那都是为了叙述和虚构意义上的方便。然而，这两部中篇算是一种尝试——我认为这是刁斗的一种主动的有意义的尝试。《真纯岁月》和《痛哭一晚》都是刁斗一直回避的主题——爱情。刁斗一向冷静而多疑的目光变得充满柔情。刁斗肯定一直不敢去触摸心灵深处这一块净土，尽管他一直跃跃欲试。形成这种情况的原因是多维的，但肯定包含着他对自身创作倾向的一种认知，也就是说，他很难既不背叛自身经验所造成的故事原型，又要按照已经形成的小说倾向去小心翼翼地虚构。对于刁斗来说，他的困境是两者对接并用一定的哲学倾向观照。

《痛哭一晚》完成于1992年年初，这是一个初恋故事，以小小死亡为结语的悲剧故事。刁斗以极强化的抒情口吻来讲述它，我能听见刁讲述时剧烈的心跳以及艰难的停顿。同时，他也不给读者喘息（呼吸）的机会，太快的节奏使人想起《少年维特之烦恼》给人造成的烦恼。刁斗过多地塞进去本来应该属于这个故事之外的东西，于是也显得难以自持、无能为力了。整个故事结构相当美妙，由于刁斗没有把握好自己和故事之间的距离，没有克制住自己的情感，一进入初恋就手足无措。于是，刁斗的第一次抒情以失败而告终。

刁斗的第二次抒情是1994年秋天的《真纯岁月》。这次，刁斗比上次有很大不同。刁斗找到了《痛哭一晚》所没有的那种距离感，使回忆陷入了一种时间感的韵味，也相应地节制了情感的冲动，笔触冷静而内心翻腾。这次动情，对于刁斗来说比较适度，他几乎调动了全部少年经验。刁斗竭力把这部小说写得纯净、神秘和宿命。然而，他在完成了三分之二的时候，这种努力夭折了，他没有做到纯净。导致这种状态的原因也是努力的目的，那就是语言。刁斗有时在平静的叙述中会突然来那么一两笔，使你的阅读在刹那间被迫停顿，只好先细看一眼这不速之客，然后才能继续下去。他一直恋恋不舍他在《痛哭一晚》中所用的长句，这种长句因过于饱满和准确圈定了一种本该处于模糊状态的纯净和诗意。这样，既抑制了自己的想象力，也抑制了读者的想象力。刁斗没有把握准确句子、句群诗意和整部中篇诗意之间的对应关系。他强化红色、“文革”、“爱情胡同”这些背景本来都很适当，然而一进入语言河流中就显突兀，使他在用自省的经验对时代精神的观照时显得不够凝重。刁斗的抒情部分的语言和第一类小说中的语言截然不同，刁斗一进入抒情部位就生涩有余而温润不足。这不单是语言本身的问题，仍然是刁斗特征没有舒展开来的问题。刁斗的叙述被什么东西牵引，就决定着这种东西开始牵引着刁斗的叙述。现代小说就是这样，如果找不到一个适合说话的语言环境，说起来就会格外吃力。其实，这种语言环境是一种场物质，是说话的依据，可以叫作气氛，也可以叫作情愫。小说在这一时刻把自己大于哲思的习性展露出来了，它对刁斗时常跳出来喊几句口号的样子很不满意，刁斗想用哲思的大屁股压制自动的无遮拦叙述，结果把叙述惹火了。叙述发火时的样子很难看：语言开始凝滞、雕琢，就像没有润滑油的轴承发出了难听的声音。总之，这本应该是一个让人热泪盈眶的故事[①]。

还有一个问题就是，让刁斗抒情无异于让他转变角度去观照他那虽然藏于内心而暂时无法表达的东西。刁斗是一个痛恨表层不恭秩序又讲求秩序的人，还不是一个深于情者，当然这仅仅是当下的看法。

6

《为之颤抖》是一部较有力量的作品。这部作品，无论主题还是技术，都使刁斗的一些特征舒展开来，虽然这种舒展仍然不尽完全。

其实，这是一部人文知识分子方成的情爱史，但我还是愿意把它单纯地理解为：一个男人从性苏醒到性变态，再到性亢奋，最后到性无能的外在及内在过程。方成的性苏醒是林亚芬带来的，方成的性变态既是林亚芳带来的，也是社会带来的。方成的性亢奋是林亚芳爱情的结果，而方成的性无能却是林亚芬死后，他的良心和道德苏醒导致的性无能。这就具有超越时代的意义，方成的性无能，成了整部作品中最有力的一个大于局部的局部。

刁斗一开始就把死亡和性爱安置在同一时间里，然后故事向这个场景的两边展开，刁斗找到了一种低沉而疏朗的叙述语感，使他的叙述不再吃力。这种语态是场物质，有了它，很多东西都能装进去。刁斗装进了一个男人的几乎全部性爱经验，整部作品贯穿着一种霍桑式的神秘和宿命气氛。方成和林亚芬的爱情面临着一种永恒的困境。

---

① 他的形式和内容含量鲜明地告诉了人们：这是一个标准的中篇。我想，刁斗的少年经验基本都在里面了。刁斗力求写得纯净、利落。然而，他只做到一小半，另一大半他在努力纯净的时候，使一些东西过于饱满，抑制了读者的想象力；此外，就是被强化的社会背景特别是爱情胡同削弱了故事本身应该具有的张力。刁斗没有把握好过去的“我”和现在的“我”之间的距离感。刁斗一反常态用自况的方式关注自己的内心。

林亚芳咽气的时候，没有知道。她安静的死亡如同一次例行公事的睡眠，方成和林亚芳根本就无从猜测。但是就在林亚芳死亡的同时，方成确实对林亚芳说了这样一句话：“只有林亚芬死了，我们才会好。”

“亚芳，”方成双手托起了自己的下身，满脸苍白地对着侧卧在被中的林亚芳，“难道你看不明白吗？作为一个男人我已经废了。”躺在方成手掌上的只是一堆皮肉，那种松软的形象显得丑陋肮脏。“我已经43岁了，我觉得我非常衰老，我没有权利再当情人了，甚至我都没有权利再当人了……”方成由于没戴眼镜，他看不清林亚芳的表情是怎样的惊讶不已。他自顾慢慢地叨念着，任眼里的泪水流出来，滚落在那堆累赘的皮肉之上。

方成因推断林亚芬是发现了他和林亚芳的隐情而死，而良心备受折磨，导致了性功能丧失。他和林亚芳的悲剧因林亚芬的死而降临。命运永远不把幸福安置在方成头上。方成的悲剧其实已经穿越了历史走向了宿命，这里刁斗用了一个欧·亨利式的结尾，缓解了一下方成的悲凉。刁斗的这种欧·亨利式的结尾几乎每篇作品中都有，这已经成了刁斗结构故事的特征之一。而这一次的结尾，他充满着对情爱困境的同情，给我们留下一点可爱的希望。刁斗又在这部作品中插入了方小卉的故事，无疑是让人感到这种不幸正在延续，在另一代人身上延续。从技术上说，方小卉的故事略显生硬一些，但不妨碍大局。这部作品既是情爱主题，也可以从另一角度解释为是卡夫卡式主题，那就是异化。方成从一个男人异化为非男人。刁斗在这部小说中成功的关键也在于方成的异化过程，而其他部分诸如叙述、故事发展节奏、布局等要素似乎仍有洪峰的《东八时区》的阴影。也可以说这部中篇对于刁斗来讲，在故事外形上走向洪峰，在故事内核上走向自己。刁斗在实质意义上正在远离别人走向自己。

刁斗走向自己的过程也是发现自己特征的过程。刁斗在性爱主题这类小说中，只有和卡夫卡式主题融合在一起，才显示出一些独特的因素，尽管现在有些还覆盖在其他要素下面。

A. 爱和性的分离；

B. 神秘，宿命；

C. 诗意的消解及可能；

D. 情欲与死亡；

E. 欲望原则；

F. 哲学倾向；

G. 爱的困惑；

H. 爱的异化；

I. 女神意识。

7

若非得扯上晚生代[①]来说几句刁斗的话，那就可以说：刁斗是晚生代小说家中结构故事能力最强、较具哲学倾向的一个，也是语言最不稳定的一个。

刁斗的语言始终没有形成一种稳定性特征，而是若干种相对的特征交错出现，甚至交织在一起。

生涩。口语化。神神叨叨。口语方式。概括式。长句式。固定句型。翻译式。哲言式。诡辩式。精细、雕琢。

也许一篇小说首先诱惑刁斗的是单纯的故事，而不是语言意境蕴在其中的故事。《塑像》本来会成为一个相当有深度的短篇，刁斗没有搭配好属于这个故事的语言方式，失败得相当可惜。《为之颤抖》中刁斗找到口语方式。《独自上升》的失败也与语言有关。

8

《假如种子死了》是一部接近完美而且较有力量的作品。这种完

① 一些时髦的评论家的界定，也有说是“新生代”的。

美和力量不仅仅是针对刁斗的小说来讲的。读完这部小说，我莫名其妙地想起了卡森·麦卡勒斯的著名中篇《伤心咖啡馆之歌》，也想到了霍桑的一些中篇，名字都记不清了，只能记住那种神秘冷峻的暗灰色调。《假如种子死了》也是这种色调。刁斗在这部中篇里与其说完成了对仇恨消解过程的描述，倒不如说他完成了一种人生色调的设置和营造。这种色彩是真实、荒诞、非理性的，而且这种冷峻的色调俨然传达着一种暖意。于一复仇的过程也是释放仇恨的过程，仇变成了非仇。复仇、情欲、少年经验形成了三大板块，所有的神秘冷峻色调都均匀地涂抹在上面。犯罪过程和受罚后复仇过程并行推进，使这种冷峻神秘的色调具有了立体效果。这里结构的独特再也不显得突兀，而是融在了这种色调当中，结构等外形就在这一刹那变成了内容，从而也变成了色彩。在这部小说中，哲学意义上的结论已变得不那么重要。我不忍心说它的主题仍然是卡夫卡式的这类平庸的限定。完美的小说要大于哲学，是笼罩在哲学之上的一种色彩。刁斗在这部小说中展示了突如其来的才华。这部作品完成于1993年年初，发在1993年第6期《江南》上，位置不显赫，至今也没有引起应有的注意。我无法否认，刁斗在这部中篇里，已经预示了一种方向——完全舒展刁斗自己特征的方向。我想，我的若干结论就非常简洁地被包含在《假如种子死了》这部中篇里边，省去了我的许多论述上的麻烦和歧义。我想对刁斗说，你的方向至少有一半就在《假如种子死了》里边。在这里，你可以独自上升。从1993年以后刁斗的小说创作来看，他确实固定住了这部中篇所赋予他的一部分东西，但仅仅是一小部分。

我还想说，刁斗方向的另一半在他的一篇出色的短篇里。这个短篇就是《捕蝉》。现在必须借用一下托尔斯泰的那个著名句式：好的小说各有各的优点；不好的小说大体上相似。《捕蝉》写出了短篇小说中至关重要的力度和深度。刁斗找到叙述者和故事本身那种微妙的距离感，而且他找到了一种适合于他的口语方式。这是一篇将刁斗主题特质融合在一起的东西，再说一遍让我自己都心烦的话：《捕蝉》仍然与卡夫卡有关。我想，在《捕蝉》里，刁斗肯定再一次体会到了福楼拜对后代小说家的实在意义。

9

写完刁斗和15天前读完刁斗的具体时间大体上相似——都近子夜。我望了一眼刁斗的那一堆复印稿，怅然若失，我简直是没有说出多少与刁斗有关的东西。刁斗的心灵深处肯定有一块连他自己都没有触及的东西，我想那块东西会与现代主义有关。尽管他正接受一些现实主义的东西。国产的先锋作家接受现代主义是为了理解现实主义，而刁斗能否逆行一下呢？这是一句盲目而大胆的话，肯定刁斗也不会听的。[①]

① 原文结尾还有一段：我看了一眼桌上的书——进入1995年，我原本吃力且芜杂的阅读变得十分轻松而单纯，这些书只是4个人的：托尔斯泰和博尔赫斯、洪峰和马原，还有一本佛经。刁斗就是在这种状况下插入的，这些书成了我阅读刁斗的背景。非常有趣的是，我又读了一个辽宁人。刁斗给了我一些新鲜而具体的刺激。把刁斗的小说放在抽屉里，我还是睡不着。我是个读者，我该读书了。

就像水消失在水中

——从叙述学角度看沙爽的两个文本

像沙爽这样自觉散文的人，一旦过了30岁，就会在某段时间里，不自觉地获得一种奇特的感受：他（她）眼里的世界不单是现实的镜像，过去的印象——对，是印象而不是情景——会在内心不停地闪现。在这一刻，逝去时光里的幻化印象和现实的纷杂镜像温存地重叠了，背负它的人会欲哭无泪，变得格外脆弱和细腻，可以听到一张纸落地的“沙沙”声，可以对几个人在自己10米以内骂街视而不见。感念——内心的基调就是感念，感念自己可以遇到这样的心境，感念自己这样的脆弱和无奈。在这一刻，怀有这样感受的人接近了，应该是抵达了自己想要的真正内心：原来我想去的地方就在这里呀。

一个散文的人，这时会干什么呢？如果有足够空闲的时间，有饭吃，而且有笔、有纸、有张桌子，当然还得有个小契机——一个微小的细节牵动，他（她）就会写字了。开始的时候，就像是电脑里一个空白文档出现了乱码，慢慢地，就会出现一行不知从哪里来的句子……就是这行可怕的句子，我们可怜的作者被它引导着、牵引着，去了一个作者本人也不知道的地方……我们现在还不能说清——这是文字本身的力量。这时，无论作者被引导到什么地方，你都会发现他（她）始终有隐隐的激情，还有，就像在海边跳动的孩子，温存而肆意……

关于《流浪者》

沙爽把一路风景记录下来，而后才起个名字……在《流浪者》里，沙爽被牵引到由几个片段组成的地方。

“这一天下班，我心情黯淡。”憋了很久，沙爽开始说出了一句非常突兀的话，这句话棱角分明但过于定义，几乎决定了一路风景的节奏，她有时被自己的情绪覆盖得过于抽象。由于“从花坛与花坛之间的甬道斜插过去”，沙爽看到了花坛边坐着的一个衣衫褴褛的男人在摆弄一只小型收音机，调频……我们可以听到沙爽心跳的声音，对于她来说，现实的镜像变得富有诗意的时刻并不多见，于是在短暂把玩之后，跳出来率先发言了。就在这时，她偏离了叙述的牵引，更没有考虑读者的感受，把自己弄激动了。接下来，她又记起了祖父也是这样专注地听过收音机，“这样的比较让我心里一惊”。读到这里，我开始迷茫——如果沙爽由着这两个细节和自己的性子弥漫开来，会是另外一番情景。看来，作者过于桀骜，偏离了细节本身的声音，我们的想象空间被强迫地填满了。无论是自己散（文）还是别人散（文）的时候，我常常能想到空白、节奏，还有旋律……

接下来，沙爽被叙述牵引，我们被沙爽牵引，来到了“二十年以前的客运站门前的三轮车旁”，由于“那个人夹烟手势”我非常熟悉，所以害怕，于是“我第一眼看见他，我的天空就开始塌陷。我差一点喊出来”。沙爽还是被自己激动了——她一直忘记我们——我们现在最想知道的是那人拿烟的姿态到底怎样奇异，她终于没有告诉我们。一个九岁或者十岁的孩子发现了世界上有一个流浪的人像自己的祖父，对于孩子应该是震惊，他们发现了重要的重叠！怎样把这种震惊不露痕迹地告诉我们，这应该是个问题。

当叙述把她引领到第三段的时候，沙爽发现了这个问题，她开始补充："他轻飘飘地经过这个城市，像八十年代初飘过中国大地的某一首歌词中的短促音节，在这个海滨城市短暂停歇。不同的是，歌词带来了隐约的快感，而这个人，更像一道阴霾。"这是一句我愿意听到的话。于是，她又想起了祖父，开始按照自己的想象概括祖父。这时，叙述已经偏离了沙爽，而不是沙爽偏离了叙述。接下来，叙述莫名地对沙爽温存起来，如果不是这样，我肯定不愿意停留——其实这也构成了我谈论沙爽的理由。

这时，沙爽终于让我看到了名词以及由它们构成的景色：夏天。辽南。村子。防震棚。丝瓜。祖父。奶奶。蚊子。黑夜。月光。乡路。突然，沙爽像成年人一样安静了："二十年后，我的纸页间透出莹莹月光。它几乎就像舞台上的追灯，只不过停住不动——它只肯照亮我们的身影以及记忆之中的一小片方向。几乎同时，我和我身后的同伴'啊'了一声，震慑、激动，但是又安宁得要命。在这个连小虫也深深睡去的夜里，一定有什么同时侵入了两个女孩的内心，将她们定格在平整的大月亮地里，却好像有点站不稳似的，有点摇摇晃晃，仿佛脚下踏着的是一片水光。"叙述第一次和沙爽默契合作，虽然有些生疏，但沙爽毕竟妥协了。看着沙爽的文字，突然有这样一个想法：为什么沙爽总喜欢那些硬朗的词语而且乐此不疲地概括成性。其实，就是这些硬朗的词语无法触及读者坚硬的内心。词语，真的不像刀子，不是越锋利越好，恰恰相反——越愚钝越好……沙爽的句子过于粗粝，始终想表达一种明确的东西，但一出口反倒不确定了。散文的时候——在被叙述牵引的瞬间，我们不能迷路，就像演员不能把日常情绪完全带进戏里一样。克制。克制的时候感染力最强悍，叙述本身就是这样——你可以无限地接近核心，但不可以触及更不能跨越。在这一段，沙爽又跨越了：

我只是摔碎了我自己——我内心的爱欲和景致，反复地烧灼和碎裂。是怒气将我变成了一件劣质的瓷器。在一个初冬的深夜，我驾着摩托在城郊飞驰，渴望在突然之间将自己分崩离析。那一天，整个生活让我感到了深深的寒意，我听见风从我的骨头缝里嗖嗖地飞过去的声音。

如果单独摆放，我们不能说上面的文字没有力量，但是放在这个段落里，就缺少了让人感动的东西——前面的叙述密度不够，沙爽突然传达了这么大的信息量，像暴雨一样打在我的脸上。散文的时候，就像我们过生活一样，有些话真的需要特定的气氛。

叙述开始让沙爽发现一些惊奇及和蔼，好景不长，它们又出现了分歧。在纷繁的叙述中，沙爽为我们选择了“我和小南看钟”的情节，这让我相信她还有权利继续散文——在那样的时刻，所有的大人都睡下了，只有两个孩子想到时间。叙述本身想表达宁静、绵长，还有趣味，沙爽却想表达哲思。

接下来又是一段哲思，不过这段过长的哲思与叙述本身有了些许关联，随着穿道袍的人的出现，沙爽和我一同陷入迷茫：我到底想说什么？想说流浪的定义及其外延吗？是想说祖父吗？是想说小南吗？不是，肯定都不是，那不是散文应该做的事情。那么，她真正想说什么呢？自己的内心。焦灼感，还有陌生感——一种熟悉的陌生感，都来自被流放的内心——至于那些情节，都是附着物。用两个字表达——叛变。用沙爽的话说是这样：

我发现我如此热爱这些规矩以外的东西，它们使庸常生活充满曲折和新鲜，正如同旅游提供的短暂的流浪游戏：刻意间的家园远离和丧失，假设中的虚空感使灵魂换上了一副轻盈的面具。如果上帝有暇细细鸟瞰，会不会被大地上真真假假的流浪人群惊得一呆？

关于《杨，或者槐》

沙爽肯定是想了很久才开始叙述的，可以发现，这次她显然比

《流浪者》沉稳一些。为能如期完成叙述，沙爽把结构弄得挺抽象，对“杨”是场景，对“槐”是闪念。当然，这些都不是我要说的，还是说叙述本身。

“杨是我母亲的姓氏。但是有关乡村的记忆中，她并不在我的四周。”这是第一句，除了让我们感觉到了平稳，还存在些许有意味的抽象。“杨就站在墙外看我”——有了这一句，我的心里开始踏实。“我”被黄狗咬的时候，“杨在墙外哗地大叫一声”，杨开始出现在我的视野。这时，叙述开始用第三人称物语代词指杨，我愿意相信这不是笔误，我愿意让杨的形象连同母亲一起抽象起来，特别是抽象母亲，也许会传达深远、朴素。也就是这时，对于杨的叙述开始分叉，被“棍子”诱惑着朝另一个方向走去。从棍子到父亲，又到杨树，沙爽开始迷失在叙述里，无法辨别方向——在杨树里捉迷藏一段开始得到纠正，开始关注杨，不过已不能逆转。至此，后来所有的意象、比喻连同杨树种都迷失在叙述里——抽象的“杨”较为遗憾地变得混乱。这次，沙爽紧跟着叙述又被叙述带飞了：叙述真的就像风筝，你可以跟着它跑，但是一定得有一根线牵着它，不然就会把你也带飞……

再看看沙爽怎样闪念槐的。从槐的生长，闪念到自己的成长；从祖父栽下这些槐树的愿望，闪念到槐树的性情；从红翎大公鸡，闪念槐树上寄生虫；从仓颉造字，闪念到姓名的暗示。与此同时，沙爽又憋不住了——跳出来阐述槐的命运。后来，当闪念到无数只小小的绿孔雀的时候，她已经变得无能为力。直到槐叶和槐花出现的时候，沙爽才开始和叙述重归于好。

只有在开花的时候，槐才会令人陡然吃惊。而花开之前，花蕾亦呈绿色，如新生的一组嫩叶，羽状，对生，成功地避过众人耳目。当满树白花一夜间盛开，清晨出门的人，满脸荡开的诧异波纹久久不能平复。这便如同美人亮相，并不想让旁人知晓她背地里经过了反复斟酌和漫长梳妆。也只有如此突现的清丽，才能让庸俗的人间且惊且喜。尤其清香，是谨慎的人生中着意的戏剧化出场。我说的是我家墙外的洋槐们的花，她们语调甜美，是真正秀色可餐的异域族类。

当沙爽与叙述和谐共处并能不迷失自己的时候，我不难看出她的宁静以及内心的渴望，问题是：她常常旁逸斜出，略带倔强的叙述，无法避免硬伤的痕迹。当重温莫言小说的时候，我们会在《透明的红萝卜》里发现旁逸斜出应有的节制。

我常常这样想：散文的人，一旦想回到失去时光，特别是想在过去印象和现实镜像重叠的夹缝里说话的时候，只有一个任务是我们的——沿着叙述的路径行走，就会找到温存的切口，这时的哲思不再沦为孤儿，就像是水消失在水中一样。那时，肯定会像我们开始时候说的，内心会变得格外脆弱和细腻，可以听到一张纸落地的“沙沙”声，可以对几个人在自己10米以内骂街视而不见……

这时候，肯定有一种神秘的力量馈赠给我们选择的能力，会在纷繁的叙述丛林中，选择那些真正需要的小树。那时的酣畅不需要淋漓。

2006年3月19日，沈阳

五种外国文学读本，或五种人生哲学

阿甘的力量[①]

其实，读完《阿甘正传》至少有两个月了，同样，对这本书的沉默也已经维持两个月了，我想，这种状况还会持续下去。我不太愿意承认以上和以下的文字是针对《阿甘正传》说话的。这本书属于那种读起来并不吃力甚至可以说是轻松，读后让人放不下的类型。一个月来，我更是时常翻阅，几乎每个星期都再读上两章，就像和一位志虑忠纯的朋友随便交谈一次，当然，说话的内容都是一些严肃的事情。然而，问题就出在我和这位朋友的说话方式上：我的方式尽可能正式一些，它却不这样，常常是漫不经意地颠覆了我的方式。这时，我只好脸红，在心里请求它原谅，千万别笑我，现在我们确实不一样。以后呢？以后的事我拿不准。

《阿甘正传》算不得一本在写法上特别的书，“让白痴自己说话”——福克纳在《喧哗与躁动》里早就这么干过。语气，关键是语气。阿甘把许多严重的事情说得那样轻松。这种语气会让一个敏锐而郑重的人感受到冲击。好像它附在你的耳根上说：换双眼睛看世界、换一种口气说话吧！朋友！

和这本书交流的时候，它不是采用那种喋喋不休、让你无言以

① 节选自高晖大散文《细节》。

对的办法，它让你对照，对照你的顽固的经验和想法，让你随时地想起一些你早已随着时间的延长而忘记考虑的细节。而且，它还会让你抽空笑一下，不是那种开怀大笑，你刚想张开嘴，就想马上闭上，你怕笑的是自己，笑话你自己现在的眼睛。闭上嘴巴的瞬间，你得先沉静一下，想想阿甘的眼睛，这样才能继续进行下去。

你铭记阿甘对你的提醒，就成了你和阿甘交流时的主动部分，奇怪的是这又是被动部分。阿甘最大限度地尊重每一个和他交谈的人，他并不勉强所有人能在当时重返对世界认识的原生状态，他的交谈者仅仅是一部分，一小部分。这部分人肯定是被这个世界过于混乱芜杂的重大定义和重大命名折磨得焦头烂额的那部分人。如果，你敢说阿甘的现在正是你的过去，那么，阿甘问你：是什么造成了你俩现在的差异，这时，你说得清吗？也许，你能说得清。我说不清，这可能不是我的过错。

我更多的时候只能被动地接受阿甘的提醒：原来是这样。只有在很少的时候才说：对，原来确实是这样。这绝不是记忆力本身的问题，这是方式问题，我们成长时选择和判断本身在一开始就是以主动遗弃这种方式为前提的。面对阿甘，他带给我对自己的沮丧是那样的深厚。我的成长所带来的后果是丧失着原来，这不是在一开始就注意到的，更没有引起注意的是这个问题的严重性。我想说，解决问题的办法也许是脱离，脱离和这个世界后来才有的联系。加入这个世界是一回事，和这个世界发生联系是另一回事。现在想来，这又不是阿甘的方法。阿甘详尽地告诉了他是如何同这个世界发生联系的，我们和他交流的主动部分只在于我们对照后统计出我们丧失了什么和多少，我们深入的时候又损失了什么和多少。当然，这是阿甘让我们感受到的那部分力量。

我们不是阿甘，因此我们愿意探求阿甘的另一部分力量。可惜的是，隐藏在阿甘身上的另一部分力量，我们实在无权讨论，那是一种神示的力量。愚钝的阿甘偏偏生长在精明的美国，你能轻率地说，这是物极必反吗？我看不能。其实阿甘生长在世界上任何一个角落，只是美国人有能力首先发现了他。好奇的美国人什么都愿意发现，无疑这是重要的一次发现。我看，这次发现，除了小说家本人，至少还和另外两个美国人有关：马克·吐温，威廉·福克纳。

感谢我的朋友为我推荐了这本书，他使我有机会在一本技术上并不高档的小说中比较明确地发现了另外一种东西。阿甘肯定是人，而不是神。

钟归阿达诺[①]

终于读完了《钟归阿达诺》。

车子开出阿达诺镇大约4英里以后，少校对司机说："请稍停一会儿，好吗？"这是由夏日的空气传来的悦耳的钟声。音色好极了，而且一定洪亮，因为隔了这么远都听得见。

"哦，是钟声嘛，"司机说，"肯定有11点了。"

"是啊。"少校说。他极目远眺群山和大海，白日朗朗一如钟声之朗朗。然而，此时这位少校之所见所闻，一概都模糊了。

"是啊，"他说，"11点了。"

就这样，约波洛少校离开了他的阿达诺镇，我的眼睛也离开了约翰·赫西的《钟归阿达诺》。当然，我的心没有离开这本书，就像约波洛少校的心没有离开阿达诺一样。这是一本让我产生想法的书。一般来说，凡是遇到这样的书，我提前都有预感。这次的预感体现在阅读之初：约波洛少校一进入阿达诺镇，我似乎也进入了这个美国小镇。这些日子里，我常常想起正义、民主、自由、平等、同情

① 本文是高晖大散文《细节》的一节。《钟归阿达诺》是美国作家约翰·赫西的一部长篇小说。

心等等，这样抽象的字眼儿。一想到这些，更多的时候，都不能集中自己的精力，而且时常折磨我那脆弱的神经。这样的体验，在和我有同样想法的中国人身上一般都存在。那是让人既无奈又尴尬的体验。在通常状况下，我们那些聪明的同类首先学会的是如何获得不想这些的本领。别人这样做也许是顺理成章的事，而另外一小部分人这样做就很难为情了，有点像不认真写作业的小学生。看人家美国人戴西做完了这件事而且非常成功，我也挺高兴，同时也为国内为数不多有这样想法的小说家感到高兴。毕竟有人在解决这个重要的问题。也只能这么解释。

我认为《钟归阿达诺》的现实主义力量就在于确立了约波洛少校这个典型。现在大多数人已经废弃了一些旧词，像扔旧袜子一样，这也是没办法的事，人家有的是新词。我老觉得像“典型”这样的词还是保留下来为好。典型和人物和角色不是一样的概念。当然，这样说下去会扯上理论问题。打住。

只有完成了“怎么说”，才有必要看他“说什么”。《钟归阿达诺》也是这样。这部小说说出了一个极其重要的问题，那就是：个人生命的勇气到底存在于什么地方？这种个体勇气到底有多大的限度？这是个我一时无法说清的问题。约波洛少校的人格勇气在阿达诺镇产生了空前的胜利，这肯定缘于他唤醒了人类共同的部分，他具备唤醒的能力缘于他的人格勇气。这是一个可以相互转换位置的命题。至于他在官僚制度面前无能为力，这无关紧要；重要的是少校就像那口钟，他已经成了阿达诺人的象征，而且他大于钟，那就是：这样的人无论存在哪里，那里就会有人被唤醒。他是一个富有理解力和富有行为能力的人。

备忘：今天《东方时空》的“东方之子”栏目中，说的是罗辑。主持人说他是共和国第一任反贪局局长。罗辑是个让人看起来挺舒服的中年男人。他也的确处理过几件不大不小的案子。在女主持人机智的问话下，罗辑哭了。两行滚烫的泪从他那双比较清澈的眼睛里流了出来。他的眼泪暗示着什么他肯定没想过。同样，我也没有能力做什么诠释。不过，我可以做这样的判断：罗辑是个善良的人。只有善良的人才能像他那样流泪并用那样的手势拭去这两行泪。罗辑的眼泪先从左眼流出来，然后是右眼，最后是双眼充满了泪。你能说罗辑的眼泪是一种局限吗？罗辑的勇气到底有多大的限度？这又是个形而上的问题。罗辑画过画，并至今还有画画的想法。我相信，如果罗辑一直画画，他会成为一个很不错的画家。他现在的工作与画画有没有相通之处？肯定很少有人想过这个问题——我也同样相信。生活和艺术之间有着诗性的差异，罗辑的泪水就顺着这种差异的缝隙中流了下来。我时常感谢《东方时空》这个节目。有时，我也发现《东方时空》这个节目与罗辑本人大体上相似。这个专题节目有时也流泪，另一本杂志《读书》也常常流泪。他们流着一种抽象的无差别的泪。还有，还有一些人……也这样。所有这些眼泪的隆起，都需要时间。

还是说《钟归阿达诺》吧。

约波洛少校其实也没什么大惊小怪的，他只做了一些人应该做的事，说了一些人应该说的话。只是，只是这样做事和说话的人在人的群落中稀少一些。约波洛少校的勇气是个人的勇气，这种勇气直接地进入了生活，进入了人的生活。它给人群留下的投影是珍贵的，同样也是持久的。这些，都形成了约波洛少校的丰富的对人的理解能力。越说越说不清，只好暂停。我也需要时间。

契诃夫说，最优秀的作家都是现实主义的，按照生活的本来面目描写生活。不过，由于每一行都像浸透汁水似的浸透了目标感，我们除了看见目前生活的本来面目以外，还应该感觉到生活应当是什么样子。

萨特和波伏瓦：神性的集合

读了萨特[1]的一部分作品，当然在这中间无法回避西蒙娜·波伏瓦[2]的一些能让我读进去的著作。现在，我说萨特作品时，一般都是指萨特和波伏瓦两个人的。刚开始的时候，我一直以为自己是关注萨特的，后来，我就不得不让自己承认：这两个人的奇特关系其实是我关注的重要内容。我不知道除了波伏瓦的回忆录之外，还有没有一本书专门研究两个人之间关系的专著。如果真的有那样一本专著，也应该是一本很好的书；因为这样的男女情爱需要一种特别的情致和智慧来探究，能关注到这一点，想必一定是个高贵的著者。也应该是个法国人。读法国人的书，能让人感受到这个国度中有种特别的魅力蕴在其中。我从书卷气味，差不多就能分辨出法国人所具有的这种东西。我无力描述这种味道的重量和体积，但我敢说，法国人的这种东西与哪国人的东西都不相同，甚至美国人。法国艺术确实让人感受到一种根基以及在这根基之上的源远流长。就像有些河流，在入海处的宽厚常常让人想到源头的俊逸。

在萨特和波伏瓦的关系中，尽管存在着某些不尽如人意的细节，都是书上写的，我猜想，也许真实情况比这还要严重一些。然而，这并不妨碍这俩人关系的重要部分，作为男人和女人之间的，特别是波伏瓦对萨特的理解的深度和广度，都让我惊讶。我甚至想，波伏瓦是依靠什么力量才能对萨特达到这样的理解程度？也许取决于自然和天赋。这样说，就得涉及上帝了。这种力量不是什么爱情能办到的，确实需要一种更宽大的力量。波伏瓦也许比萨特更知道他正在做的和已经做过的事情，这为男人和女人关系提供了一种特别的范型。透过那些描述性文字的掩映，我朦胧地体会着波伏瓦的一

---

① 法国人，作家、哲学家。

② 法国人，作家。

举一动，很难说这种体会是毫无根据的那种体会，她对于萨特，有足够的母亲对儿子表达的东西，萨特也像一个倔强的儿子。常常在我心中若隐若现的是这样一个影像：波伏瓦给躺在病床上的萨特喂饭，萨特瘦小的身躯在洁白的床单下简单得没了形色，而且他还对波伏瓦流露出的母性目光感到明显的敌意。波伏瓦这时想得已经不再具体：躺在床上的这个小个子男人既和自己有关，又和自己无关。不管怎样，他肯定和人类的灵魂有关。这时，波伏瓦笑了一下。我一时弄不清我为什么虚构了这样一个场景，这个没有根据的场景到底与这两个人有多大的关系呢？

我不大喜欢萨特的小说。萨特的小说以及其他一些哲学家的小说我都不大喜欢。这似乎说明一个道理：小说更多的时候是排斥有明确定义的哲学的。我知道自己喜欢萨特的一小部分哲学著作，我更想知道的不是他的哲学命题，而是他描述这一命题时的方式。从文学意义上讲，萨特小于波伏瓦；从哲学意义上讲，萨特大于波伏瓦。这两个人的互相补充和映照似乎完成着哲学和文学的互动关系。接下来就得说一句我认为是比较重要的话：人的灵魂只有在同一博大背景下相互映照，才能在更大程度上排除外在世界的干扰，接近一种神性的集合。

《月亮神话》①书眉小记

1. 这是一本通过女性认识人类的书。哈婷的表达才华仍然无法掩盖她对某些女性重大事件的看法的盲目。哈婷很大程度上是在这盲目中演进她的逻辑的。

历史地理解女人的心理特别是情感积淀，势必导致历史地认识人本身的文化本质。个人情感机制的历史长度繁衍了它的奥妙性。这样，小说家对女性情感的认识深度和广度也注定要来自历史跨度。

① 哈婷：《月亮神话》，上海译文出版社，1999年。

黑塞的作品里精确地表达了这一点，比黑塞更精确的小说家在一点上的关注与表达，恐怕只有哈代了。

我们可以大胆地说：情感是可以遗传的。

原型，只不过是又一个符号而已。我们的研究总是建立在用一种符号解释另一种符号的过程中。其实，也只能这样。这既是我们人类的文化局限，也是文化无限。

2. 绝大多数小说家应该对理解女性世界充满着浓厚的兴趣，仅仅是应该这样。实际情况正好相反，极少数小说家才这么做。

其实，了解一位小说家的想法，你可以不必读他的全部作品；而了解一位学者你就必须得读完他的全部书了。这里边的道理是不是这样：学术是个体系，艺术品就是一件艺术品，独立的。

荣格在给哈婷写的序言中表现的对心理学专业的大气让我仰慕。所有的学问，都应该是个视角问题，只有在大视角下做“小学问”才会深入拓展。

3. 神话符号是古人留给我们的一种话语，一种特别集中的话语，甚至可以这样说：这种话语是靠一代代人的生殖遗传而奔流不息的。这种话语就隐藏在人类的精液中。我是多么想念我的祖辈们。我想念他们的文明与野蛮。神话和当代思想是那样鲜明地纠缠在一起，其实，当代思想对于未来也是一个神话符号。人类的心灵史就是由无数个神话联结在一起的。

30岁的某一天，我看了一眼月亮，就这一眼，生出的感觉让我自己吃惊：我在天地之间原来是这样一种具体的状态。

那么，意识和物质最佳的对称法则是什么呢？

当我发现自己的一些想法都集中表达在建立完善的个体生活上，不禁要问：人类对自己内心探索的终极意义是什么呢？是建立意识和物质的最佳的对称法则吗？

4. 男人和女人之间的鸿沟根源得追溯到上古，这就是哈婷的基本思路。女性原则。女权主义的若干学说却违背了这一原则，但又违背得那么合理合情，这又说明了什么呢？在男人与女人之间的关系中，女性原则应该是占主导地位的，这涉及母系社会。

我对女性的认识伴随着实践的深入而更加迷茫。男人在理论上对女人的认识充满着对后者的尊重和好奇，这种理性的表达肯定会变得平坦些。然而，男人个体对女人个体的把握就变得崎岖不平。一个男人以文化眼神接近一个女人就像气功家发功一样，双方必须有良好的功感，这样才能彼此尽快地沟通。这样，个体男人对个体女人的解释就建立在共同的文化符号上，他们肯定有某一部分的文化密码是相同的。可以肯定地说：男人和女人一定意义上的相爱也许并不十分困难，然而，男人对女人的理解势必存在一些无法逾越的阻碍，这不是现在造成的，也不怪当事人，而是从上古接续下来的文化奥秘。因此，我们真想拥抱和亲吻我所能理解的全部女人，哪怕是只理解她一个瞬间，若她（她们）能接受并回应，那将是极为美丽的一瞬。

5. 哈婷说：因为在地球上的雌性与太空中的月亮在本质上的某些相似性，所以不论植物还是动物王国中的雌性，都只不过借用了这种力量而已。那些女权主义者读了这句话肯定会别有一番滋味在心头的。从原始素材中取得做现代学问的证词，一方面握住这一学说的源头，另一方面也握住了这一源头自带的错误，顺着这个错误说开去，就会引进另一个错误。说到底，做学问就是使自己陷到悖论里。

《廊桥遗梦》[①]到底畅销什么

从外观上看《廊桥遗梦》，当然会在第一时间得出煽情的结论。在鲜红的封底上，是一幅被缩小了若干倍的照片。我几次端详这张照片，每次都看不真切。不过，越看不真切还越想看。上面是桥，

① 美国长篇小说，罗伯特·詹姆斯·沃勒著。

下面是水，旁边是树，有种古典的油画色彩。照片的下面，是几行挺煽情的内容提要：古老的廊桥，孤独的远游客。两颗中年人的心渐渐贴近，撞击出火花，寻觅已久的灵魂找到了永恒的归宿。这段不了的情缘，因世事的羁绊而无奈分离。年复一年的缠绵思念，漂泊感伤的流浪情怀……刻骨铭心，凄婉绝伦……

读完这本书，还是让我想到很多事情。有些书，无论好坏，它会让你进入一种状态、一种情境，它会把你装在这种状态和情境里，限定你的联想，让你回忆出你平时回忆不起来的故事。这本书就是这样。其实，这只是一个准爱情故事，而且主题陈旧，叙事品格不高。《廊桥遗梦》，原来的名字叫《麦迪逊县的桥》，肯定是由于商业原因将名字改了。不过，这两个名字对于书的本意来说都不大贴切，而且前者更通俗，似乎它们都限定了一些什么。这本书应该有个更好的名字。写这本书的人，是个美国人，是作家同时也是摄影家，叫罗伯特·詹姆斯·沃勒。这本书问世后就“高居美国各大报刊畅销书之榜首”，目前销量已近千万。按说，这又是个美国爱情故事，当然，与《爱情故事》不可同日而语。

《爱情故事》[①]里的第一句话怎么说的？一个姑娘活了25岁就死了，你能说出她什么来呢？看起来，我还是想说几句美国文学的。其实，让我感到怪异还真就是这个美国文学。每当阅读一个美国作家的时候，我都会在世界地图上寻找美国人居住的那块地方。我常常对那块地方充满着好奇、陌生和不解。福克纳、海明威和菲茨杰拉德都生活在那个地方。

我同意这样一个传统的说法：要深入了解一个民族，不能只注意他们那些五光十色的报纸、杂志、广播、电视，而必须还要读他们的文学作品。正是在这些文学作品里，我比较明确地感受到了这个美利坚民族的思想、情感乃至灵魂。我所喜爱的，或者说能打动

---

① 美国作家埃里奇·西格尔于1970年创作的著名中篇小说。

我的一些美国作家，他们都在展示着某种高尚，这种高尚是全人类共同的高尚。说得彻底一些，就是美国作家和整个美国是一回事，又不是一回事。美国作家从一开始就有话要说，美国精神既让人感到压抑、无话可说，又让人感到兴奋不已，对于他们一开始就充满着活力，我们只能表示惊讶。对于在后工业化文明时代，在多种文明融汇为一体的美国精神的堕落，我们只能同样惊讶。我总想，一个国家的作家不堕落，那么，这个国家的精神迟早也会振奋起来。一个民族若有若干个时代良心的代表，这本身就值得庆幸。“马克·吐温于1835年11月30日出生在密苏里州佛罗里达的一个小村落。”当我看到这句话时，马上就想到一个结论：美国小说的主题和技术是从这个婴儿开始的。若干年后，这个婴儿写出了《哈克贝利·费恩历险记》。

政治丑闻、城市衰败、暴力、凶杀、吸毒、性放纵、色情文艺、教育水平下降等等充斥着美国社会，而美国的堕落对于全世界来说都具有特殊意义[①]。我不否认美国的堕落，然而，我想说的是：美国的堕落和美国现当代作家的崇高之间的反差说明了什么？我无力回答这个问题，也许这又涉及更为直观的文艺理论之类的问题。我还是提一位美国作家吧——索尔·贝娄，我曾很喜欢、现在又不喜欢的人。后来，我发现了他太强的目的性削弱了他的小说。不过，他仍然是不凡的，而且对于美国社会，他就更加伟大了。“我们还能思考、鉴别和感受，更为纯正、微妙、高尚的活动并没有屈服于狂暴和胡闹。还没有。我们还在写书和读书”[②]，旨在打动“一个现代读者的混乱的心”。当然，他说的“我们”指的是作家或者小说家。看来，作家或小说家必须从这个时代生活中剥离出来，又必须依赖于

① 美国当代社会问题研究专家乔治·凯南语。

② 索尔·贝娄在1976年瑞典皇家学院诺贝尔文学奖授奖仪式上的话。

那个时代的物质条件生存，而又只局限于说出那个时代声音的人。我这样定义作家或小说家是缺乏同情心的。这样，就让作家比别人更深切地承受着不稳定与不安全感、孤独与绝望感、异化感和沉沦感。不过，没办法——谁让你选择了这样一种职业呢？你得自己想办法，使自己在所处的时代里生活得从容一些。我在不久前想到作家的状态时，首先想到的就是美国作家。其实他们的生存状态是好的，我在他们的传记文字里特别地留意了一下他们一生中的经济状况，发现几乎没有一个人像陀思妥耶夫斯基那样贫困窘迫。这也许是美国作家始终保持旺盛生命力的重要条件之一。20世纪90年代的中国作家才认识到自身的生存问题。我一想起海明威的私人游艇和跨国旅行，就对中国作家走向世界充满了悲伤。“贫穷不是作家，作家要脱离贫穷”——我突然想出了这个十分滑稽的句子。然而，中国作家，创作生命就那么几年，上哪儿腾出精力既赚钱又写东西呢？中国商海曾在近10年中淹死那么多优异的作家。欲海无边。

美国作家无疑“打动了一个现代读者的混乱的心”。当然，索尔·贝娄和海明威、菲茨杰拉德以及西格尔和沃勒的表现方式不一样。沃勒在《廊桥遗梦》这个爱情故事中为我们展示着虚幻的崇高，一大批读者的心灵仍然被深深地迷惑。当然，《爱情故事》和《廊桥遗梦》都是作家写给读者看的书，不是作家写给作家看的书，这是它们成为畅销书的另外一个原因。当东方人遭受古老的（物质）贫困的煎熬时，西方人，当然也包括美国人，正在遭受着欲望的折磨。现在，东西方似乎也不是遭受着一样的折磨。但有一点却是相同的——他们的灵魂同样是无家可归的。何处是灵魂的归宿呢？答案只有一个，那就是爱。美国文学中，一些使我们着迷的作品，都是写给人看的，都与爱有关。我们再看看——菲茨杰拉德在《了不起的盖茨比》里的结尾：

盖茨比相信那绿色的灯火，相信那年复一年，离我们而去的、令人迷醉的未来。它在过去曾从我们身边溜走，不过这算不了什么——明天我们将更快地奔跑，更阔地伸出我们的手臂……终有一天——

我们将顶住那不停地退回过去的潮头，奋力向前。

美国作家关注着人类生活中的一些共同理想的问题。美国作家本身的生命活力，又凸现了这一关注和表达。其实，你关注什么，就会成为一个什么样的作家。这又是一个另外的话题。我前边好像提过，《廊桥遗梦》这本书在美国发行了1000万册。《爱情故事》可能是800万册。我手头没有美国1970年和1993年的人口资料，我想知道，关注过这两个爱情故事的人们占整个美国人口的比重是多少。

1993年春天，国内有一家出版社出版了一套名字叫“布老虎”的丛书，这是国内首次推出畅销书。其中，有一本书叫《苦界》，我清楚地记得，该书封底上的一段话：“万物的结局近了，所以你们要谨慎自守，儆醒祷告，最要紧的是切实相爱；因为爱能遮掩很多罪恶。”我喜欢这句话。现在，人们羞于谈爱，就像过去人们耻于谈性。

说实话，《苦界》是小说家写给大部分读者看的，过多的热闹以及过多的讨好读者肯定削弱了某种东西。不过，它仍然是国内畅销书肇始，因为一开始就涉及了爱，在杂物丛中掩埋下的爱。可惜的是，这本书没有真正畅销起来，这怪不得书，也怪不得市场，只怪整天忙得不可开交的人们。接受本身也需要境界。目前，国内还没有一个严格意义上的畅销书的生长环境。

其实，畅销一本书的同时，也无非就是畅销一种情感——那本书关注的情感被一般读者所认同。从这个意义上说，美国人民和中国人民有所不同。然而，中国作家和美国作家是应该相同的。他们关注的问题应该是相同的。

易碎的故事怎样轻触微温

——关于两篇小说和一部散文集的文本细读

阅读《外省书》[1]的三点准备和三个问题[2]

这是一部应该涉及阅读方法的长篇——其实，也不单是什么阅读方法或者方式——还牵扯一些阅读这部长篇的准备。其一是我们在此之前已经知道一些对张炜有过的相关定义。比如说，张炜是一位传统的理想主义者，他总是将意义的确证与某种终极的或具体目标相联系。具体说来就是张炜式的理想主义在涉及人性和人内心深处的时候常常呈现出无能为力状态，也是由于太强的目标感而丧失了最后意义——综合陈述一些批评家的观点确实使我无所适从。我的简单理解是他们是说张炜建构一个空洞的体系和武器，无法进入和面对人的内心；张炜“救世”而不“救人”。总之，我想说的是在阅读《外省书》之前——这样定义和与此相关的定义，我们必须忘记。这有助于我们进入一个新的张炜空间。其二是当我们在阅读的过程中由于张炜的叙述或者是细节而想到鲁迅的时候请不要节制，尽管想下去。至于到底张炜依靠什么推动叙述进程以及他的叙述中所传达极强的现代意识所设下的阅读障碍暂时可以不去管他。其三

① 《外省书》，张炜创作的长篇小说，原载《收获》2000年第5期。
② 此文刊载于《当代作家评论》2001年第6期。

是如果是处于一般的文学阅读理解水准时，我们一定要读至少三遍。当然，每个人的情况并不相同。我读了三遍。这时，我们就可以小心翼翼地说一点关于这部书的话。由于篇幅的限制，我只能开列一个提纲。

1. 张炜在《外省书》里已经深入了个人的内心，他毫无疑问是在解决处于边缘的人的精神难题。由于在这样的一个前提下思考问题，张炜在这一次的叙述中依靠着对个体人内心的理解来推进他的叙述。我们不难发现张炜在《外省书》里在探寻着某一种独特的命名方式——在他的具体的叙述中就是依据着这样的一个工具一点一点地深入人的内心。也是由于这样的机理，导致了张炜这一次叙述的不同凡响。他的叙述节奏本身就传递了一种纯粹的精神性。

2. 张炜在这一次的叙述中得以飞翔，无疑仰仗的是形而上的激情。张炜在一边努力命名的时候又极力地消解这种命名，于是一种哲思和常识都穿不透的东西就在这缝隙间产生了。这才使他的叙述离开地面飞翔起来。张炜这一次在使用一种漫画式的笔触描述细部或者干脆就是使用现代派油画的笔法来抽象细部的。鲁迅在写小说的时候不就是这样的吗？这样的一种形式已经不单是一种单纯的形式，它本身就是内容了。只有在做相同的思考的时候，才会出现相同的形式。现在，一些人在谈论鲁迅的一些皮毛的时候，张炜已经在践行着鲁迅的由底部生发的一些珍贵的东西。

3. 张炜的一些在叙述中调整的东西几乎可以被发现。他努力剔除那些可以被确定的东西，又极力保留一些扎实地坐落在地上的东西。他反复改动的已经不是文本，而是在修正自己关于精神层面的一些观念。张炜在完成这次叙述的时候已经不是什么传统的理想主义者了——他顿悟了——他对以前以一种特定工具就可以理解的事件不再理解，很多以前看来不那么重要的事情开始突兀起来，开始感受到了神性。他已经具备了发现并描述个人处在边缘时的绝望、孤独、痛苦和恐惧的能力。这已经不单是“发现并解决精神难题”这样一个武断的判断句所能涵盖的了。他小心翼翼地朝着虚无走去。

不再多说了——这也应该是一个读者面对一部大书出现时应有的态度。最后一句是：《外省书》可能是20世纪中国文学的关门之作。

易碎的故事怎样轻触微温[①]

有一种小说能让那些苛刻的读者（也不是专指评论者）不去想一些不着边际的理论问题：这样的小说本身就给读者划定了一个规范，让你不愿挣脱或者根本就无法挣脱。这规范可以是情境或者是形而上的激情，总之，是一种经验过或在想象中经验过的情感被勾连起来。我们在阅读的时候，而且是在读过之后的很长的一段时间里，不愿让那些生硬的东西弄伤了它。我们掌握的使我们在很多的时候说三道四的武器失去了本来的意义，而且我们并不为此感到些许的沮丧。毫无疑问，潘向黎的短篇《轻触微温》就是这样的小说。

秋子和阿瞳的故事在一点一点推进的时候，一些有着向善愿望的读者心底最温润的部分也随之一点一点地被灼热了。温情和细腻所生发的远远大于伤感的一种可以称之为痛的感情在此刻占领着读者的内心。在这一刻，我们甚至会觉得所谓小说本就应该给人类带来这样的单纯的感受；我的意思是说，只有这样才更有利于读者的健康。当然，我们没有道理奢望每一位讲述故事的人都恰好有一颗温润的、幸运的、脆弱的、细腻的心灵。潘向黎在叙述故事的时候

---

① 此文是为《轻触微温》写的书评，载于《当代作家评论》2000年第6期。《轻触微温》，短篇小说，作者潘向黎，原载于《作家》杂志2000年第10期。

是不是有点像那个日本的老人川端康成[①]？这样的一种叙述是无法学习的，只能是契合，叙述者的心在感觉故事的时候必须像缎子一样温润和细腻还有平滑，才能产生出这样的节奏和味道。一般来说，这样的小说由男人来写，再由男人来读，并不是一件特别熨帖的事情。川端康成的感知方式对于我来说，一直是带有神秘感的事情。现在，我们大都不情愿读这样的小说了，主要是现代人已经不再习惯使自己的心灵细腻起来——绝大多数的现代人懂得细腻而温润的心灵没有坚硬的心（灵）更有利于保护他们自身。我们所做的只能是留恋和纪念。这种古典色彩的东西一般来说不大可以批量生产，主要原因还是它太弱小，我们稍一动用现存的武器就可以把它淘汰出局。

阿瞳逃离秋子和秋子被阿瞳吸引，都有着自身的精神困境，最后他们所达成的中庸约定当然不是俄罗斯式的忧伤而是中国式的忧伤。我不愿意说潘向黎所倾心构建的可能性在刚刚飞翔起来的一刹那就顿在了空中——中国式的忧伤本身就是一种被局限的忧伤，这和日本式的忧伤的局限还是有一定的不同，更和俄罗斯的忧伤不是同一件事情。这不只是肉体的感觉到底离心灵的感受有多远的问题，而且还包括作为自然的人的感性怎样才能突破一些作为社会的人的理智。潘向黎的轻触微温的叙述，使男性的柔弱被辗转而真切地呈现出来。据我所知，潘向黎是这些年来第一次在叙述中触及男妓这一特定角色的人。可以断定的是她获得成功了，绝不单单是叙述意义上的。那么，潘向黎的轻触微温的叙述能否微温一下现代人的已经板结了的心（灵）？我们怎样解决我们自身的精神难题？当然，这个故事只是写给那一部分内心脆弱的人看的。

---

① 川端康成，日本作家。

洪峰内部的瞳孔

洪峰在2000年的时候，出版了一本名字叫作《你独自一人怎能温暖》[①]的散文集。对于一位小说家来说，这本不是什么了不得的事情，我推测很多人的想法也符合以上的判断。也许是刚开始的时候这本书只是告诉我们洪峰在写了大量的小说之后，也写了一些散文和随笔之类的东西。但是，我们读完了之后的情况就应该会发生一种明显的变化。洪峰的散文[②]有一种独特的东西在里边，我们甚至可以在他的字里行间闻到比较沉郁的香气。我们在这种香气的环绕下，会走到洪峰的内部。在洪峰的内部，我们看见了什么？我看到了一棵绿色植物的蓬勃枝丫围绕着树干在攀升，树干的脊背上有年轮的沟回。树干和枝丫已经形成了不是单纯的"有机体"这样的一个概念所能涵盖得了的东西——它使我们看到了一个人的精神的内部是如何在无序的状态下向有序挺进，又如何从有序回到无序的。在这里边，挣扎和控制已经不是最主要的因素，更重要的是它提供给我们一个工具，是一个如何拥有和放大内部瞳孔的工具。依照这样的一个工具，洪峰体味到了自己内部要素之间的较为细致的差异的出现以及艰难的调整情形。

在与洪峰同期的小说家中，他是最后一个出版散文随笔集的——就像洪峰近几年的创作状况一样，这本散文随笔集也是静悄悄地出来了。这种状况和他的散文作品本身一样，都是静悄悄的。我们一旦依据相应的尺度之后就不难发现，在已经出现的小说家的这类文集中，史铁生、余华、张承志，还有我们正说的洪峰已经标示了一种……一种非常重要的东西。史铁生的透悟式的宁静、余华的形而上的激情、张承志的理想主义的张力、洪峰对自身的内在审

---

① 洪峰：《你独自一人怎能温暖》，海口：南海出版公司，2000年。

② 只是散文，我们的谈话剔除了他的随笔部分，下同。

视力已经格外凸出。在洪峰的这本书里，算起自序共计41篇文章，洪峰的重要散文——也是我们这次谈论所要涉及的主要东西几乎全在里面：《寻找家园》《在四年后回忆》《你独自一人怎能温暖》《回家》《第六日下午或晚上》[①]《爬墙》《谒萧军墓》《和成刚相遇》，还有一些短小篇章。我们列出前四篇散文标示着洪峰作为一个小说家精神之旅的递延状况的一组具有特别的意义文字，从这样的一些文字中，我们可以发现前面提到的洪峰的精神内在审视力是怎样一点一点延伸，在这样的延伸中，孤独、忧郁、自由、反抗、怜悯、精神的怀疑与挣扎、爱欲的沉思、善恶的界限、精神的相遇、自我鉴定、自我防御……一系列构成洪峰的因素被时隐时现地摆渡出来。在这样的时候，我们就可以看见一幅斑斓的植物图景。一个小说家强劲的内在审视力也就是在这里被我们发现的。洪峰的文学创作始终和自己的内心生活牢牢地捆绑在一起，这就使他和一些别样的小说家产生了分野，他们在某一个十字路口分手了。洪峰朝着另外的一个方向走去。这是一个比较特别的方向，走在这条路上的人自然是十分稀少。他们时刻地努力审视自己的内心，倾听着自己温润的内心触及坚硬的物质技术化时代的面孔的一刹那所发出的淅淅沥沥的响声。这样，洪峰就成了一个不折不扣的背时者——在背时的那一时刻起，他就拥有了自己的内置的审视力，并且随着背时的时间数量的叠加，这个力越磨越亮、越藏越深，成了他自己的一种已知的力量。

这种内在的审视力是一个原生的力量，我一时无法定义它是在一种什么样的环境里生长出来的。这时，我只好推测是缘于洪峰的秉性和天赋乃至童年的独特的体验。洪峰一开始抒情的时候，就和这个世界存在着必然的差别，当这种差别越积越厚的时候，曾一度导致洪峰以非抒情的面孔出现——他在这样的时候是与自己的内心

---

① 尽管这是一篇已经被当作小说发表过的东西，我还是愿意把它理解为一篇散文。

抗拒得最为突出的时候。当这个世界在偶尔的一个时刻，让他感受到了温润的部分的时候，他又开始变得宁静和宽厚。有的时候，我们想说洪峰是一个“上帝和女人的崇拜者”，但我们同时又不难发现，恰恰是这两样东西使洪峰时起时落，疲惫不堪。对这两样东西的疏离和亲近导致了洪峰的特定走势。洪峰的艺术命运和个体生命的运程也就来源和取决于这样的两个因素。在洪峰的语汇里，精神家园和爱罪情罚是两个既有细微的差异又统一在一起的一对概念。他就是依据着对这两个基本概念的不断理解而转换和加深对自己精神核心的认知的。他至少在客观的意义上将现代人失落已久的必须因素得以重现和提升。他自己在某一时刻就转变成了一个试验体，一个太空舱一样的试验体，在我们技术时代的天空里飞来飞去。这样，我们就可以说，他的存在长度取决于以下两个因素：一个是内部的核能的积蓄量；一个是外在的维系度。前者的积蓄的工具就是内在的审视力，这是他坚持的基础，也就是保持着自己的内心倔强的基础。后一个是……他感受这个时代现世爱意的强弱——一些人成为他坚信另一些人的导线。这就是洪峰式的升腾和堕落的独特趋势。作为一个小说家，他比别人更有权利写作。他的写作注定打上了伦理叙事的印记，他本人也成了具有这种内在倾向的一类人的隐秘的符号。

尽管我们无法确切地知道洪峰的内在的审视力的原由，但我愿意相信洪峰的内在审视力的强度和张力。这样的力积蓄到一定的数量之后，就会在拥有者的内部生长出一个新的瞳孔，这就是艺术家的第三只眼睛。这个眼睛看到的世界和生理意义上的眼睛所看到的世界具有质的差别。一个新奇的世界只对这样的眼睛敞开，在这样的世界里，巨大的真理法则变得具体可感又微小细腻，失去了原有的狰狞面孔。而一些微不足道的细部突兀了出来，成为具有浓重意义的原则。在通常意义上的难题变得可解，而一些细小的部位成了事物的本质，成了精神难题的起点。即使是一个难题揭开了，另外的一个难题又及时地出现了。这样的世界，永远是精神难题缠绕的世界。对一些细小的问题的认知成了一种独特的方向。在一些常人可以忽略的细节，可以不留情面地改变洪峰的小说和生活，整个社会秩序都能让他感到陌生和遥远。所有的这一切都取决于洪峰对最高的意义的探寻的激情。

我们还不能说只是通过洪峰的散文才发现了洪峰内部的瞳孔，其实他的那部分优秀的小说早就传递了这一重要的信息。按照他自己的说法，他的散文是他在无法进行小说写作的空隙里产生的；我的想法是，他的小说是他在无法散文的缝隙间产生的，在他的散文里，洪峰的因素显得格外突出。洪峰的散文是他对自己的精神生命的一次次回眸。在这一次次的回眸里，我们更多的人发现了他的内部的瞳孔。由于这样的一个瞳孔的拥有，洪峰知道了自己正在干什么，于是他有了一份内在的骄傲。当洪峰感受到某种隐秘的生命恐惧袭来的时候，他需要一些人为的激情来制造一些特定的平衡，他在等待创造的亢奋来唤回本真的激情。他的一些优秀的小说一定就是在这样的情态里产生了。这个瞳孔就在无形无色中变成了他的精神意义上的监视器和调节阀。除了包含着最高意义的追寻，这个瞳孔还应该包含着命运的力量。荷尔德林说过这样意思的话：倘若命运的坚石不是一开始就暗暗地挡住道路，汹涌的心潮就不会破碎为薄雾般的泡沫，或淡化为超然的精神。我们在洪峰的散文中能看到他的一些默默的承受，甚至是那些主动的放弃。在这漫漫无期的精神之旅中，没有承重和牺牲是过不去的。我可以预测洪峰的审视力很快就会转化为另外的一种力量——神视力——那是由一些更加朴素、更加简单的东西组合在一起的力量。那时的洪峰会看到更多的我们常人所看不见的风景。我现在有了另外的一个念头：当他的妈妈知道自己的孩子在做这样的一件事情的时候，她会怎么想呢？

2001年3月25日，铁岭

观照苦难体验和敬畏生命的自定义①

——关于肖显志《北方有热雪》的阅读提要

肖显志儿童小说的自定义

我想，这是必须放在前面的，可以算作又一个背景的说话开始时。读完这些小说，我们不难发现这样一个貌似简单的问题：肖显志的小说应该是写给那些14~16岁孩子看的，而且主要是男孩子，即少年男孩儿。这样说的理由并不十分充分，大体上是这样：

A. 小说中的主人公大多是14~16岁的孩子；

B. 肖显志特别留意14~16岁男孩子的内心世界；

C. 故事形态的雄性味道；

D. 故事环境的硬朗化、粗粝化。

当然，也许肖显志本人并不十分在意他的小说的这些硬件特征，但我们没有理由忽略，我们不是在解决作家正为哪些人写作这样大得吓人的问题，而是说他的这些小说硬件要素的特征，确实形成了肖显志鲜明的小说意图。按我国宪法规定，18岁是法定成年人，其他大多数国家也都不约而同地将这个年龄神圣起来。那么，如果说18岁的孩子正式加入了中心的话，14~16岁的孩子无疑是接近中心的边缘。

---

① 此文发表在2000年第1期的《当代作家评论》上，后被《海口文学》转载。

在这个边缘的区域内，也应该是个人事故（也可以叫故事）的多发地带。肖显志努力透过这些孩子的心理，是他的自觉还是不自觉，这无关紧要。重要的是，这些小大人儿成了肖显志的故事的参加者和重要支配者之后，造成了他的儿童小说创作处于儿童和成人的中间地带所特有的边缘性。他在这种边缘上游荡（徘徊），必须依靠一种特有的分寸感来把握故事。否则，无论是强化了儿童，还是强化了成人（这是我不大习惯用的一个词），都会造成那种疏离的难为情的状况。

对这些孩子说什么，和怎样对这些孩子说，同等重要。我们可以这样断定：肖显志在这方面做得相当成功。一方面，他努力做到沉稳、快乐、热闹地说话；另一方面，他努力对孩子们说些重要的事情。我想，最优秀的儿童文学作品应该是一座浮在两岸之间的吊桥：儿童在这边，成人在那边；甚至孩子们也应该能摸索着前行，领略彼岸风光，至少也得能让成年人过去。这些说法与那种单纯而通俗的“老少皆宜”的说法几乎无关。因为，有些问题是伴随整个人生过程始终的问题，与年龄段没多大关联。生活和生命的经验会告诉我们：有些重要的问题，我们在14岁的时候就注意到了，甚至那时比现在还要清澈。

似乎现在可以下结论了：肖显志的儿童小说——至少是这几部中篇，小说意图是完成一种设置，在人生的中间地带构造一种载体，让少年和成年人自由地往来。说是他的小说意图还不如说是他的一种小说理想。许多年以前，鲁迅先生在《狂人日记》里说了一句让许多人产生想法的话：救救孩子！我一直怀疑鲁迅其实说的是救救我们成年人自己。我们有理由这样说：人类堕落的时候肯定是孩子和成年人，特别是成年人没有能力理解孩子的时候。肖显志的小说，是不是可以预定为成人预备期小说？

白羽毛别动队：成人预备期与社会的隔阂及其缓释

其实，《白羽毛别动队》这部中篇在整本书里并不特别重要，但它起到了调谐肖显志近年来儿童小说创作所关注的一个问题：孩子的行为方式与社会行为方式的差别。由于孩子们的生活范围和阅历问题，更重要的是孩子们的善良构成了社会隔离孩子的重要理由。

肖显志故事里的孩子，几乎都是经济、社会地位较低的成年人的孩子，《白羽毛别动队》里的孩子也是这样。他们四个小伙伴几乎把全部的时间都用来做好事，利用父辈挣钱养家的方式来无偿地为别人服务，然而，令孩子们迷惑不解的是：社会竟拒绝他们的给予，是给予方式的错误还是给予本身的错误？整个故事用轻喜剧调式演进，在某种程度上抵消了那些深度的悲凉，使有些对话和细节更有力量，这是一种让正直的读者笑而不悦的一种叙述格式。我们再读一次，当然，也只能是这种苦涩笑意：

丁拐子接过鞋，翻过来掉过去瞅了半天："对不起。修不了。这得把鞋底揭开才能……"

那小姐一撇嘴，穿上掉跟的鞋一拐一拐地走了几步，回头说："不会修学哪份儿雷锋哟！如今啊！小孩也会整景啦！"

他们进了28号楼，从一楼直敲到8楼。24个门敲过了，只有一家开了门，但只开一条缝儿，扔出5分纸币就关上了。

"这不把我们当成要饭的小乞丐了吗？"爆米花说着，把那纸币顺门缝塞了回去。

……

5点半钟，他们又敲响了一户户楼门。

"我们的菜刀不用磨。"

"正使着呢，明天再来吧！"

"拿回去磨？明天能送回来吗？年龄不大，心眼可不少。"

孩子们的良好愿望受到了社会、社会里的主要角色——成年人的粗暴挫伤；孩子们的善良，质问出了社会、社会中成年人的虚伪和冷漠。这还能让我们无动于衷吗？最后，肖显志肯定生活的本性为我们悲凉的心里增加了些许暖意，孩子们不屈不挠的奉献方式终于感动了社会，结尾是这几个孩子帮助警察惩治了邪恶，受到了肯定。结尾的圆满仍然代替不了细节的伤感：为什么我们成年人连孩子都不信任了？在通篇故事里，肖显志穿插了一个具体问题——令人头疼的教育经费问题，这个具体问题的引入，主要的意义是使孩子们有机会展示自己对平等的渴望。肖显志的儿童小说开始警醒着社会责任，他在悲伤的负荷下指出了消解隔阂的方式：坚韧不拔、持续不断做好事，总是有机会和这个虚伪的社会达成缓释的。只好先放下这个话题。肖显志在这部中篇中，展示了他驾驭日常口语的才华，他使一些沉重的东西在某种程度上轻松下来：他依赖着故事本身的节奏，绕来绕去地兜圈子。如果他不设计那个明确的结局，说得再轻松、细腻一些，会更有力量。我们都不难知道这不怪他。

北方有热雪：成人预备期内部矛盾及其消解

一个南方孩子，一个北方孩子，在寒假里共同生活了一段时光，地点被设置在北方，故事就在这样的时空背景下展开了。这个故事几乎是个传统故事，但被肖显志操作得细腻而富有节奏感，成了肖显志深入少年心灵的一篇有明显特征的作品。凝重的诗意始终追随在整部作品的故事流程中。我之所以能这样说，完全是因为《北方有热雪》比《白羽毛别动队》写得更集中。肖显志似乎一面对情感密集度强的故事就来了灵气，他就是在这种灵气照耀下进入作品的。我想，他一开始就注意了南方和北方孩子因地域、文化、市场经济发展程度、教育、家庭背景等造成的社会化差异，这种由于综合因素特别是市场因素，在少年身上制造的差异，业已突破了传统的“城乡差别”的概念。没见过雪、没领略过寒冷的阿伟和没见过市场、没感受过酷热的大牛，在这个故事里有着相同的遭遇。阿伟在打赌中失败，正如在大牛打赌中胜利一样，也是胜利；相应地大牛在打赌中胜利也是失败。阿伟目睹着北方的纷扬大雪，感受到了北国同龄人别样的生存状态，他的眼睛正如他的那部照相机一样摄入了他所缺少的那部分北国景观。大牛呢，他注定在阿伟身上也获得了某种启悟。

肖显志在这部中篇里关注的其实是成人预备期的内部矛盾，而这种矛盾一打上了社会背景、经济因素等方面的烙印，就显得立体化了。北方孩子和南方孩子的内心隔阂，因为有"北方热雪"这一壮丽的氛围而消解了。大牛面对困苦的沉静而不屈的姿态是消解阿伟和大牛之间隔阂的重要因素。同时，大牛这一形象的明朗化是这部作品的主要成功部分。我想，肖显志把握生活底层的少年心理显得更游刃有余一些，这肯定与作家本人的童年、少年经验有关。肖显志开始把关注的目光投放在少年和少年之间的故事上，也许他是无意识这样做的，但我认为，在深入少年心理的这种意图下，写少年内部矛盾是最好的路径之一，特别是对他。成人预备期内部矛盾的多样性和独特性，都形成了故事运行的前提，而特别的背景又能显示出更有力量的人性动机来。我还拿不准他这部中篇，作为少年读者是否能全部接受，但有一点可以明确：这部作品的成功，有相当大的成分是语言本身的成功，肖显志向北方口语方式的节奏和诗意靠拢。我曾设想，如果以阿伟为视角说话，会不会更丰富一些。也许肖显志正要回避这一视角。现在看来，准确地进入孩子们的内部世界，确实是少儿文学的一个严肃的话题。

神曲唢呐：苦难的意义

和《白羽毛别动队》正好相反，肖显志在《神曲唢呐》中，试图讲述一个悲剧故事，这故事和他的其他大部分故事一样，又是一个处在社会生活底层的苦难少年故事。我在前边说过，在肖显志的儿童小说意图中，苦难的意义是一个最为突出的方面，而且他一组织起这类故事大都变得语气凝重而沉稳，在整个叙述中他像个老人一样细致而聪慧。在肖显志小说的苦难意识里，大体上有以下几个方面组成：

A. 物质贫困、生活境遇艰难的境况，尤其是心灵世界的困苦；

B. 面对苦难时持有的姿态；

C. 在苦难中所恪守的道德敏感性；

D. 在苦难中坚定乐天地肯定生活本性；

E. 在苦难中形成的人格力量；

F. 超越苦难的方式。

读完《神曲唢呐》，我陷入了一种较长时间的停顿中，在这种状态下，我想起了关于这部中篇之外的一些问题。我甚至明确地感受到，我们的儿童文学创作，应该关心“在儿童文学中应该注入一种什么样的精神”这一沉重的话题了。肖显志在儿童文学里注入的苦难意识，相当鲜明地凸显着，使我想起了一些在成年时很容易忘记的事情。我们的儿童文学作家确实应该记住：我们首先是在为中国，为中国的孩子们写作呢。我们因为没有更大面积地了解孩子们的整个世界，这是我们没有能力创造出一个典型孩子的真实状况吗？我想告诉大家的是：肖显志在这部中篇里正做着一种罕见的努力，他正在试图写出一个典型孩子，一个处在社会转型时期深陷经济困苦、社会角色低下的孩子如何立世的典型。他正走向这些孩子的内部，分享着他们的艰难。

有那么一大部分孩子，在社会转型过渡带正承受着什么样的冲击？他们怎样承受这些？他们应该怎样承受这些？也许，这是肖显志要设问设答的部分。

这部中篇的整体氛围设置和人物的鲜活程度都是一流的。小明的性格成熟得让人心里发抖。肖显志再一次写出了一部中篇难得的意境，那就是和唢呐声萦绕在一起的韵味绵长、难以言传的东西。我们不难发现，结局的大团圆再一次对作品的力量有所削弱。那么，这一次怪不怪肖显志呢？

在构成肖显志苦难意识的各个层次中，对于超越苦难的方式，他有着属于自己的态度：a. 一味地给予社会、他人；b. 百折不挠地宽厚；c. 疾恶如仇；d. 相应的宿命因素。我们现在还不能集中地讨论他的苦难意识的自定义法则的最后稳定性，因为那得等少年集团的抗争意识明确的那一天的来临。我们的遗憾只能珍藏在自己认为是最为保险的地方。的确，苦难制造了我们生命中最美丽的那一部分。挺住，往往意味着一切。

北方狼、大苇荡：敬畏生命

我想，肖显志儿童小说的最后价值，还在于他的道德敏感性和人性动机，这两种主要因素构成了肖显志儿童小说创作中人道主义色彩浓郁的两块基石。肖显志的一些哲思和其他同类作家的不大相同，他似乎只依靠对生活的直接和基本的印象，提出假设和结论。《北方狼》和《大苇荡》对孩子们以及成年人说着更加严重的事情。这两部中篇，应该是肖显志这部中篇小说集里最有力量的两部。

在操作《北方狼》时，他似乎突破了某种规范，加重了故事以外的声音，大胆地让狼具有了人性，反衬出侵略者的狼性。在狼具备人性的细节推进中，大海这个少年是真正的推动力。大海为弟弟报仇，狼王为小狼报仇，这在大海和狼王消除了误解之后，达成了共识。狼是自然界无可争议的一部分，在大海和日本鬼子的斗争中，狼也具备了分辨善恶的价值取舍功能。有时，自然界自己也会在善恶之间制造平衡，狼和人共同反击日本侵略者蔑视生命的纳粹行径。狼王带领狼群冲锋陷阵的场面，被肖显志叙述得非常壮观，它成了牵动这部中篇的主体程式。

《大苇荡》的故事是在黑白两色的背景下展开的。从芦根解救巴恩斯、小鹤救芦根、三鹤救女主人到巴恩斯救芦根、一致反击企图猎鹤的人……这些连续转换的相互生命救助和反搏在浩荡无际的大苇荡展开，显示出了它所特有的诗学特征，这些事件，依照肖显志手中的意图指令，有节奏地起伏着，既扣人心弦又轻松自由。整个大苇荡里的生命景象与大苇荡浑然一体，都是在善的原则下行事。特别是鹤在其中既是善的参与者，又是善的判断者。

在这两部中篇里，传达着肖显志的儿童小说创作中一些日趋明确的意图。那就是：

A. 环境意识，人与环境具有统一协调的法则；

B. 敬畏生命，尽可能不伤害任何生命；

C. 动物是自然的一部分，也会在善恶之间制造平衡；

D. 人与动物、人与自然界的对话成为可能；

E. 一切有生命物都会在善的原则下行事。

肖显志的这种哲思的产生的因素还待进一步探究，不过那篇让他出了不少风头的《会流泪的黑毛驴》，肯定是他发现人与动物之间的对话会成为可能的一种开始。到了《北方狼》和《大苇荡》这种对话全面展开。这样的故事的形态本身就脱离了儿童小说的道德说教和道德灌输模式，引导孩子们进入故事，更重要的是以什么样的情感姿态进入生物界和动物界。肖显志可能从另一个侧面告诉孩子们：人在破坏自然界、破坏自然界其他生命的同时，人的心理也在变化，首先看到是人性的丧失。与此相反的情形是：强化与自然界其他生命的对话，也是人类寻找自己复归本真的重要路径。《北方狼》的结尾，大海进入了自然界，悼念那些通人性的狼们；《大苇荡》里常芦根和鹤们的手足之情……这些，无疑都是肖显志最后的话题。

结局：超越的可能

肖显志的儿童小说正在为寻找自己的独特意义而艰难行进，我似乎能听见这些小说背后的时而清澈明亮，时而浑厚凝重的呼吸声。在市场经济时代对孩子们说些什么，成为我们自身能否得以延续的重要问题；怎么样对孩子们说话也成了附着其上的另一个不可或缺的问题。肖显志自己的行进方式也许是这样：

A. 以《会流泪的黑毛驴》开始，调动自己的童年经验；

B. 后来，肖显志的自我经验退出，开始直接干预生活，关注市场经济对孩子们的影响；

C. 现在，他开始走进人物的内心世界，但是他的自我童年经验仍显不足。

需要探究的问题是：肖显志开始进入孩子们内部的武器应该是什么？我想，深入自己内部，调动、重组自己的童年经验应该是肖显志的必经路径，似乎在肖显志的意识里，有一个闸门还没有完全打开，也许是他最后的堡垒。这样，我的判断就显得过于心急。我相信，肖显志有能力在建设孩子们的信仰这个大背景下说话，超越自身就会成为可能。那时，故事结局的圆满模式已经不属于肖显志的儿童小说了。

1996年12月4日

流派与文体论

先锋瓦解前夜的寂静[①]

——先锋派小说家和新状态小说家[②]

进入20世纪90年代中期，曾一度人声鼎沸的中国文坛终于呈现出某种寂静。在这种相对的寂静中，我们感受的一些东西往往有理由大于在喧嚣的日子里所能感受到的东西。当然，近两年来的文学事实也正逐渐向这一判断贴近。我们的评论家已经开始学习围绕某些重要的话题谈论文学。这有助于生发我们那些优秀评论家们的俯瞰感——这是一种久违了的感觉，以往过多的平视造成了评论家们在大部分时间里被拖入被合流。深入底部往往不能自拔，浮出水面又大而不当。那么，非得处于一种悬浮状态，才是我们说话时应有的姿态吗？我们并没有准备讨论这个本身就大而无当的问题。应该说，我们的评论家和小说家们同样长势喜人，而且几乎是以一样的速度——这也许只是中国文学界的状况——互相学习、共同提高一直是我们的好风气。

我们的寂静甚至有些真正的秋天的意味，挑拈些成熟的话题来谈谈是我们的初衷，也是我们的目的。在挑选的过程中，我惊奇地发现：很多话题都被我们说过，甚至几乎是全部都说过。全方位和

① 此题目为本次编选时作者自拟。

② 以此为题的评论文章，刊载在《当代作家评论》2000年第1期。

多角度是我们的另一种好风气。这样，我只好承受着没有新鲜话题的尴尬。现在想来，几乎所有的言说都免不了旧话重提。

00 问题的开始

当下的小说家群落中，有两拨儿人的确引人注目。有时，他们甚至构成了国产小说家序列中最应该被关注的两拨儿人。我们必须尊重评论界的现行提法，尽管这种提法也不是准确的命名，但它们已经具有了一定范围内的统一性。一说起先锋派小说家，大家都能想起一长串名字；一说起新状态小说家，也能想起一长串名字。其实，作为描述，能支撑着把话说下去也就足够了。那么，落在外面的那些人怎么办呢？我们只好说暂时不想涉及他们。

1985年肯定是中国小说界最重要的年份之一，这一年也无疑是中国开始接触西方的诸如后现代主义等若干理论的年份。那一年，我们的小说界已经有了若干篇什作为先锋的家底。从那时以后的五年时间，先锋小说家经历着鼎盛和瓦解的重要过程。这是自新中国成立以来中国小说界最热闹，也应该是最重的五年之一。在这段时间里，我们的小说家们至少是完成了小说意识的觉醒，使我们关于"小说"这一名词的界定具有了国标①意义。从那时起，我们才具有谈论现代小说的资格。我们的小说家从废墟中站立起来，开始制造新废墟——也许，破坏是他们当时最迫切的任务。我不大同意中国不适合接受后现代主义的说法。我的想法是，接受了什么主义，就意味着适合接受什么主义。况且，中国先锋小说家群落的形成，"接受主义"肯定起作用，但绝不是一种主义在起决定性作用，它是各种因素交织在一起作用的产物。总之，我们不想讨论先锋小说的成因。一开始进入我们视野的就是那些业已形成的状态，先锋小说家的行为状态。这样，就有比先锋小说家的成因更有意思的话题，比

① 即国际标准。

如，先锋小说家提出的疑问在多大程度上解除了过时的小说规则的束缚？从什么意义上说，他们具有先锋性？我们从先锋小说家那里学到了什么东西？先锋小说家与新状态小说家的联系是什么？新状态小说家从先锋小说家那里接受了什么？

其实，从20世纪90年代初期，有另外一拨儿小说家已开始粉墨登场。有论者把他们称为“60年代出生的小说家”，或“新生代”或“晚生代”小说家。总之，大体上都是指这一拨儿人。他们的作品和先锋们的作品在被接收上显得迟慢一些——大约是在1995年才被吸收的。也就是说，这拨儿人的小说是在1995年才正式进入文坛并引起评论界的集中关注。这一迟疑是颇有意味的，也许，它能在一开始就构成了小说家的不尖锐或者是评论家的第一次沉稳或预谋状态。

我们必须感激现已存在的这两种划分，它给我们的试图比较带来了可能和便利。接下来，就是讨论我们的比较从什么时候和什么地方开始了。毫无疑问，先锋小说家群落已经从内部开始瓦解了。他们现在表现出来的各奔东西，其实在一开始上路的时候就已经出现了端倪，只不过是我们曾经一厢情愿地把他们在理论上捆绑在一起。出乎意料的也许是，相对于整个先锋小说家群落的单个先锋小说家的先锋性也正在瓦解和丧失。这种状况的呈现，使我们对当初的针对“先锋”的描述也发生了疑问。一些先锋的拥戴者们开始沮丧：他们是什么时候失去了先锋性的呢？我们想问的是：他们先锋在哪部分？又丢失了哪部分？新状态小说家先锋吗？他们的先锋又呈现出什么东西呢？看来，从什么时候开始比较相对于比较什么是可以作模糊处理的问题；依据什么比较可就是不可回避的问题了。它既是比较的尺度，也应该是比较的目的。

01 几篇小说的开头。只能是排列

我就是那个叫马原的汉人，我写小说。我喜欢天马行空，我的

故事多多少少都有那么一点耸人听闻。我用汉语讲故事；汉字据说是所有语言中最难接近语言本身的文字，我为我用汉字写作而得意。全世界的好作家都做不到这一点，只有我是个例外。

——马原《虚构》

朱浩从广西给我来信，说他和王玉站在南宁的大街上接吻。可王玉是谁呢？我不是很清楚，想必是老方那边的一个女孩，长得也一定很漂亮。我没有去过老方所在的城市，即南宁，只能想象它四季如春，色彩丰富而艳丽。朱浩在马路边搂着那个形象模糊的女孩，我想象疾驶而过的车辆用烟尘把他们遮蔽了。当他们的唇舌分离，尘埃也跟着落定。这很像某个电影镜头。是吗？我自觉无聊。

——韩东《障碍》

人被置于一个广大无边的空间之中，在这种空间中他的存在似乎处在一种孤独的尽头。他被一个不出声的宇宙所包围，被一个对他的宗教情感和他最深沉的道德要求缄默不语的世界所包围。

——好像是我所不认识的哲人说过的话。权且拿他作为我的故事的题记——有助于我的故事滥竽充数混进当代最时髦的哲学小说或第五维第六维第七维第n维小说行列里去。

我想故事已经开始了。

——洪峰《极地之侧》

田岷和我第一次上床，是在她接到研究生录取通知书那天。我不能说田岷是个老派姑娘，但她的确很不情愿后奏先斩。本来我们早已商量好了，如果她考试失败，那她大学一毕业我们就立刻结婚。可是现在她通过了考试，我们的婚期就只好推到她研究生毕业了。这时间对我来说有点漫长，我也是不得已才提前出击的。你这是逼着我破坏自己的原则，田岷说，本来我是想把这激动人心的时刻留在三年以后的。直到我们在黑暗中已经赤裸了身体，田岷还在嘟嘟囔囔。我真不明白，你们男人，为什么只看重这个。

——刁斗《古典爱情》

尽管这不是一种规范的抽样列举，但我认为经过努力可以看出一些关于这两个小说家群落的某些细微的差别。其实，我的目的并不是想单纯地呈现这些差别。现在需要补充的是，先锋小说家，按照“先锋”假设；新状态小说家按照“新”假设。这样，说话的障碍又会被人为地缩小一些。可以这样说，《虚构》和《极地之侧》是先锋小说的两个范本；《障碍》和《古典爱情》在新状态小说中也具有一定的代表性。从这种直观的呈现中，我们最先感受到的是什么呢？我想，是叙述本身的形式感问题。马原肯定是中国小说叙述发展史上一位无可争议的作家，中国先锋小说家的叙述革命[①]是从马原开始的。当张贤亮、王蒙、从维熙、邓友梅、张洁、李国文、蒋子龙等等一长串有力的名字和坚挺的作品在读者群落中占有强有力的市场的时候，那是20世纪80年代前期。马原作为年轻人，第一次明确地告诉同伴：小说还可以这样写，像我这样写……他的一批有血缘联系的同伴马上心领神会，差不多马原只是捅破了横亘在他们眼前的最后一层纸。这一声叫喊甚至使马原的若干前辈们也激动不已。那些聪慧的老者，在调整叙事策略之初肯定是鬼鬼祟祟地喝了一次年轻人馈赠给他们的乳汁。这种状况是在中国小说创作断代史上一次意味深长的反哺。这样，先锋小说的叙述学意义的注入导致了他们对于形式的强调。因此，在相当长一段时间里，很大一批专业和非专业的读者已经看不见先锋小说正在说什么，只是关心他们怎么说了。由于形式对内容的大面积遮蔽，使先锋小说家一开始就陷入了形式至高论的阵营中。也是形式至高论的波及，使像洪峰的《极

①“革命”一词为这次编选修订时所加。

地之侧》这样有一定精神深度的作品遭受到了必须的尴尬。正如小说家洪峰本人，因为叙述方式不是原声，洪峰的名字只能列在马原之后。但，这种状况使洪峰成为第一个自觉地从先锋小说家队伍里开小差的人。这是另外一个话题。

中国的先锋小说家只用了不到5年的时间，就把西方小说中涵盖的几乎是全部的叙述技巧都用了一遍。这种跃进式的速度让我们的先锋小说家们畅快淋漓了一大把。那时，我们很少考虑到这种热烈场面之后的景象，不然我们会更坚定地承受现在这种寂静。无论如何，那是一次可贵的颠覆，它改变了中国小说家说话的方式和姿态，把单一的腔调砸碎了。而且，他们为后来的小说家——新状态小说家提供了一个语义场，虽然他们的奔跑没被圈定在这个场中。韩东出色的中篇《障碍》肯定是新状态小说中的典范之作，从它的第一自然段我们是否能领悟到在叙事方式上的一种承续关系？

马原“开创”的叙述文体是一种明确地关心叙述过程、关心写作、关心结构的文本。韩东的“接纳”显得更暧昧一些，但在这篇小说的结尾处他还是忍不住了：

我捧着纸袋向她走进，近到足以看见她流泪的距离。很难说她面无表情是为了生气还是为了忍不住哭。我呢？既不想流泪也不想生气。我只想睡觉。我太疲倦了。接着我想起来了，韩东的一篇叫《利用》的小说这样结尾：

哦，朝霞，他们被它明确的无意义和平庸的渲染浸润了。

02 还是叙述的问题。中庸的态度。马原和韩东

新状态小说家在洞察先锋小说家的叙事策略之后，采取了一种中庸的态度。在马原之后，如何用自己的声调说话，应该是他们进入小说不久就应该想到的问题。韩东是诗人，而且现在也是。这不可避免地给他的叙述本身带来了诗化倾向，局部的零乱和整体的诗

性是韩东叙事格局的一个特征。他在文本中所体现的关心叙述过程本身、关心写作本身、关心结构本身已经不是很明显或者说他用诗性倾向在局部消解了这些。他不必再去费时费力地寻找叙述方式。他一开始就拥有了自己的叙述方式，他的叙述方式是在自己的诗里找到的。但无论怎样，他最终还是没有完全挣脱马原的叙述圈套。吴亮在那篇著名的文论《马原的叙述圈套》[①]中这样评论马原：

> 这样，泛神论必然导致泛通神论。我觉到这是马原的最后一个，也是最核心的一个观念，它由叙述崇拜为发端，又回复到叙述中去。这里也存在着一个魔术般的圈套。叙述故事实在是马原试图接近神最后体现神的唯一有效方法。对于马原来说，叙述行为和叙述方式是他的信仰和技巧的统一体现。他所有的观念、灵感、观察、想象、杜撰，都是始于斯又终于斯的。

吴亮揭示了马原小说的叙述的大部分秘密，同时也是先锋小说家叙述的一部分秘密，那就是小说家的叙述方式和小说家的小说意图几乎完全地扭结在一起。那么，作为新状态小说家的代表人物，韩东的叙述策略是一番怎样的景象呢？韩东的核心观念是虚无，他绝对主观地感知故事的印象，特别是对于事物混浊状态的印象的感知具有先天的通达。他的叙述能将超验的事物在想象中还原，全部的目的就是指向虚无。他的叙述方式并不像马原那样尖锐，但在感觉世界的方式上和马原有着惊人的相似之处。我们可以这样说，讨论先锋小说和新状态小说的叙述方式从马原和韩东入手会更简捷些。如果搞出一篇马原韩东比较论来，其实就用不着说那些大而无当的问题了。现在看来，这题目只能留给下一次。这一次，还得按照既定的方针弄下去。

---

① 刊载于《当代作家评论》。

新状态小说家在叙述方式上无疑没有什么自己的创造，也看不出太多的改良迹象。从这个意义上说，新状态小说家是先锋小说家群落瓦解后的补充兵源。总之，新状态小说家从先锋小说家那里获得的最核心的礼物就是感知方式或者说感知方式在小说文本中的开放途径。写到这里，我甚至想到，韩东根本上不是什么新状态小说家，他应该是最后一个先锋小说家。至少，韩东是先锋小说家和新状态小说家之间的桥梁，是他把一些新状态小说家引渡到先锋小说的叙述话语中的。这样说，有点突破了开始时的假定，暂时打住。

03 立场问题？题材问题？到底是什么问题？

先锋小说家的成长态势在20世纪80年代后期显得格外引人注目。有些人已经断言了这种先锋性的势不可当。其实，这原本就是一个含义模糊的判断，就像关于“先锋”两字的描述一样，他们仅仅是发现了小说可以不那样写，甚至可以这样写的一群人，至于写什么，每个人的做法几乎都不一样，只有这样才构成了一种欣欣向荣的先锋景观。说到底是这样：在“怎么写”这部分趋于统一，写什么也就是传统意义上的题材是斑驳多姿的。如果硬是总括先锋小说家的另一特征，那么只能是他们的哲学倾向比较鲜明，这里的哲学不是封闭的概念，它甚至包括纯宗教所需要的那一部分东西。洪峰的《生命之流》《生命之觅》就有浓厚的柏格森[①]生命哲学的意味，《奔丧》则是存在主义哲学的最好诠释。格非的《褐色鸟群》、余华的《河边的错误》等都是具有哲学倾向的作品。从某种意义上说，西方哲学的大批量涌入，使我们那些可爱的先锋小说家似乎在一夜之间就找到了根基，飘浮不定的想法第一次取得了小憩的资格。他们的关于真实性的观念得到了整合。于是，在小说中形成了真正的“题材多样化，观念多元化”。他们反对中国传统小说的根本标志的

① 法国哲学家。

确是有如下几个方面：

A. 倾覆典型人物。他们的人物只不过是一些强烈的印象而已，有时甚至干脆就是个人经验的延伸。

B. 非戏剧化。几乎没有任何冲突和矛盾推进故事的进程，所有一切故事之间的演进都由叙述本身来完成。

C. 纯意义上的偶然性。偶然性成为故事之间联结的核心部分。

D. 价值判断淡化。先锋派在开始上路的时候并没有在意这个问题，是忽略还是没有能力发现或者故意降温，我不敢肯定。总之，我们在相当长的时间里忽略了他们关于精神的了解深度。等他们开始自觉地凸显这个问题时，又变得不那么先锋了。

先锋小说家的立场当然是反传统。反传统的策略是试图把中国文学在一定范围内制造成一片废墟，然后再抢占制高点，重新建设——他们的先锋性，体现在对过去中国的伪现实主义的反叛，努力寻找一种新的方法和形式。但是他们在贴近和反叛现存的生活方面至少在先锋的时候并没做什么具体工作。总之，我们有理由说中国的先锋小说家之所以是具有中国特色的准先锋小说家，主要还是切入当下生活场景的批判意识的不彻底性。我的意思是：先锋作为一种先驱，一种变化的方向，必须是基于作家内心中那个真实的起点，当固有的方式不能再穷尽他内心的图景时，他会自动地寻找新的表达方式。关于文学的先锋，欧仁·尤奈斯库[①]说：应当是艺术和文化的一种先驱的现象……应当是一种前风格，是先知，是一种变化的方向……这种变化将被接受，并且真正地改变一切。我认为，先锋的目的应该是为了更好地抵达新的现实。

新状态小说家是在先锋小说家沉寂的时候登场的。他们一出现就裹着一层温情脉脉的面纱。这种冷酷的温情，来源于他们自己还没有失败的时候就替他们的姐姐哥哥们体会到了一次被挫伤的滋味，

① 法国荒诞派剧作家。

甚至更多的时候他们的哥哥姐姐们都没有能力尝到这种滋味。温和、不尖锐是他们的特征之一。他们闯入被先锋小说家们弄得一团乱麻样的战场，在一挑门帘的刹那，心里一阵发紧——他们都是小弟弟小妹妹，有些人还是大哥哥大姐姐们的崇拜者呢——“我们也来了”，这声音当然是怯怯的，直到现在他们还没有理直气壮起来。他们曾经不同程度地受过先锋小说家的馈赠，这是让讲究义气的新状态小说家们不会忘记的历史。于是，他们开始寻找一部分先锋小说家不再先锋的因由，开始实施自己的策略，他们甚至认为大哥哥、大姐姐们的一时受挫，难以为继是由于过分张扬个性，干了不该干的事情造成的。这样，新状态的立场逐渐形成。他们退让，不关心任何与自己无关事情。中国有句古话：达则兼济天下，穷则独善其身。这也许成了我们的一种写照。圆润而自闭是他们的又一个特征。他们也许不甚明了他们的这一次登场和先锋小说家的登场是有着很大的不同，他们是在一种预设的理论诱导下登场的，中国的小说评论家第一次拥有了呼风唤雨而不是事后诸葛的能力。他们开始重新阅读经典，在评论家的引导下在经典文本中寻找属于自己的基位。以前不是这样，以前的阅读是受大哥哥大姐姐们引导的。我同意他们登场，他们远比新写实可爱得多。他们也比先锋小说家幸运得多，正好赶上愈发注重自我的年代，于是大写欲望，呈现“社会的欲望化本质”[①]成为他们共同的内容。他们接过了先锋派留在战场上的大部分武器，却把战场给弄得狭窄，这样干起来就更加热火朝天。有论者说，这是知识分子从对全社会的关注转为对自身的关注。他们竭力书写20世纪90年代知识分子的生存形态。这种大而又玄的论点我只能同意一半。我们还是看看他们怎样表现90年代知识分子的生存形态的，他们用什么表现，表现哪一部分，他们所表现的那一部分能否代表知识分子的生存本相。不过，新状态小说家退到自身这

① 评论家陈晓明语。

倒是事实。他们把小说投放在自己内部，不能说是一种不妥当的尝试。新时期以来，其实未出现过彻头彻尾的“自我反映”小说。其实“自我反映”小说早在20世纪80年代中期，雷蒙·费德曼就已针对《裸体午餐》[①]为开端的一种小说做法给予了命名，而且这位美国小说评论家对此持讨厌态度。我们可以完全不理睬美国人的态度，埋头干下去。况且，他的命名也不一定科学。总之，我们得补上“自我反映”这一课，抵达自己的内心。

《障碍》被我称为新状态小说的重要文本，无疑是因为这部中篇突破了某些评论家关于新状态最初的界定。这部小说所达到的虚无部位是由无数细小的原生颗粒物组成的，这就显得比较扎实。韩东对人的精神状况的了解在这部中篇中体现得比较精细。这是新状态小说中最可爱的部分。《西安故事》和《南湖饭局》也符合以上的说法。《古典爱情》是我所看到的刁斗的短篇小说中最好的一篇，刁斗的叙述第一次扎实地过关了，他那么轻松地影射了“古典的爱情”，而且带有浓厚的形而上激情，这是为新状态小说家庭添砖加瓦的举动。述平的《某》《凸凹》《此人彼人》形成了很强的现实主义张力，他们的作品具有很强的反新状态特征。[②]

04 先锋派的内部分化，新状态的现实命运，或者其他

大家的共识是先锋派从1990年开始内部分化，1990年就1990年吧。其实，很难确切地描述先锋派从内部分化的情况，因为错综复杂的文本以及分化后的相对停顿都干扰着我们在分类学上的洞察。若非得分类，大体上可分为三类：马原不写了；余华、洪峰、北村转到了另一个方向；叶兆言和苏童遁入新写实；格非、孙甘露、吕新留守大本营。只能这样说了，不然无法往下进行，尽管这很愚蠢。

---

① 美国小说家威廉·巴勒斯于1959年发表的一篇短篇小说。

② 此处原有一句“张敏、朱文就太新状态了”，这次修订时删去。

余华、洪峰、北村等的行进方向是新现实主义，其实这样说也不尽准确。据我看来，中国的先锋派作家始终都是现实主义的，他们的先锋是深度理解现实的代名词，还不如把先锋派定义为新现实主义了。这样，就不存在先锋派了——又开始推翻了先锋假定，再次打住。在分析先锋派萎缩及分化的原因时，英年早逝的胡河清[①]先生说了一段耐人寻味的话：

> 中国先锋文学显得非常缺乏文化背景方面的准备。加上中国先锋派作家文化储存的严重匮乏，就更不可能短时期内形成全面超越西方现代主义的独创精神范畴。先锋派的使命原来是营造自己独特的不可重复的语言乌托邦。……他们的创作在相当程度上是对西方现代主义大师们的蓝本的仿写。
>
> ——《中国全息现实主义的诞生》

胡河清先生的世界级视角是我望而生畏的，我沿着自己的思路接着说。1990年至1994年，这中间的四年是新状态小说家摩拳擦掌的时间。我前面说过，他们的写作策略是在目击了先锋小说家分化的情形下建立的，又赶上中国开始有大市场的良好机缘，这是他们一开始就面孔冷漠、内心激荡的某种背景。他们一方面贪恋先锋的旧梦，一方面胶滞于社会主义市场经济的阳光雨露，时而尴尬，时而风光。随着写作的深入，越发感到一种失落，闯入的这块阵地原来和现在都不属于自己。说不准哪一天，其中的一部分人会忽然在梦醒时分完全进入市场。我想，中国的真正意义上的畅销书会在他们手中出现。另一部分人呢，也许会遁入线装书里。无论如何，这都是喜人的景象。

---

① 胡河清（1960—1994），中国当代文学批评家。

05 几个重要的文本。新现实主义小说家和新状态小说家。拯救与逍遥？

无论是先锋小说家，还是新状态小说家，他们最后的任务只有一个，那就是对人类精神状况的深度了解。我认为先锋派之所以从形式向内在复归，主要原因还在于偏重技术形式的设计使他们找不到回家的路线。这是他们一开始就应该觉悟的道理。技术总归是技术，就像牛顿和爱因斯坦，这两位卓越的物理学家后来的境况一样，他们迷惑了——开始在什么地方？小说家和科学家一样，若把生命和宇宙中的最深奥秘和最后来源的问题排除在他经验和意识之外，他立刻就会被自己的内情和私念所陷。记不清这话是谁说的了，反正我同意。完全同意这种说法的小说家开始着精神世界的探源工作：他们开始向宗教靠拢，努力接近上帝身边——这已经不是一种写作策略而是一种精神上的必须。在这里我们必须涉及两个重要的文本——也许是某种神示的巧合，这一南一北两个文本的总体构想具有某种相似性。它们是北村的《施洗的河》和洪峰的《和平年代》。

这两部作品开始直率地表达宗教情怀，《和平年代》以个体生命勇气为箭，以宗教精神为弓，形成了令人难忘的张力。北村的做法显得更直接，“为神写作，为信仰写作”[①]。这是先锋小说家分化后为重建精神深度所做出的第一次努力。唯一可惜的是，过于饱满的宗教情结使小说显得有些浮肿，现代小说由于“立法”的健全，他有着不同于陀思妥耶夫斯基时代的美学观念，它容不下任何预设的理念；此外，贪恋先锋语境也是一个病因。总之，这两部小说应该比现在更丰盈，特别是洪峰的《和平年代》，它叙述的事情太重大了。从这个意义上讲，余华的《许三观卖血记》由于倒退得更彻底，从而取得了圆满的成果。是否可以这样说，先锋小说在分化后第一次露出拯救的面目？

---

① 北村语。

这时的新状态小说也有两个重要的文本，韩东的《三人行》和徐坤的《先锋》。我们比较容易地看出，《三人行》的基本姿态是逍遥。《先锋》呢？无疑是消解。精神深度的重建是两拨儿小说家们共同的话题。

行文至此，我突然感受到这种比较的艰难和无奈超过了我预先的设想。其实，先锋派小说和新状态小说都是我国小说家认识现实主义的必由之路或必要方式。20世纪还剩下短短的一瞬，我知道现在有良知的小说家们都在思索一个问题：怎样才能在精神领域增添一些新的东西。我甚至猜想，传统意义上的典型人物也是他们不可逾越的问题，那时的现实主义经典文本肯定是能打通中西的。或许已经存在，只是缺少发现。总之，不太遥远了。

1997年12月9日深夜，康家村

关于散文的最小概念

散文是与内心说话的文体[①]

说来，也写出一些散文。如果一口咬定自己确实不知道该怎样写散文，也许让人觉得矫情。但不这样说，实在不符合我的具体感受。也只好首先保证这不是矫情，我敢这么说。几乎是每一次，我一意识到自己正写散文呢，心里就紧张得不行，心跳耳鸣，手心也出汗。后来，我想出一种特别的方式针对自己的这种情状。再写散文的时候，就暗示自己，这不是写散文，而是在写某种别样文体，或者干脆就是在写一些给自己看的日记。当然，这样有点掩耳盗铃的味道，不过，没办法，只能采取这种避重就轻的方式。我产生这种对散文文体本身的敬畏心理，也许是缘于我对散文概念的一种特定的认识。我觉得，散文是最大的概念也是最小的概念，就像人的概念。而且，散文同时又是必须和人本身联系在一起的东西。我拒绝承认我已经写出的“散文作品”都是散文。一个人怎么能写出这么多篇散文呢？说起来让人困惑。我现在才懂得后悔：我学习写作是从散文开始的。这一行为，把我自己推向了一个悬崖，上不着天，下不着地。我选择了从北坡攀登珠穆朗玛峰，完全是无意识的，也

① 这是一篇关于散文的创作谈，写于1996年，刊载于《散文天地》。

怪我太年轻。

一般来说，我能写出一篇自己认为很好的散文的时候，我都不太爱吃饭，只是拼命地喝水和抽烟，而且浑身上下洗得干干净净，写字台也收拾得相应利落一些。这似乎是一种仪式，包括若无其事地摆弄桌子上的打火机、书、纸片之类。我是在这种仪式下才开始进入自己内部的——突然，拿起笔来，在空旷的本子上写下第一行字，进入的过程就开始了。这中间我能听见自己平稳的呼吸声以及笔尖受阻时的喘息声。只有在这样的时候，才能产生一篇像样的东西。似乎一篇好的散文早就存在于我的身体内部，我的工作只是把包裹在它周围的包装物一层层地剥去，让它重见天日而已。然而，这种状态是不多的，它受进入自己内部的深度强度的限制，我至今还没有获得在很短的时间里就能进入自己内部的能力。这样，我只能等待，用极好的耐心和虔诚的姿态来等待这个时刻和这种状态的到来。有时，我刚写下第一行字，就大体上知道这篇散文是个什么样子了。这第一句话也许标志了我切入自己内部的角度方向以及部位。就像那位职业助产士，她刚一碰到我那没见过面的孩子的头就平稳地说是男孩。

既然散文是必须和人本身联系在一起的，这种固执的想法导致了我如下的判断：散文中的每一个细节和每一个情感结都必须是真实发生过的，心必须是绝对坦诚的。就是说，你进入散文操作状态时，同时也得进入忘我状态。“辉煌，但十分痛楚，有形有体都过不去。[①]”我知道，我在浮躁的心态下完成的散文，有些可以蒙混过去，但最骗不了的是自己的感受。

一旦进入了自己内部，常常会发现关于自己、关于世界——自己周围的世界的重要事情就沉落在自己内部的最底处。当然，这些重要事情的上面也会覆压着一些可有可无的东西。这时，如果有能

---

① 张承志散文里的一句话。

力让重要的事情重见天日，是重见天日——有些重要事情是从外部被过滤到内部的。这样，一篇优秀但不一定优美的散文就出现了。直到现在，我还不敢说我写出了多少这样的散文，我甚至有机会能匆匆地看一眼我内部的重要事情的具体位置，然而就是不敢触及，原因是我还不具备这种能力。不是能力，是力量，甚至是某种神示的力量。其实，余秋雨那本国人皆曰可读的《文化苦旅》也仅仅是触及一点点皮肤，但他更多的是依靠一种被肢解的知识体系说话。知识体系肯定不是言说重要事情的那种力量。我说的散文既不是文化，也不是科普，更不是闲适美文，我指的完全是另外一种东西，散文的最小概念。其实，有一些人非常善良，为了不损害散文的最小概念，制造了许多游离概念，比如“随笔”就是针对散文的一种善良。我想推测，过不了多久，随笔也会像散文一样独立起来，只在一部分人中独立起来。那时，还会分解出另外一些针对随笔的善良而游离于随笔之外的分支。文体上的独立常常伴随着偏执和狭隘。

我曾经说过这样一段话，在一篇文章中[①]——

……现在想来，正如有人所说，散文好像确实是属于老人的专利。一个白发苍苍的老人，静静地坐在写字台前，夜静下来，柔和的灯光细腻地洒在洁白的纸上，他一边沉思，一边写下去，偶尔停下来，掀开窗帘望一望满天的星星。……他又坐下来……。我们读着他的铅字，能看到他写作时宁静而深邃的目光，甚至能闻到老人生命的气味。

老人由于在天空和土地之间留滞的时间的相对长度，不能不说这是发现重要事情的某种原因。由于经验，他拥有了选择和鉴别的

① 《关于散文》，1995年，此文已经遗失。

机会。其实，这些都不足以成为获得专利的充分条件。散文过程肯定是发现情感的生命过程，已经不是生命的单纯的延续和加长，而是努力固定和重建生命灵性的一种必不可少的形式了。老愚[①]虽不能算是优秀的散文操作者，但算是优秀的散文评论家。我这样认为，大体上缘于他说过这样一句话：散文是庸常生活的呼吸，是人们挣脱缠绕的一种努力，它的全部意义皆在证实人类性灵的存在。我不大喜欢用强硬的判断句式描述散文，尽管现在自己正试图这么做。不过，我愿意接受他的后半句。我想，是这样，散文可以是一种证词，它是证实人类之所以成为哺乳动物界之灵长的那一部分最充分的精神范畴方面的理由。这些理由是极其重要的，当然它必须包括人类良心和人类理想。

我记起一位苏联作家在评论托尔斯泰时，说了这样一句话：……他之所以成为托尔斯泰，是因为他有话要说。“他有话要说”，这是我所能读到的最简洁、最有力量的评语。打一个不太庄严的比喻，那就是：我无法想象，一个男人怎么能给一个他当时不爱的女人写一封情真意切的情书。当我们内心有话要说的时候，就为一篇散文的出现提供了某种可能。我说的“内心”是人的概念的代名词，也是一种良知。这样，我们的情感的生命状态和散文状态连接在一起，我们的一些言说也随之会极有可能成为人的想法的一部分。

关于散文的一些简单问句

1. 散文的最大概念空泛得像个筐，什么都可以往里装；那么，散文的最小概念呢？

2. 最好的散文应该拥有最多的读者还是最少的读者？

3. 散文的最后指向是虚无吗？

---

① 散文家，散文评论家。

4. 庄子的散文在世界散文史上始终没有一个应有的地位；我认为庄子的散文是世界上一流的散文。但是，庄子散文里却没有突出的自我，为什么会是这样？

5. 周作人和梁实秋的散文差别在什么地方？“散”的内容差不多少，但周作人的散文中大部分都是艺术品，梁实秋的却很少。梁实秋缺乏什么，是不是缺乏一种虚无的境界？

6. 鲁迅写过一些非常优秀的散文；后来，老人家急眼了：骂人。当然大部分骂得有道理，大家管它叫杂文，为什么骂人的文章不叫散文呢？

7. 现在广义散文的各种品类中，杂文始终不能走俏，骂人的文章都被鲁迅写完了。这个问题的另一层意思是：骂人，对象应该是人，有些家伙并不具备被骂的属性，所以“辱骂和恐吓绝不是战斗”了。那么，必须爱憎分明的散文应该如何表达自己的愤怒呢？

8. 是哪些“情”应该进入散文重要，还是如何抒发这个“情”更重要？

9. 散文有权利表达自己，但过多的自己又伤害了散文精神，我们自己的哪一部分拥有进入散文的权利，这已经不是单纯的判断题。散文的最高目标是自我要以退为进吗？

10. 当下国内的一些小说家写起散文来，其中有些甚至是精品，这并不奇怪；但一细究原因就奇怪了，这些小说大都并不严格遵守散文的做法，常常把散文弄得很像小说。像小说的什么呢？

11. 散文中闲谈的根本标志是心灵不参加写作，只出脑袋和嘴皮子，这时的散文读起来有些还挺快乐的，这种状况仍然比一颗卑琐的心灵参加写作要好些。散文确实应该是灵魂的一面。散文和灵魂是不是一种彼此相互照耀的关系？

12. 俗话说：“听话听音，交人交心。”有些散文常常是这样，读到最后，你已经不再计较他说些什么，似乎能听得见他说话时的声音和样子。有时你甚至要回过头来让他再说一遍；而有时他刚一开口，你便躲开了。什么东西是散文的声调呢？

13. 散文注定要拒绝聪明。当评论一篇散文聪明的时候，我们就不再热爱这篇散文，最多只是喜欢。然而，有些散文惊人的冷静，我们也为之心动，这种理性轻易地赢得了我们，开始时我们有些难为情，后来我们想出一个新的名词：智慧。散文有专门属于自己的智慧吗？

14. 我敬重那些诚实的小说家，他们说散文最难写。可以想象，由于散文的独特规范使小说家虚构的翅膀无法展开。还有一个问题是：集中精力抒发真情是小说家最吃力的一件事，他们的情感被压到饼状的时候，弹性才最大，当它弹起来的时候会迸发出无数个属于小说的颗粒。在小说里，情感是幕后策划者；那么，在散文里呢？面对散文，小说家是个老态龙钟的情人，既恋情又怕被抽空。

15. 优秀的散文绝对像那些优秀的朋友，他平等地待你，不欺骗，不高声喊叫，更不自作聪明，他尊重你的存在，更重要的是他具有规定某种气氛的能力，而这种气氛也正是你所需要的。这时，你特别情愿地待在里边，而且你也有平等说话的机会。那么，不好的散文呢？远远不能用朋友做比，为什么越不好的散文越复杂呢？

16. 现在有些优秀的散文越来越像小说了，除了没有虚构，其他的手法几乎都用上了，如果你也注意到了这一情况，它会不会是一种已然的趋势了呢？小说和散文在行文时务必要有个严格的界限吗？史铁生的《我与地坛》是散文还是小说？萧红的《呼兰河传》呢？

17. 我至今不相信气功，正如我不相信大家吵吵闹闹时确认的其他一些东西一样。但我又极其信任“文气”，文章肯定有一股“气”在里边，是摸不着、看不见但能感受到的一种东西。我能感受到作家是不是“带功”操作的，特别是针对散文。渗透到散文里的这种东西到底是什么？

18. 说人话是散文的最低要求也是最高要求吗？

19. 散文一写得轻松而随便，就只好叫随笔，我大胆猜想，写出第一篇随笔的人，当时是很难为情的：我写的这东西是什么？既不是小说也不是散文，更不是诗，只好另起一个名字了。同时他也是明智而善良的。后来大家虽然同样善良但不明智了，有好多散文家一生并没有写过散文，都是些随便的手笔——随笔也。散文和随笔若真有个显著的界限，可不可以这样说：散文是从身体内部发射出来的，用来描述生命自身的状况；而随笔，是从头脑中形成的，用来"传道、受业、解惑"？

20. 为什么写小说的人回避谈小说，而写散文的人更愿意谈散文呢？是散文更简单些的原因吗？

21. 如果以大而空的概念去解释20世纪90年代这几年的散文热浪，我看应该很简单地描述：在资本原始积累阶段，国人是免不了要玩点情调的，早有定义叫小资情调嘛！人家过来国都这样，咱也得这么弄。如果一味地说小情小调占了上风，也不完全对。我们可以说，好的散文不需要诱人的东西吗？

22. 如果说散文被庸俗化的要害在于有些词语在行进中脱离了原来的意义和轨道，就像一些政治术语，刚开始是很有力量的词语，后来被磨平了，无血无肉，连本义也没有了。到底什么样的语言才有资格进入散文？散文语言果真应该维持一种特权吗？

23. 当技巧占了上风的时候，散文意图就会被削弱甚至被抽空，小说在这种情况下受到的影响显然弱些，为什么？是散文文体本身的要求吗？

24. 干扰散文意图行进的关键因素是什么？是词语、句子，还是情绪、节奏？

25. 应不应该有"散文家"这一称谓？当小说家把自己弄到准思想家状态的时候，往往要用散文说话，一般来说，结果都不甚理想，原因何在？

26. 毫无顾忌的叙事和毫无节制的抒情成了当下一些小说和散文的突出特征了吗？那么，什么事都叙和什么情都抒哪种做法更坏一些？小说和散文是不是应该羞涩一点，特别是散文？

27. 有些写作散文的人功夫真是到家了，他能像小说家构造故事那样构造感情，通俗的说法是矫情，然而最终的结果大都是被识破；这说明情感有不可制造性。那么，我们是从什么地方发现破绽的呢？语言？情绪？方式？全部？

28. 说写散文就是实话实说也对。不过，这里面确实有两个含义：a. 说的话是实话；b. 采用实说的方式，不然就把实话弄成了假话。还有什么把实话说得比真实更难的事情吗？

29. 散文像不像那句谜语："一个人能做，两个人不能做；大伙都能做，不能合着做？"①

30. "我们正在恢复散文的本性"和"我们正在发现散文的本性"，哪种说法更接近我们现在的实际情况？

31. 需不需针对散文的物质面目制定一个操作规范，比如长度、引文的可否、句子的长短、热闹程度、节奏感等等，如果有这个规范，首要的一条应该是什么？

32. 散文到底是应该写得简单一些还是应该复杂一些？当然，我指的是散文的全部要素。

33. 我们谈到散文的时候，为了避免像过去那样有主题先行的弊端，一般不涉及与主题相关的字眼儿，比如散文意图什么的，我还是要问：好的散文是先有意图还是先有情绪？

34. 散文和小说交叉的那块地方，往往是好散文出现的部位，是说"好的散文像小说"恰当，还是说"好的小说像散文"恰当？比如，黑塞②的散文和黑塞的小说。

---

① 谜面是"梦"。

② 德国作家。

35. 散文中的自我应不应该成为一个自负盈亏的自足体？

36. 现在的一些作家用比赞美好散文多若干倍的时间去抨击一大部分很差的散文；这种情况说明了什么问题？坏散文比坏小说更让人痛恨？散文作家应该牢牢地占据一种话语主权？这些作家闲着没事干？批评一篇散文比赞美一篇散文更容易些？

37. 如果说，随着时间的演进，散文中的艺术方式被筛选得退让了，留下的只是沉落在散文底部的思想和情感；那么，一篇优秀的散文是只能依靠思想的巨大吗？在散文发展史上，通常的情况却是这样，大家在一个相当长的时间里言说的想法大体上一致，我指的是能被称作思想的那部分，那么，情感的状况是不是这样呢？能不能说，情感的高格和独特才是散文巨大的唯一？

38. 阅读了一些为数不多的散文作品给我留下了这样的印象：一些特别优秀的散文大都是整个世界文学史上的二三流小说家写的，比如黑塞和加缪的散文要比托尔斯泰和陀思妥耶夫斯基的好些，这种说法如果成立，那么是什么原因？

39. 卡夫卡其实是个优秀的散文家而不是优秀的小说家，这和鲁迅的情况大体上相似，这是什么原因？不管怎么说，散文更能表现哪些独特的思想和情感？

40. 我们从卡夫卡的散文里最应该首先读到的什么？自我？表达方式？现代人的灵魂构成？超前的东西？散文的真正概念？

41. 好的散文应该是从身体内部发射出来的，身体内部常常可以被认为是用心来写作，这样推演下来，能否得出这样的结论：好的散文是读者最少的一种散文？论证程序是怎样的？

42. 现在小说界有一种小说被叫作“新状态小说”，自然，写这种小说的人被称作“新状态小说家”，尽管他们中也有一些人不承认这种命名。然而，他们是不是应该承认这样一种事实，那就是：据我所知，在这些小说家中几乎没出现过一篇优秀的散文，这是什么原因？他们无所顾忌的叙事正是散文所排斥的？他们更不屑抒情或丧失了抒情能力？他们敬畏散文？他们不敢抒情？他们不愿意抒情？他们否认散文这种文体的现有意义？他们正在准备抒情？

43. 当一篇散文具备了主体品格之后，语言就成了全部，是这样吗？那么“主体品格”是什么？就是传统散文论里的“神”？

44. 散文永远是关于一小部分人的事情，不管是较好的散文还是较差的散文，谈散文和写散文都应该是一种先进，就像吃饭和睡觉是我们最大的共性一样，我们的另一种难以辨别大小的共性是表达和借助一些手段表达，那么散文这种表达和哪一种其他门类的表达更接近呢？诗歌？音乐？绘画？建筑？小说？

45. 散文是公共性的，还是私人性的？或者从私人性走向公共性？黑塞的散文是什么性的？卡夫卡的呢？托尔斯泰的呢？散文最终是私人性的吗？

46. 前些年，余秋雨的一本《文化苦旅》引起了很多人说话。说话的热烈气氛使人们的注意力大都集中在说话本身上，正如这本书里洋溢着的某种诱人的氛围让大家忽略它究竟说了些什么。一些理智的人开始运用历史知识校对作者的某些细节，尽管评价散文注定不应该牵扯上专业知识。现在想来，我们追问了一些无关痛痒的东西：为什么我们当时没问，既然是散文，作者本人在这本书的什么地方？当然可以回答出一些理由，比如散文的公共性什么的。

47. 散文抽去了情感之后还是散文吗？散文的最后目标是抽去那些琐琐细细的情感吗？

48. 有些散文虽然只用2000字左右，而且充满着诗的灵性，只是不涉及严重的事情，也因此变得晶莹剔透，让人再一次认真地迷恋汉语。它就像一件精致的手工艺品。在这类散文里，我们读得愉快而轻松。这又是一种怎样的散文？

49. 到底什么样的事情才更严重呢？对这个问题有多少种回答就产生多少种散文。那么，散文非得写那些重要的事情吗？

辽沈文学四章

《鸭绿江》从1996年开始[①]

同一些书籍正好相反，大多数人交口说好的文学期刊往往也确实不错。这种情形肯定同文学期刊是一种连续出版物有关。在一定时间长度内，对若干本读物获得的印象总比一时兴起扎实一些，也精确一些。一种文学期刊，让大多数读者（其中也包括专业读者）认同，既是连续的总体上的认同，也是呈某种线性状态的认同。这样，稍有训练的读者，大都能感受到某一种文学期刊，在一定时间长度内的些许变化，内容的或是形式的，抑或是两者同时的。

《鸭绿江》这本杂志的变化，也符合我以上的说法。这是一本时好时坏、近些年尤其不大好的文学期刊。有一段时间，我甚至对它充满了怨恨，拔高一点儿就是“哀其不幸，怒其不争”的那种怨恨。确实，应该感谢时间。1996年以后《鸭绿江》的变化，明显得让人毫不费力地就能感受到。

从现在已经面世的3期刊物，给我提供的一些新鲜感觉中，我领略到了这种变化的可爱。我能发现，作为文学期刊的一种可贵的品格，我一时弄不清该用什么样的句子涵盖才更稳妥些。可不可以

① 此文是作者应刘元举先生之约，为《鸭绿江》杂志写的小评论，发表在1996年某期杂志上。

这样描述：《鸭绿江》已经开始有了自己的想法并且正在勤劳地诉说着自己的想法。有自己的想法就是可贵，把这种想法连续不断地说下去并且让人认可就大于可贵了。从这3期杂志上的栏目设置、稿件选发，乃至外形设计都能感受到编者自己的想法。从1996年开始的《鸭绿江》，和以往任何一年都不大一样。我甚至想说，单从“’95以后小说”这一栏目的命名，就能让人觉察到这是一本正走在上升时期的文学期刊。似乎大多数有自己想法的文学期刊，都殚精竭虑地凸现对小说特别想法的表达，在给小说栏目命名上，这是一个既表达自己意思又让人认同的名字。我的看法是，《鸭绿江》“’95以后小说”在众多文学期刊表达自己想法的命名中，是最大气、最宽容，也最让人容易接受的一个。编者的想象力在命名的瞬间得以飞翔。这个命名下面，会容纳不同种声音，我相信编者会在以后，更大限度地使编发的小说与这个名字对称。当然，我并不否认已经展示出来的作品。《鸭绿江》有一半以上的戏就集中在这里，珍惜了这个栏目，也就珍惜了这本刊物。如果有可能，每期都有一个大散文就更好了，用两万字左右完成的散文——肯定会提供一些新的感觉。这3期刊物的散文不错。这些散文，有些已经在构建重大的心灵情节，把一些不属于散文的东西请了出去。若非得“从总体上看”，短篇小说部分显得更有说服力。我想，较差的文学期刊大体上相似，而好的文学期刊必须是各有各的好。《鸭绿江》从1996年开始无疑正向一种独立精深的方向走去。

我算不上是《鸭绿江》的忠实读者。这种情况都集中体现在1996年以前。当时，我的做法是：你好，我就在书亭里买一本；你不好，我就不买也不看。我有几位朋友正好和我不一样，他们甚至一连几年都在订这本刊物。有一次，他们为某一期刊物的文字差错而给刊物打电话。我至今为他们的做法感动。前些天，又说起《鸭绿江》是从1996年重新开始的。我们能体会到，从1996年开始的《鸭绿江》，对于读者，对于整个文学界，特别是对于辽宁的读者，意味着什么。辛苦了，编者们！现在，我关于这本刊物的想法正在向那些忠实的读者靠拢。这本刊物是我们大家的，大家切实关注这本刊物，就像编者们得挺住一样——几乎意味着这本刊物的全部。

爱的河流是怎样流淌的/对津子围[①]的长篇《爱的河流》[②]的一种印象

“世纪之交”这个语汇，在2000年这个特定的年份里出现的频率，已经不亚于“因特网”这个新词出现的频率。那么，在这个特定的年份里，我们的一些比较活跃的作家都爱用一些什么样的语汇来描述这个特殊的时期呢？这是个单看问题就能猜出答案而又比较复杂的问题。我在这篇短文里肯定无法做到大面积地回答它，但触及一点皮毛还是必要的。

在这个年份过去大半的时候，贾平凹写出了《怀念狼》，铁凝写了《大浴女》，陈染写了《声声断断》等，还有就是我要谈的津子围，他写了《爱的河流》。这些长篇新作，细心的读者单凭书名就应该能感受到某种暗示，在平面上，我们也许会产生这样的误解——作家们是不是开始迎合了一种大众化的阅读，或者说有媚俗的倾向？可在你读完全书之后你就会发现作家的严肃性，他们共同的那一部分东西就是：关怀、坚持、倾听、虔诚、希望、透析等等与之相关的语汇很容易进入阅读后思考者的心灵。我们甚至可以像一些活跃而坚定的评论家那样粗暴地定义一下这种状况：他们在大众化的写作中提升了某种东西，或者这样说——他们都努力在不伤害自身叙事品位的前提下，尽量通俗地体现一种精神性。我们也可以粗暴地说：精神性是这个年份里，一些优秀而活跃的作家内心的语汇，使精神性通俗化是他们的努力方向。尽管这个语汇的传播方式与“世

① 津子围，大连作家。

② 津子围：《爱的河流》，沈阳：春风文艺出版社，2000年。

纪之交”“因特网”的传播方式有所不同，但事实已经在验证：尽量使小说变得温暖而通俗，已经是这一时期里作家的主要想法了。

当然，我们知道“世纪之交”和“因特网”构成了坚持精神性的背景。前者是“时”的背景，后者是“空”的背景，同时也是方式的背景。这两个语汇都应该谈及津子围《爱的河流》这样小说的背景。津子围也和那些操持这种语汇的作家们一样，在这个特定的时空中努力描述这个时期的精神难题。他选择了精神世界中重要的问题之一：爱。在写这个字的时候，我和大家一样像被什么异样的东西碰撞了一下，就像这部作品本身所发射出来的振动波一样，再一次延长了我们的感觉。这时，我闭上眼睛就可以想象到：爱是一棵枝叶繁茂的大树，我们晃动一下，就会有东西从上面落下来，落在我们的心上也有眼里，那肯定不单单是用“果实”两个字来涵盖得了的。我们关心的是：津子围从那棵树上摇下了什么？他又以怎样的姿态拾起来并奉献给我们的？爱的树木有着一种特殊的禀赋，它需要人借助某种符合它的禀赋方式才能发生联系。就像我们知道的那样，津子围构造了一条河流，一条爱的河流，他以这种方式接近了它或者干脆就是重叠了一部分它。爱是流动的树木，它走过时空，走到了我们当下这个时段。

构造这条河流的基本工具是津子围的叙述方式。这一次，津子围讲起爱的故事和以往有很大的不同，他努力追求一种平静而伤感的语言，就凭这样的语气他推动着唐凌和易丹的故事一点点行进，也推动着夏乃红和崔大伟（安浩）的故事跌宕起伏。这是一种河流般流动的状态，一种与故事本身气韵接近一致的语言：伤感、缠绵、明晰。

津子围试图把想说的主题放在时间里，让它任意流淌，就像水本身一样。这样，故事就形成了较为丰富的形态。唐凌和夏乃红等作品中人物对爱的理解同时呈现了多样性。这些多样性里甚至有明显不同的东西。他努力在纷乱的世相中浸透出对爱的理解方式。唐凌的古典特征和夏乃红的现代感构成了一种“极地”方式，同时也是“两极”关系。同时处于一个背景下，我们怎样理解他们？在时间的长河中，这两种方式都将历史地湮没部分细节，只能剩下抽象的印证。这样，能使人感动的部分就具有了它永久性的特征。津子围无疑想打通时间这一横隔而提示我们，存在着一种穿越历史的温情原本存在于我们的心灵深处。我还这样想，津子围关于爱的描述特点就是呈现，在多样性中呈现真爱，在时间长河里表达爱的永恒性。只是，他的规模的确是小了一些。

《爱的河流》中所流露出的一些较为丰厚的人性细节和现实感无疑也是这部小长篇使人容易一口气读完的重要因素。唐凌的社会身份是公务员，在津子围的小说中，很多主人公都是官场中人，他不同于那些用否定的态度绝对地理解官场中人物的作家，几乎每一次都能写出在这一环境中生存的人们的温情部分，他的这一创作指向至今没有被注意。这种状态，对那些常常以人文知识分子内心纠缠为主体的故事也是一种丰富。

《爱的河流》里有这样一段话：转瞬间，我们的故事就成了上一个世纪的往事与怀想了。上个世纪的天空弥漫着浓重的色彩，在时间的长河里，爱情成了倒影，成了我们个人生活历史中的经典财富。在此基础上理解这部小说，使我们较为清晰地在《爱的河流》中体会出津子围为提升伦理叙事品位所作的努力。

关于黄瑞[①]及其部分报告文学的提纲[②]

●需要重新界定报告文学这个体裁的意义吗？

1. 从20世纪80年代以来的报告文学的基本书写方式的变化

---

① 黄瑞，报告文学作家，大连人。

② 这是2000年9月，作者在大连参加黄瑞报告文学研讨会的发言提纲。

80年代的报告文学主要是批评、鞭笞和不合作；那么，现在呢？主要是讴歌和赞扬。但是，我们可以马上就判断出后者的力量就肯定是削弱了吗？这就不是一个简单的问题了。张艺谋说了这样一句话："整个世界都沸腾了，一些作家还在那里无病呻吟，没劲。"之后，他又说了一个同样的词。张艺谋至少是说出了一个问题：那就是我们得关心当下的生活。但是，应该关心生活的哪一部分呢？我一时无法说清。我只知道报告文学已经拥有了新的定义。你也不能马上就说这是倒退。我们已经感受到了一个作家的局限，现在的变化我更愿意理解为仅仅是方式的变化。现在的报告文学有些已经在一声不吭地干着赞美生活的事情。发现平民人格完美的力量是一个例证，讴歌劳动也是一种例证。参与火热的现实生活并没有什么不好。还有就是：当一种文体不再热络的时候，极有可能是它发生巨大变化的时候。但是，自从80年代以来的报告文学的变化几乎把整个文学精神的变化折射出来了。

2. 报告文学的基本含义

"报告"即当下性和即时性，它主要是说"报告什么"；"文学"毫无疑问是文学性，也就是说"怎么报告"。

看来，"报告"什么和怎么"报告"是这个问题的核心了。在展开对黄瑞的作品讨论之前，我们的确有必要重温一下关于这个问题的基础部分。

再细致一下："报告"什么就是用什么样的眼睛去发现——可以发现丑，也可以发现美。总之得有足够的人性力量。这不用太多的篇幅讨论。

3. 在特定的环境中求得一个特定的位置

其实，我们在提出讨论报告文学的体裁变化的时候它已经悄悄地发生了一些质的变化。我们对此重新界定已经是多此一举的了。没有必要老像祥林嫂那样始终重复一句话。只能把怀念留在心底。一些坚持80年代的方式书写的执迷不悟者不是贪了官司就是隐藏在地下书摊里。现在，也要取得现实生存的报告文学作家们正在转变策略，依靠另一种方式坚持着。这也没什么不好，它们毕竟在维持着报告文学的香火不断。我们大家已经习惯了不指望一个文学体裁承担过多的压力。有困难大家一起承担本来就一直是我们的美德嘛。这样，我们以下的讨论才能得以正常进行。

●黄瑞的作品存在哪些特征？

“怎么报告”上的三个问题：

1. 较好的叙事技巧：在黄瑞的部分报告文学里，文学的因素无疑是密集的。肯定是由于他具有一定的小说写作经历，这样，他的一些报告文学作品大都是由一连串的故事组合在一起的。也是由于同样的一种原因，即使他在操作一篇特别的主题先行的作品的时候，也能让人读下去。他已经不是那种单纯意义上的叙述快感了。

2. 朴实的文风：黄瑞的低姿态写作导致了他的文风的问题。我定义的所谓“低姿态写作”不同于“平民视角”，后者是故意作出来的，是自觉的行为；前者是一种不露痕迹的已经和整个的写作联系在一起了。这就导致了有一些题材黄瑞能弄，一些经常进行形而上思考的人反而弄不了。黄瑞肯定知道他在哪些部分是在报告，哪些部分是在文学。他的和大众不保持距离的文风就这样形成了。这没什么不好，主要得看他在多大程度上与大众的趣味真正地贴近了。

3. 细节的力量：黄瑞的细节并不是都能打动黄瑞的细节，是黄瑞猜想能打动大众的细节。也就是说，黄瑞比一般的作者更了解大众对什么样的细节感兴趣。无论是在戚玉秀还是在姜云胜的故事中，我们时常能被一些特别的细节打动，就很能说明这个问题。这个问题的核心就是黄瑞在努力和大众保持一致，理解“平民英雄”的角度的时候，并努力地寻找打动大众的那一部分东西。其实，黄瑞的一些细节在其他的作家的眼里已经是不存在的了，但在黄瑞的心里却是可以亮晶晶的。这就是黄瑞的细节，也是他的方法论。他就是动用这些工具在没有英雄的年代里制造着一个又一个平民英雄的。

仔细了解黄瑞的细节也就得知了他的一些倾向。但是，现在可以明了的是，黄瑞已经是一个考虑平民问题的报告文学家了。

“报告什么”上的三个问题

1. 进入生活本身的人：正如前面提到的，黄瑞所要报告的人，无一不是进入现实生活本身的人。这些人都是活生生的离大众的生活最近的人。黄瑞对整个“报告文学家族”的突出的贡献也就在于此。他能用平民的心态发现英雄，发现当下现实生活中的具有现实力量的人。

2. 具有人格力量的人：黄瑞所报告的人的“人格力量”是与在改变现实的部分中的具体作为联系在一起的。他们的精神是与改变现实无法分割的，这就不同于其他的一些纯精神领域中的人。他们大多是普通的劳动者。他们的力量是与改变现实的力量联系在一起的。这才是最动人的部分。

3. 赞美劳动：黄瑞在赞美劳动。是，确实是这样。我们一提到赞美劳动往往以为是最简单的事情，也就是在这样“最简单的事情”上，很多的人丧失了能力。我们确实是很少考虑这样的一些看起来简单的问题，它其实是我们的人类生活中的一个极其重要的方面。一切的矛盾都是在劳动中产生出来的；人的一切力量也都是在劳动中产生的。他倾注了情感，他相信他所写的东西，这本身就是很了不起的事情。

黄瑞及其报告文学的意义

1. 报告文学如何与市场对接：在文学及艺术的各种门类中，就其进入市场的强弱的走势来看，这几年的报告文学是明显的弱势。我是说，当一种门类能保持住自己的贞操，拥有能赢得市场的认可的机会，这确实不是一件容易的事情。在很多的报告文学堕落成为恬不知耻的捧场文学之后，黄瑞的东西能保持一种相对的独立性，这就值得研究了。黄瑞回避了一些东西，但力争说出来的都是能够立住的东西，实属不易。我的意思是至少他报告的是在一定的时间内在主流的意识形态里有明确认可的东西。他报告的人是正在为人民服务的人。黄瑞不招灾不惹祸地在这里找市场，这没什么不好？在尽可能准确的赞美中求生存是报告文学在这几年失去烈性之后的一种无奈的选择。

2. 拓宽报告的范围：在拓宽报告的范围方面，黄瑞做得爽朗。通过他的一些作品可以看出，他具有比较敏锐的现实嗅觉。他在自己熟悉的领域里尽可能地把蛋糕做大。领导者、经商者、社会工作者一应俱全。在应时和应效性上做拓宽报告范围的文章，这样才有更多的人读他的东西。

3. 文风和深入生活：大家早已看出，黄瑞的东西不是闭门造出来的，而是花了较大的力气才产生的东西。他和被报告的人吃住在一起是常有的事情。这样，他的文风才能朴实、感人。在和火热的现实生活联系在一起上，黄瑞走的路子是正确的。其实，应该是报告文学作家的根本方面，但是有一些人却忽略了常识。无论赞美还是不赞美都应该深入了解，这既是报告文学作家的文风，也是品格，我们不要在刚一上路的时候就走错了。

●黄瑞作品的不足

1. 心灵深度和性格的二重性方面：在赞美人的时候能否出现有震撼力的东西呢？毫无疑问，答案是肯定的。那么，黄瑞的报告文学中缺少什么呢？缺少平民英雄的心灵深度。什么是他们的心灵深度？是错综复杂的人性的细节根据，按照人的方式理解他们。就这些。

2. 浸透时代背景和揭示矛盾方面：其实，缺乏人性的深度肯定要导致关于理解有关当事人的时代背景的一些必须交代的矛盾的背景的故意回避。作为一个报告文学作家，黄瑞还需要勇敢一些。

3. 挖掘人物的心理背景，突出戏剧性的东西不足：这个问题本来是不应该出现在黄瑞的写作里，他有足够的叙述能力把握这些。但是，由于以上两个问题的存在，黄瑞的这个问题就应运而生了。

这已经不是单纯的技巧问题，而是方法论的问题了。

通读了一些黄瑞的代表作品之后，我产生的一些关于这些作品粗略的想法；现在看来，问题其实已经不单是黄瑞作品的问题了。当然，一个报告文学作家的勇气如何确立呢？是靠个人的力量还是依靠大多数人的力量？黄瑞拥有较好的技巧，若深究起来，还是存在一些需要他自己的能力解决的问题。我还是以为他能报告得更好，他应该有这个能力。

关于蓝歌报告文学三部曲的评论提纲[①]

1. 给蓝歌的报告文学定位是一件必须要做的事情。

不给定一个准确的定位就无法估量其特定的意义。这也是我们这一次研讨会和其他的研讨会的不同之处。

2. 蓝歌及其报告文学的特殊含义：

A. 行业性，即税收的文化性。现在，国内已经出现了关于税收文化的一种专门的学科。税收文化的建设主要是解决在税收的实践活动中，人的问题和由人引发的一系列的文化问题。在税收的文化建设方面，蓝歌的报告文学能否起到潜在的作用？这是一个不能回避的问题。

B. 文学性。在蓝歌的报告文学里，文学性占了多大的比例，它是否成为一种手段而不是一种目的？我的意思是说，如果脱离了蓝歌报告文学的税收文化性来谈他的文学性的意义，就会出现不明不白的一种结果。

3. 现在，我们就可以开始讨论蓝歌报告文学的功用：

蓝歌的报告文学的基本特征：在税收文化的背景下考虑问题，尚停留在浅层状态；以人为本的写作策略，对人性的理解尚欠深度；

---

① 1999年秋天，应辽宁文学院之邀赴阜新参加蓝歌报告文学作品研讨会，这一片段是当时的发言提纲。

以真以情，尚需提炼，同时加强自身修为。

4. 由蓝歌报告文学缺憾引发的相关思考：

如何立足本职工作，并结合本职工作犁出一块属于自己的文学地界；

如何增加报告文学的文学性，目前的问题是蓝歌对文学本身尚欠理解；

如何挖掘出那些诚实的劳动者心灵背后的东西，并涉及内心冲突，这些还远远不够；

如何提高报告文学的整体品位，尚需从提升作者人格境界入手解决问题。

国有虞，虞有《东吴学术》

知常熟在苏东南，苏州辖的县级市；还知该城可能比我家客厅都干净漂亮，曾被国际某组织呼为“国际花园城市”；不知该市有常熟理工学院这等大学；刚知该院有《东吴学术》——林建法先生赠刊并相告。经查，常熟简称虞。

该号凡160面、近30万字、总26篇文章，分布在“东吴讲堂”“哲学文化”“现代中国文学”“经济与政治”“社会与历史”“苏州研究”“随笔与书评”7个栏目。搭眼可辨，其作者阵容强悍、论题凛冽，宛若秋夜疾雨扑面，又疑似常熟之地标——此事也就建法先生能干得出来。近日，我将此刊晋放在自家卫生间——近年来，国内一些较重要的报刊才能入我茅厕。我分批次地通读了一遍，包括那些看不懂的篇章。现将书眉辑录、随想等留存，相当于“到此一游”，亦一并告慰林先生赠刊。

《李泽厚哲学体系的门外描述》，刘再复

此文系作者日前在常熟理工学院“东吴讲堂”上的讲演。近年，刘再复在美国常常与李泽厚先生聊天，比较熟知李本人及李的美学系统。刘文描绘出李美学的结构、板块、主题词，包括自己的二度阐释，不熟悉、不热爱不会拥有这样的理解角度、高度。在我的印象里，李泽厚先生是大哲学家，主要是实践哲学领域，能与他比肩只有刘小枫，但我更喜欢后者。我国这两大哲人均健且在：李还好，被国人认知；刘呢？很少有人知道。这已不单是“远贵贱近，贵耳贱目”的国人传统——我国知识人不愿意相信和我同吃同住的家伙会成为什么大师，而是研习的顺序：李是客厅，刘是书房，一般来说，到书房，必经客厅。也可以说，李是大课，刘是小灶。

刘前辈描述精准，李哲学包括“纯粹哲学”“历史哲学”“伦理哲学”“文化哲学”“美学哲学”等板块，且体系较为严密。针对刘的描述，场外的鲁枢元教授的当庭提问，让我觉得过瘾——其实，鲁教授的问题就是李哲学的欠缺，那就是缺少自然哲学这一重要的部分。刘未正面回答，也许真的是时间的关系。鲁教授不错，敢问。

刘存在的问题是，如何全面地理解像李泽厚这样的哲学大师。除考察他所经历的一切风景外，还要熟悉他的外部环境，即相关哲学体系，这样才不至于出现就事论事的情况。比如，我们从罗素和他的《西方哲学史》中，可以看出罗素的两个主要特征：一是视野宽阔；二是始终的批评眼界。我的意思是，李泽厚的哲学是逻辑、体系，甚至常识，但不要仅仅理解逻辑、体系和常识，我们不能陷进去。

《下现实主义与经典背反》，陈众议

读学术刊物的一个好处就是可学到新词，比如，陈众议先生的“下现实主义”，其解如下：“简而言之，下现实主义，是指现实主义如何直上而下地走到了今天，以至于物主义和下半身写作甚嚣尘上，不亦乐乎。”其实，再没有比现实主义更宽厚的概念了，不要人为地封闭它；“下现实主义”应该更为丰富，应该不只是物和肉。当然，为论述方便，亦可这样先顺下来。其实，这篇文章已说清三个问题——何谓下现实主义、何谓经典、两者如何二律背反。陈众议先生是西班牙语文学的重要翻译家、批评家，我看过他的杰作《魔幻现实主义大师》。

《我想写出一个国家的疼痛》，王侃、余华

王侃的提问，专业、刁钻、稳健，且心有戚戚焉；余华的回答，灵动、感性、烦躁，且狡辩始终。对照刘再复在前面的演讲里说过的话——道德的崩溃正是从各种诡辩开始的。我想说，余华的逻辑力也是在自己的诡辩里逐渐丧失的。不要再说《兄弟》了，特别是“下《兄弟》”，我们一起尽快忘记这次令人遗憾的创作吧。对于各种各类小说，我们都是专业读者，也许，我们此刻比任何时候都知道什么是好的小说。这次没考好，那就下次努力呗。写小说和堆积木的差别是，与量的积累没有关系——即使平庸两次也无妨，你仍然是最优异的作家。让我们一起重温刘再复先生刚刚说过的话：“真正的创造是在已有的艺术高峰上寻找新的再创造的潜在可能性，而不是在原有创造中进行一种颠覆。”（见《东吴学术》创刊号，第11页。）

《儒学与外来文化的传人》，汤一介

此文涉及专业的史学知识，我不懂。但是，我看出了行文流畅、逻辑绵密。陈众议先生的《卜现实主义与经典背反》，在行文中恰恰缺乏这些。

《中国哲学在共和国前期的演进》，张法

这是一篇非常好玩的文章。该文从共和国建立后的新哲学和旧哲学、苏联哲学范式与哲学史的写作标准谈起，重在描述共和国前期的哲学演进，意在勾勒三次哲学论证。读后的感觉是缺东西。缺少什么呢？缺少哲学本身。这让我想起几个笨孩子和一个粗暴的父亲，在三个错误的答案中争论哪个是正确的，而且争论得面红耳赤。最后，父亲发飙，出手打了孩子。我能看出张法先生是个谦谦君子，他会不动声色。哪位有心，弄一篇《中国哲学在改革开放时期的演进》，照张文模式结构，肯定是好文章。当代哲学真正的争论焦点是什么？这问题存在否？

长篇小说《古炉》后记，贾平凹

老贾又写长篇了，他始终保持着中国农民勤劳的良好习惯。这是一个被彻底文学化了的人。那时，记忆，关于“文革”记忆已经主宰了这个优异的作家。就在他写这篇文章的时候，还处于一种虚弱的状态中，就像一个刚刚生下孩子的高龄产妇。一笑，就那么一笑，全世界都为之动容。这个后记，无疑是贾的一篇重要作品，不同于往日的前言或后记。我推测，此后记应该是《古炉》的一部分。还可以推测，他是从一个村庄开始切入政治核心，我只是想看看那些细部。我不喜欢他的小说，节奏缓慢、故事平庸，而且泥沙俱下。但我还是认为，他是中国最好的作家之一，而且我推测，其《废都》可传世。理由是，他悲悯、真诚、有胸怀、想大事，还有就是人好。比如，在这篇后记里，还将对自己的提醒概括为“四个一定”（即：一定不要贪恋位子，不吃粉凉便腾板凳；一定不要太去抛头露面，能不参加的活动坚决抹下脸去拒绝；一定不要偏执；一定不要嫉妒别人），而且还逐条做到。多厚道的人哪，这样的好作家上哪儿找去呢？

《多重叠影下的深度象征——试析苏伟贞小说创作中的三个文本》，陈思和

读陈思和先生的文章，总能让我想起亚麻布——通体流畅、结体疏朗、绵密有致、笔笔有踪、质感通透，且具有浓厚的手工味道。我不知道苏伟贞，更没有读过她的小说。但读过此文，我便可以推测、还原苏伟贞的小说文本，甚至让我对感官素材、人性辩证、潜文本这些陌生而硬朗的概念产生了亲切感。这些，都源于陈思和先生对文本的细读、贴近与穿透——陈思和先生，通过对《陪他一段》《沉默之岛》和《时光队伍》的细读，提炼出诸多切中要害的批评，乃至包括关于当代文学的导向性结论。我一直敬重那些细读文本的批评家。就是这位陈思和先生，曾提出“新文学整体观”、“潜在写作”、中国文学世界性因素、“共名”与“无名”等概念，并已建构起一个自主、自足的史学体系和文学思想理论体系，传达了文学批评参与建构文学史的可能性，毫无疑问，他是当代文学最重要的文学史家和批评家。

现在的问题是，陈先生需要针对当代文学创作继续提出方向性问题。“如果你不开口，那些没有史学眼界的新潮批评家们就会词不达意，甚至混淆视听。史就是时间，你最有时间概念。当文学批评有了史的时间概念，就会形成一种别样的状态：既能潜入文本，又能站在高处发出声音，我们的确需要这样的醍醐灌顶。”8月中旬，在陈思和文学思想学术研讨会午餐时，我对陈先生表达了这样的个人看法，思和先生不停地点头。

《现代文学的终结》，格非

其实，王蒙先生在20世纪提出“作家学者化”以来，经我排查，还没有几个作家真正被“化”。马原，在上海灌输自己顽强的马式小说观；王安忆女士在同样的地方教授自身的创作经验，同时从事着打造写作硕士生的营生。无疑，他们都表达着对小说的自我认知，都是作家在讲课。格非，也就是格非在清华的授课，的确像个教授，他能像教授那样思维，有体系，同时发现并论及理论层面的问题。格非这篇文章的意义，就是清澈地告诉我们，现代文学的终结，而不是文学本身的终结，就是文学现代意义的死亡。这是不同的两个概念。其论理、论据、论点、义理、考据、辞章等，均能让我信服。读完这篇文章，我想起他的长篇小说《人面桃花》。这是一部精细、精准、极见功力的作品，甚至字里行间传达的东西，均能在中国古典小说里面找到出处，他就像一个勤勉的工匠，刀刀见功，笔笔入木。但是，读完全篇，掩卷便发现有个问题——还是不能和他的《迷舟》《褐色鸟群》《青黄》等早期作品相比，到底缺少什么呢？也许，也许就是浑然天成的东西。是不是格非教授在做小说这个行当里太明白、太自觉，反而出现了人工痕迹？看来，那些灵异的小说的确不是人在写，是神在写，人类只能速记。看来，作家该不该被“化”以及怎样被“化”，同样是个问题。

《史诗问题与汉语区口述传统》，林岗

这篇文章的焦点是上古中国究竟有没有史诗——非常学术的问题。林岗先生从古代文明及口述传统与史诗、口头活动的三种类型，中国上古口述传统等，层层递进，试图证明他的论点，即：史诗从上古时代起未在汉语区流传的根本原因，是汉语区域缺乏让史诗流传发育的“口述传统”；汉语史诗不是失传、消散，而是根本不曾存在过。尽管文中涉及很多东西我不了解，但不妨碍我认为这是一篇优异的文章，具有好文章的所有属性，当然，我是指概念清晰、逻辑缜密、自圆其说之外的东西，比如，文气贯注、接榫通透之类。等我读完阿诺德·汤恩比的《历史研究》，我会再读这篇文章。

《从规模扩张向品质提升：中国城镇化进程的战略转型》，潘家华

其实，这是一篇关于城市发展的论文。作者从强劲的经济增长助推城市规模扩张入手，指出城镇化进程出现的明显失衡现象，进而提出体制因素强化自然与社会经济发展的不平衡，最后得出城市从外延扩张向品质提升的转型必然，规范城镇化管理促进全面转型的几点措施。这样的论文我不喜欢。不是不喜欢人家的论题，是不喜欢他的表述方式，郁闷、官样化，还有就是不简洁。

《就业管制与劳动力市场绩效》，代懋、杨伟国

这篇文章太专业，我不懂。从行文看，不错。

《社会质量理论：一个研究综述》，韩克庆

尽管专业化较强，但我还是看懂了，缘于作者文字表述准确、清晰。我认为，此文可以作为社科类论文的样本。

《文化智力的概念、结构及其在国际人力资源开发中的应用》，徐世勇、李育辉、李慧

我喜欢"文化智力"这个概念。网上有则资料介绍说，在伦敦希思罗等国际机场，常常会看到这样的广告——广告牌上趴着一只大蚱蜢，旁边写着这样的文字：在美国，它是害虫；在中国，它是宠物；在泰国北部，它是一道开胃菜。发布这则广告的是汇丰银行，它的业务遍及全球。这则广告到底是什么意思呢？文化差异及其力量。

其实，早在两个多世纪之前分类学家就已经给蝗科昆虫下了科学定义，然而，文化的力量如此强大，以至影响到人们对蚱蜢这种低级昆虫的认识。因此，人们在异国他乡的商业环境中所接触到的人的行为、肢体动作、说话方式，很容易产生各种不同的理解，甚至导致误解并妨碍合作，这也就不足为怪了。但偶尔，一名外来者似乎具有一种天生的能力，能够像某个当地人的同胞和同事那样，理解他做出的陌生而又模棱两可的动作，甚至还能加以模仿。学者们将这种能力称为"文化智力"或者"文化商数"，简称"文商"(CQ)。

文化智力由三个要素组成：认知、行业以及情绪动机。文化智力既关乎头脑，也关乎身体和内心。

头脑死记硬背异乡文化中的信仰、习俗和禁忌，这是众多跨国公司培训项目中经常采取的方式。但是，这种方法不可能让人应对出现的每一个情形，也不可能避免出洋相。向别人请教某些习俗和含义也常常不管用，因为当地人可能不愿意向陌生人做解释，或者他们本人就很少分析自己的文化。大部分人觉得很难找到一个了解异乡文化的切入口，但是文商的认知要素处于高水平的人，能够发现一些线索，找到一种文化之中人们的共识。这些线索可以以任何形式、在任何一种情境中出现，但是它们会指出一种解读的思路，值得你为此下番功夫。

身体仅仅表明自己对东道主、客人或者同事的文化有所了解，还不足以让他们解除戒备。你的行为举止必须能向对方证明，你已经在一定程度上进入了他们的世界，无论是握手还是点咖啡，如果你能够模仿身边众人的习俗和肢体动作，就说明你尊重他们，愿意像他们一样。通过接纳别人的习惯和风格，你最终就会从根本上懂得成为他们那样的人是什么样子，而他们对你就会更加信任、更加坦率。

内心适应一种新文化需要克服各种障碍和挫折。人们只有相信自己的能力，才能做到这一点。如果他们曾经碰到过困难，并且坚持下来了，那么他们的信心就会增加，成功完成过一项任务，或者处理过一些棘手的情况，通常能给人带来信心。一个人如果不相信自己能够理解来自陌生文化背景的人，那么只要对方表现出敌意或者误解，往往就会放弃努力。与此形成对比的是，动机强烈的人，如果遇到障碍、挫折甚至失败，反而会更加努力。

这则资料的作者还说：无论是什么人，只要他付出一定的努力，都能把自己的文化智力提高到一个令人满意的水平。我觉得，这是一篇有意义的文章。

《“名教”的现代重构、讨论方法及其批判意义》，金理

此文是一篇好文章。作者从“新语”入手，说起“名教”由来、概念及其流变与现代结构，名教的运作机制与心理动因，附加介绍本课题的研究方法，最后导出现代名教的批判意义。我愿意推荐此文。

“名教”本来特指以正名分为主的封建礼教。用赫尔岑的话来说，即对名词符号的“强迫的尊重”，而这样的“敬重将会限制一个人，将会狭隘其自由”，这就是拜物，即名词符号的“拜物教”。其实，这些东西就是词语暴力，词语本身赋予的强硬的意识形态。属于思维方式问题，灵魂深处的问题。启蒙不仅仅是新的知识，而是新的思维方式。正如瞿秋白所说，中国现代的文人、书生对于宇宙间的一切现象，都不会有亲切的了解，往往会把自己变成一大堆抽象的名词的化身。一切都有一个名词，但是没有实感……对于实际生活总像雾里看花似的，隔着一层膜。其实，只有把握整体的、能动的精神，才能在活生生的现实中处理、重建自身的名实关系。

一种索引：开始或全部[①]

关于儿童文学的断想[②]

1. 儿童文学是作家的最初境界和最后境界——就像小孩和老人。我的意思是说，儿童文学是考验作家境界的文体，欧美的作家大都写过这种文体，如马克·吐温的《汤姆·索亚历险记》，拉格洛夫的《骑鹅旅行记》。

2. 应该集中一段时间对中国当代重要儿童文学作家和作品给予评论。作品的体裁包括儿童小说、童话和一些儿童文学的一些边缘性的东西；作家包括代表类的、新生类的；还应该有关于作家和作品的评论的评论。

3. 儿童文学评论的生成方式：介乎于学院派和实用派之间的一种东西。探索儿童文学评论的一种崭新的话语模式。重在阐释作品，使作品的意义在评论中再次生成和发现。

4. 儿童文学的几个理论问题。

---

① 在我写作的这些年，常常出现一些只有开头的文章，有的时候过后可以接上；但在更多的时候，只能是以开头的方式存在了。这一组就是这样。

② 这是一篇和上海《儿童文学评论》唐兵女士的通信。当时和肖显志、薛涛等儿童文学作家在一起讨论儿童文学的一些理论问题，写给唐兵女士的信。

儿童文学的价值与发展的取向；

网络儿童文学和平面文字儿童文学的发展估价；

成人写作的儿童文学与青少年写作的儿童文学之比较；

代表性儿童文学作家的个案分析；

代表性作品的个案分析；

成人文学的儿童文学倾向；

国外当代儿童文学和我国当代儿童文学评介与比较。

5. 近期的几个选题：

我国当下有代表性的儿童文学作家的儿童文学词典解释；

在这几位作家的创作中抓住体现他们创作特征的一些关键的要素并且解释，用一些相关的概念来建构他们的理论框架。也就是说，改变一下传统的儿童文学评论文章的写作言说模式，采取一些本身就具有一定张力的、形式感极为突出的东西来阐述儿童文学。让评论的文章本身就具有创作的力量。

新书或单篇的中短篇作品的点击式评论，每篇在1500字以内。

跟踪儿童文学期刊所提供的有评论价值的作品，给予快速的读后点击。

对有争议的作品进行辨析，尽量引起一定范围内的争论，相对地打破一下儿童文学评论界平静的局面。

对儿童文学的新生代作家给予一定的关注。

在条件允许的情况下，组织一次当代儿童文学作家的童年生活的动议式的主题调查，把调查文本总结成评论的文本资料。

对国内的一些非儿童小说家所写的儿童文学作品给予关注，总结他们有代表性意义的创作倾向。

6. 努力把儿童文学的评论话语引入泛文学的话语体系中。现在大多数文学评论刊物对儿童文学的创作没有给予足够的重视，有一方面的原因就是始终机械地把儿童文学创作仅仅当作整个文学创作中的一个特例。要在一定程度上打破这样一种认识，就要付出一定的努力。

关于吴亮不干了

吴亮是个不错的文学评论家，尽管他没说自己是国内最棒的文学评论家或者是小说评论家。兰德尔·贾雷尔[①]，在1953年曾经说过这样一句话：读者，真正的读者，几乎同作家一样是野蛮民族，而大多数批评家则属于——似乎建立了种种制度的驯顺民族。我想说的是，吴亮是真正的读者，他与他所关注的每一位作家都能相和而又保持他自己的个性。在相当长一段时间里，我对某些作品的判断，在吴亮那里得到印证。

"吴亮不干了"的意思是，从1994年他不再搞文学评论或者小说评论了。这是他自己说的，似乎还论述了一些理由，但我记不清了，那篇文章登在《今日先锋》上。他说他今后要搞一些现代美术评论之类。

吴亮有些令人猝不及防——干得好好的，怎么说不干就不干了呢？先锋小说家们缺少了一位野蛮而理智的关注者。也许过不了多久，又会有一个马亮、刘亮、乔亮在小说批评界出现，一般来说都代替不了吴亮。我想说的是，吴亮作为小说评论家的特殊性。我并不想涉及吴亮为什么不干了，那是他的私事。有些事情都是有了结尾才明白开头的。吴亮一直认为自己不属于小说批评界，我看他是想说他属于艺术批评界。

吴亮的小说批评是野蛮而理智的。现在说他不干了，有点类似悼词，我有些心动。而吴亮让我第一次心动是在1993年秋天，他说，而且是指名道姓，现在坚持精神性也就是坚持人类理想的小说家有"张承志、史铁生、韩少功、李杭育、王安忆、余华还有洪峰"。他当时还承认说，自己忘记了刘恒与王朔。这是在我的记忆里第一次，至少在国内，能明确以精神性为原则，对走红的国内先锋

① 美国诗人。

小说家们进行分野。当时，我很有想法——说冲动不太准确，其中有痛快的成分。坚持精神性——中国小说家缺少的正是这些。我说过，许多事情都是有了结尾才明白开头的。当我再一次读吴亮的文章时，才发现了他大多数文学批评都贯穿着精神性原则。

现在，一些小说在形式上和内容上业已成为朋友间的窃窃私语，“对于写小说的人和读小说的都是一种精神奢侈的表现”[①]。到底是小说缺少了什么，还是读者缺少了什么？热爱时尚和生活的人根本不用读什么小说大说，然而热爱生命的人肯定会成为小说的读者，小说坚持一种精神性，就是人类理想，献给那些热爱生命的人。人类理想的最后指向就是每个人都希望自己及他人都成为严格意义上的完整意义上的人。你选择了小说家这一职业，你就得首先成为这样的人，并且站在这样的人的立场上说话，就是说人话。现在的问题是，一些小说家不会说人话，他做小说的过程是把自己和别人变成牲畜的过程。我说的人——是严格意义上的人，完整意义上的人。我记得洪峰说过，人类的理想毕竟不因种族和地域而南辕北辙，比如说对和平的渴望，对爱的珍视，同情心，宽容，诚实，所有这些人类本性中难以张扬的部分，都应该是人类自身完美的理想所在。

写到这里，突然想起满献智跟我聊起过钓鱼问题。他说，钓鱼其乐无穷，比写小说更好。我说我的心性钓不了鱼，鱼不会上钩的。他说，鲢鱼最干净，但肉不好吃，汤好喝；鲫鱼最脏，肉好吃，汤一般。他当时旨在陈述鲢鱼和鲫鱼的肉食特点，继续说：鲢鱼在浅水层，鲫鱼在深水层。

一次大型的泥石流[②]

很久也没有这样的阅读经验了——大体上是这样：你在阅读的

---

① 吴亮语。

② 当时的副标题是“简论周国会的《乌鸦与折断的日子》”，文档已遗失。

时候，能时而感受到强烈的情绪波动——读者的情绪波动，是由思想的偶尔愉悦、作者的不时刺激、读者的头晕、被迫的停滞，还有对作者行文的惋惜等等构成的。这无疑是一本年轻气盛的书，它泥沙俱下，真像是一次大型的泥石流。

关于津子围小说的阅读提要[①]

津子围已经写了一大批各种样式的作品，但始终也没有遭到批评界的注视——这是事实。另一个与此关系不大的事实是——津子围的创作呈现出一种芜杂的状态。单就为数不少的中、短篇小说就存在这个问题。我们先不讨论这种境况是好是坏，只是描述一个事实。我一直认为，阅读和写作有一个相通的地方，那就是：它被完成之后需要一段搁置的时间，在这样的一段时间里一些表层的东西像沙子一样地落了下来，而遗落的部分就是我们需要寻找的东西。写作后的搁置便于产生新的判断；阅读后的搁置适合评说几句。自从读完津子围的中、短篇已经有大约一个月的时间了，至于我能对哪些东西产生联想或者有联想的冲动，我自己也不清楚。如果有兴趣就让我们一起来看一下：

两条线索或是三条线索

津子围要讲的故事大体上有两条线索。若归纳起来就是：一条是现在时的故事；一条是过去时的故事。

---

① 这是一篇丢失的文章的开头。2000年冬天，写了一篇《关于津子围小说的阅读提要》，因为机器故障，现在就剩下这一小块了。

北纬53度[①]

去一些特别的地方需要特别的季节
比如去北极村必须是冬季
当然　我指的是男人

有些东西必须牢固地安放在地上
比如　回家的路
有些东西必须放在树上
比如　我们那颗漂泊的心

对于我来说，2000年的上半年可以用“麻木”这两个字来形容。在这样的一段时间里，我体会到了大多数中年人生活在日常里的全部的心思：没有大的喜悦，也没有大的悲伤，时间在他的指缝里一点一点地流淌过去，可以说是没有一点尖锐的东西。总之，那是一种接受式的生活，接受生活给予的好的东西和一些不好的东西。在更多的时候，我又开始认为生活本身就应该是这个样子了。我对什么“世纪之交”这类词汇不感兴趣，这又是一个脱离了个体感受的公共名词。恰恰是由于这些词汇的肆虐麻木了我的一些灵性。那一段时间，我经历了一些用不着多大的努力就可以忘记的事情。我当时急于想搞清楚的是：我是否可以继续写字。我一度认为我的写作生活就在这样的时间里结束了。我也不再喜欢“作家”这一个普通的名词。我的一些脆弱的东西开始坚硬，就像蛹被蚕丝包裹着那样；又不

① 这篇散文丢失得十分可惜。写北极村的。1999年秋天，辽宁省作家协会组织若干位作家赴加格达奇军分区边防九团，我们在那个地方待了10来天。那10来天，怎么说呢？我的生命里因为有了那10来天才觉得相对丰盈一些。我太怀念这篇东西了。我知道，它还会来找我的。

像蛹被蚕丝包裹那样，蛹在那里面还能呼吸，有时还能感受到痛。

就在这样的时候，我到了一个叫富拉尔基的地方。就像这个有些奇怪的地名一样，那个地方给我最大的感受是……人在脱离现实的时候，才是可以被称赞的。那是一个在中国民族工业发展史上可以重重地写上一笔的地方。一种叫作文化的东西已经深深地扎根在土地上。我们知道，进入一个城市就像进入一个故事或是一首歌曲，不同的角度产生不同的感受。肯定是由于我这次进入富拉尔基选择了一种最让人安静的方式，尽管这样，我还是愿意一厢情愿地理解它：它本身就是一个使人安静的地方。

善良怎样才能长成一棵高树[①]

一连好些天，我的身体内部发生了细微的变化。我对声音和嗅觉这些原来反应迟钝的部分，有了较为敏锐的感觉。比如，读书的时候，时而能清晰地听见水房漏水的滴答声，还有时钟走动的声音，我还能在心里把这两种相似的声音做一些比较。在这样的时刻，我想写一写对原野散文的印象……

1995年年末，我的阅读生活混乱，助长了我的某种复杂的心情——那是无法进入阅读状态的日子。拿了一本书，常常是读了几页又放下，我毫不费力地知道自己的思维进入一种无法统一的情景。在这个情景里，支配我的不再是一些可感的东西，而是一些略显生硬的逻辑演绎，我似乎想一下子从某种已知的因素推演出未知的结果。我拒绝把自己比喻成一棵缺乏足够温度的老树，尽管这些说法也接近真情。不过，我必须同情自己。搞不清什么原因，那些天，即使是闭着眼睛，抓到手里的仍然是一些使我走向另一种方向的书，这些书肯定是比较特别的。然而，问题也出现在这里，这些书，使

① 这篇东西是写原野散文的，当初是写在一个本子上，后来我在电脑里也发现了它。没有完成的原因是什么呢？不记得了。

我一点一点或者陡然地向那个方向滑去，我还没有弄清自己是否具备回来的能力。那些天，我几乎是需要用另外一种方式——不激烈的方式写出的书。

原野把《善良是一棵矮树》交到我手上时是在他家里，他有足够的理由迈着轻缓的脚步向我走来，并把这本书送给我。我必须双手接过这本书，理由除了同样是在家里之外，还有当时原野放了音乐。我搞不大清那是什么音乐，不过我能感受到那是一种使我的心里杂念降到最低限度的音乐。可以说，那是让人的心灵积极起来的一种声音。原野能讲出来，那是由若干种不同的声音的集合，而且我听得出，他讲的应该是有道理的——原野卧室里，那一架没有杂音的音响机器以及那些同样静静地待在那里一排排精致的小唱片，为我的判断提供着足够的辅证。我在音乐中翻着这本书，努力地听懂那种声音。原野当时说了那曲子的名字，我没记住。能记住的是，那一刻，我认为自己很温柔。那是一间并不复杂的屋子，几乎可以说是简洁。那也同样是一个并不复杂的场景，我能记住并且愿意把这些说出来，又接近当时的真实状况，除了是对自己记忆力的表彰之外，较为突出的原因就是，阅读《善良是一棵矮树》肯定起到了唤醒作用。读这本书的时候，我有好几次想起这些。

相逼得别太急

奥运会刚开幕不到48小时，我们的心情就发生了急剧的变化：由希望一下子变成了失望。当然，还不是绝望的时候。不到刀压在脖子上的时候，是不会服输的，这无疑是我们这个国家的传统的美德。开始的时候，是那个小姑娘赵颖慧按着我们自己的说法是胜券在握的金牌没有拿到手；然后是体操、是举重、是沙滩排球等等一大串项目都和我们事先预想的结果不大一样，也和全国人民的希望大相径庭。一连串的大相径庭使一些像我这样没有多大沉着气的人迷惑了：怎么搞的？难道我们的计划就这样落空了吗？

看起来，我们的计划确实是要落空了。转念一想，不对呀，我们凭什么要给自己规定什么计划呢？当记者们例行采访那个一点也不烦人的小赵姑娘时，她显得特别平静。

诗歌留给我们的微弱权利

真有些担心——我在谈论关于诗歌想法的时候——她会离我远去。我知道，在诗歌领域里常常发生这样的状况：我们在谈论诗歌的时候，其实诗歌已经离我们远去了。多么像我们谈论美好的时候。

在相当长的一段时间里，我对那些离经叛道的西方诗人充满着崇敬。那时，我喜欢观念，那些新奇的观念常常能激动起我的一些已知观念。我的诗歌，就在这样的观念里一点一点地艰难行走：认为自己的诗歌意象，都应该包含一些观念的东西，或至少可以使用其他成型工具能够注释。我就是在这样的时刻上路的。我把没有依据的东西排除在诗歌以外，只留下那些在体系之内可以解决的东西。我的沮丧在进一步加深：西人已经是常识的东西，我们要经过一系列领悟和学习才可以大略掌握。我知道那是一种背景的差异造成的。

我努力在诗歌之外领悟诗歌的时候，是否忽略了一个前提：诗歌本身就是我们共同的东西。从观念本来无法抵达观念，诗歌本身就可以穿透一切的观念和体系。我们是否把一个比较单纯的问题给弄复杂了。我开始在诗歌的自身里找那些单纯的原因。当我们的内心对这个世界充满了敬畏和好奇以及说出自己羸弱的表达的时候，其实，这本身就已经是开始了一半。这样的东西应该是我们大家的。

那么，我算是已经走在路上了。我不再需要任何体系以及可解的东西来束缚。我拥有的权利只有等待，等待诗歌一次次地来访问我的内心。在等待的时候，我只能是睁大眼睛以及闭紧自己的嘴巴。这样，我才能看见自己内心里那飘忽的、流动的、活着的、挣扎着的深处，将它们以难以述说的方式表达出来。我还需要其他的东西吗？不再需要了。

在这样的时候，我们的姿态是否这样——闭上自己的眼睛，一种遥远而又与我们自己息息相关的东西一个接一个闪现出来，能感觉着自己也随之升腾起来，语言的链条在吱吱作响，向某一个载体靠近，忽然又走远了——在那若即若离的刹那，我无法抓住或碰巧抓到的东西不是诗歌是什么？多么像一种叫飞碟的东西。

古典爱情是否死亡

绘画艺术中，常常有一个长翅膀的光腚小男孩儿，时常有男男女女围绕在他的周围，甚至将他捧在手里；在希腊的体育场馆，也总有一光屁股的青年男子雕塑，始终做站立欲飞状。上述这一小一大，就是希腊神话中的爱神形象，人家规范的名字叫厄洛斯，罗马人称他为丘比特。需要补充的是，不是小男孩儿长大了，光着身子从罗马来到希腊，而是这两个国家对爱神形象的不同理解、不同命名。得记住，希腊的厄洛斯是正版原装的。

厄洛斯处理问题的工具是箭。箭分两种：一种金箭，锋利无比，并且尾部镶嵌着白鸽翎，被这箭中就能激发男女爱欲；一种铅箭，蠢钝异常，尾坠着乌鸦翎，被此箭射中则令男女彼此冷酷无情。丘比特之剑，对，说的就是它。为啥提这个？厄洛斯，是人类认识爱情时的起源，我们谈论古典爱情时，不能不说他。

从开始时就否定爱情存在的人，就我所知，尼采先生的论调比较特殊。他的基本思路大体如下：厄洛斯的魔鬼化最终变成了一场喜剧——由于教会在所有色情事物上的百般遮盖，“魔鬼”厄洛斯渐渐地变得愈发美丽起来，比所有圣人和天使加在一起对于人类还更有吸引力，以至于直到我们目前这个时代，恋爱故事仍然是所有阶层都能同等地带着一种夸张的热情乐此不疲的唯一事物，这种夸张的热情对于古代人来说是完全不可理解的，对于未来的人也将是滑稽可笑的。我们的所有思想的诗情，从最高级的到最低级的，都具有赋予爱情以过分重要意义的特点——甚至不仅仅是特点而已。由于这个原因，未来的人们也许会认为，他们所继承的全部基督教文化遗产都带有某种头脑发昏和没有见过世面的特征。

简单地说，尼采的推论可以概括为这么四句话：爱情是魔鬼；根本不存在；傻子才相信；后人笑话咱。当然，这里我提出的观点是：古典爱情存在过，尼采的提法是个异数，不排除尼采说——我们没法进行如下的讨论。请听题——突然想起王小丫同学的手势——古典爱情是否死亡。

爱情是医学问题

经某位细心的批评家排查，得出如下结论：在村长迄今为止的写作，尚未涉及爱情主题，甚至没有描绘过爱情，于是断言，我的下部作品肯定是关于爱情的。有些事情，总是别人提醒后自己才给予关注。我将自己发表及写而未发的东西全部翻腾出来，果真。即使个别段落、句子偶尔涉及一下，但总是浅尝辄止，拂袖而去。为什么呢？像我这样，没有任何计划的写作者，为什么没有选择爱情题材呢？也许，我还没有弄清问题本身。

带着这个问题，我向一个女医生请教。该医生说，对爱情是否敏感，还真是个医学问题呢，涉及一个人多巴胺分泌强度。“什么是多巴胺呢？大夫。”多巴胺哪，脑内分泌的一种，是神经传导物质，主要负责将大脑的感觉、情欲、兴奋、愉快的信息搜集，并用来帮助细胞传送脉冲的化学物质。那么，爱情到底是啥东西呢？化学反应。爱情就是脑里产生大量多巴胺的结果，像吸烟和吸毒时都可以增加多巴胺的分泌，使人感到兴奋。凡是上瘾的事情，都与这东西有关。多巴胺不仅能制约人的行为，还参与情爱过程的各个阶段。当然，这是人家外国大夫发现的——多巴胺是脑内信息传递者，就为这个，其人获得2000年诺贝尔生理学或医学奖。

该医生进一步解释说，大脑的司令部是丘脑，丘脑是支配人的情爱中心，里边贮藏着多种神经递质，除了多巴胺，还有肾上腺素等。当男女一见钟情或日久萌情时，当人吸毒、吸烟、吃巧克力时，多巴胺等神经递质就源源不断地分泌，人就会出现满足感。幸好，大脑有能力分清上述不同行为的差别。多巴胺就像一把万能钥匙，根据所处的情景不同，在体内产生不同的反应。吃就是吃，瘾就是瘾，爱就是爱。其中，男女爱情时，除多巴胺外，还有苯乙胺和催产素两种物质帮忙，目前所知，就是这三样东西的化合作用产生了各种爱情感觉。

我继续提问：多巴胺能持续多久？

该医生回答，随着时间的流逝，人的机体内渐渐会对上述物质产生一种抗体，随后多巴胺的作用就会消失。接下来，她提供如下数据：美国有个大学教授，专门研究爱情心理学的，对美国5000对中青年夫妻进行抽样调查，同时经过相关医学心理测试分析，将上述数据输入计算机，结论是：男女之间产生的严格意义的爱情，最多只能保持30个月左右。其后，爱情的主要表现形式呈衰竭趋势：不再朝思暮想；不会出现心跳加速、手心出汗现象；拥抱力度同样递减，占当初的三成；接吻的热量也为当初的三成。原因简单，多巴胺的强烈分泌，会使大脑产生疲倦感，大脑疲倦了以后，减少多巴胺的分泌，甚至干脆自动停止——由此引发的后果是，或冲淡，或拜拜。

原来爱情问题是化学问题，而且是有结论的化学问题。咱不写就对了——本来属于论文任务嘛。我还知道呢，人家科学都研究到这等地步了。既然科学研究过了，那就是不以人的意志为转移。单纯的问答也就此转为相互探讨。最后，医患双方达成一致意见。

经查询相关资料，补遗：1. 多巴胺的英文Dopamine，化学式为$C_6H_3(OH)_2$-CH_2-CH_2-NH_2。2. 文中美国爱情心理学教授应为康奈尔大学的坦尼尔·伊露女士。

关于四个非典型文艺文本及文学地域性的批评提要

姜文斌的意义——探寻艺术家本身精神平衡的路径[①]

我们首先设定姜文斌画面上的人物都是艺术家姜文斌自己，然后再讨论人物周边的物及景物构成，这样将会比较轻松地获得解锁密钥。我们不妨这样推测——当艺术家姜文斌发现自己面对混乱不堪的三维日常现实、当艺术家姜文斌认知到自己在三维空间里尘埃般脆弱而短暂的生命，于是，来自个体生命的呼吸本能、突围姿态和相应机缘，就成为他试图进入四维空间的心理动因和逻辑起点。然后，我们可以指认出艺术家姜文斌试图从复杂的三维叙事向单纯的四维叙事转换的巨大野心、卓绝努力和相关绩效。

具体说来，就是艺术家姜文斌的个体生命在三维空间里的不安、孤独、恐惧和绝望，成为其突围姿态乃至突围勇气的心理动因的构成要素，并从而钙化出一种特别的路径或出口。然而，他凭借这一路径或出口所构建、确认和还原的并不是梦境本身，而恰恰是三维空间与四维空间的接榫部位，即从午夜至凌晨的幻觉。假如一个艺术家发现自己在三维世界生命的全部意义就是指向虚无，那么，他

① 此文系2020年12月24日高晖为艺术家姜文斌个展“幻城”撰写的短论。

唯一的惊喜就应该是发现形而上意味的刹那，而这两者之间的通道就是幻觉本身。同时，艺术家姜文斌与幻觉共生时仅仅使用一种简单的工具，那就是清澈见底的具象语言。清澈的具象成为艺术家姜文斌上路的唯一行李。他画得真诚。

这时，我们再看画面里的"姜文斌"和若干个并行的符号般的"姜文斌"，以及他们周遭的星云、水域、沙漠、陨石、长城、树影、隧道等地球自然乃至宇宙景观，均已构成一种传达艺术家本人呼吸、呼救、诘问、突围、堕落、获救、彼岸的多义叙事系统。从而，姜文斌的意义就在于他承续起新时期以来中国当代艺术家的精神难题，并试图提供一种新的解决方案，即求得精神平衡的致幻路径。艺术家姜文斌值得我们拭目以待。艺术家姜文斌或将具有美术史意义。

韦宗尧：抽而有情[①]

首先，从分类学意义上看，韦宗尧这组绘画作品属于抽象主义。同时，我认为，抽象主义绘画应该包含理性主导抽象、感性主导抽象、东方主义抽象三个部分。感性抽象主义不应该也不能排除书写性和写意性，而恰恰是适当书写和写意或能表达东方艺术家的心迹，并能精准地传达艺术家的抒情部分。这样，韦宗尧这组作品满足感性或抒情抽象主义的相关质征。

然后，我们再看看韦宗尧在怎么画。当然，我们可以依靠想象还原韦宗尧部分绘画场景：一边使用宽大笔触铺陈结构和线条；一边用细微笔触刻画、填充、修订、描绘、补充、推翻、重置其中细部甚至是整个结构乃至构成。于是，画家原本深藏的情感开始在画面上流动、舒缓、静止，最后的刹那开始凝固，并再次流动。于是，他所操控的色彩、光线、空间开始具有活力甚至张力。就是此刻，

---

① 此文系2020年12月24日高晖为艺术家韦宗尧个展"照耀"撰写的短论。

韦宗尧与绝大多数中国抽象画家、大部分抒情抽象主义画家分道扬镳。韦宗尧的张力不是那种不可遏制的向外张力，而是集中传达一种内敛属性，就是这种小心翼翼的内敛性制造出整幅画面的流动性张力——画面温存而伤感，他通过不断叠加的具象笔触和突发奇想的抽象图式，建构起画面与内心的互动通道，从而形成韦宗尧的阶段性语言特征。

最后，再看看韦宗尧到底在画什么。不难发现，艺术家韦宗尧与绝大多数艺术家一样，内心深处有一块非常柔软的东西，有所不同的是他的这个部位并不会随着成长而变得相对坚硬——与此相反而是更加柔软和敏锐，主要缘于他身上有一种自我悲悯的特质。在展览现场，我看到《绽放》的刹那，就感受到艺术家的自我悲悯——不是通常意义的悲悯，更不是撒娇，而是弥漫一种古典主义的自我伤感。我突然想起怀斯的画面。怀斯就得悲伤而温暖，他心中始终有一束古典主义光芒。

我觉得，就世界范围而言，严格意义上的抽象主义其实业已运行到一个尴尬节点，而此刻，中国抽象主义探索者多路并行。我认为，经由抽象的中国艺术家目前有两条主要路径：利用抽象主义解构抽象主义，或者将抽象作为手段而不作为流派并使其东方主义化。韦宗尧无意识地选择了后者，我表示赞同。

末了，艺术家韦宗尧接下来面临的“挑战和机遇”其实只有一个，那就是抽象语言在抒情部位的绝对有效性问题。我挺韦宗尧。韦宗尧值得期待。

马兴具有原发性抒情能力[①]

我认为，当大家集中谈论马兴是好人的时候，其实是在赞叹马兴

① 此文系根据高晖2021年4月10日在马兴诗歌研讨会上的发言整理，有删节。题目系高晖本人所拟。

是个幸运儿。在我们这个特定时代，马兴的心灵似乎没有破碎过，或者具体说来就是马兴没有欺负过别人，幸好也没被别人欺负过。于是，马兴就长成我们现在所看到的样子——真诚。我觉得，马兴在诗人里面的突出特征就是正常：拥有一颗正常的心灵，正常地感受着生活，同时感受着生活中正常的那部分东西。马兴会抒情。马兴甚至还会羞涩。至于这种正常到底是优势还是局限，稍后我们可能还会谈及。

刚才，大家对马兴诗歌的赞美我都赞同，特别是李轻松、刘川两位诗人就诗歌文本所做的细腻表达，甚至让我感动：这是一个诗人对另外一个诗人的深切关注。其中，有些朋友谈及对马兴的期望，特别是涉及试图修订马兴诗歌的具体文本，等等，我想就此再与大家商榷一下。

我认为，马兴的优势来自他的正常，恰恰就在于他仍然保持着原发性的抒情能力——他随时可以进入抒情状态，这极其重要，至于抒情方式则是另外的问题。那么，我通过这两本诗集发现马兴在干着什么，其实，他是在用抒情语境构建一部20世纪60年代男人的心灵史。是的，这是一部心灵史的框架。

这部心灵史的主题涉及爱、怀念、悲伤、关切、渴望、希望、光明，甚至是悲悯，等等，恰恰是对这些东西的抒发，业已成为我们这个特定时代比较稀缺的东西。目前，马兴至少已经给我们提供出这部心灵史的零部件，可能他本人还没有意识到。当马兴意识到这一概念，并且按照这一概念重新组装每一首散装的诗歌之后，注定就会产生不同的样貌。金刚石与石墨都是由碳原子构成，仅仅因为碳原子的排列顺序不同而产生完全不同的硬度。特别是，当马兴按照心灵史概念重新组装时，就会重新发现有些句子必须删除，而另外一些句子则必须添加，这才是修订文本的真正意义。同时，马兴注定能够依靠自己的力量找出符合自己禀赋特征的抒情方式。

下面，我们就可以涉及一下当代诗歌抒情的均衡性问题啦。当代诗歌抒情的均衡性，来自当代诗歌的开放性，其核心就是包容，诗人想怎么写都可以。至于抒情的均衡性，事关抒情底线、高度、深度和限度的问题。我们从西方经典诗歌文本已经发现一个抒情规则，那就是寻求出恰到好处的部位，即抒情的均衡性。其实，西方经典抒情诗歌反而没有过于深刻的东西，而深刻恰恰是当代中国诗学带来的特殊元素。当代中国诗学发现一种不同于西方经典的崭新形式感，即发现一种言说方式，于是开始制造哲思张力，其实，这需要诗人一种特别的禀赋，甚至需要诗人心灵破碎后的重组。当然，每个诗人的禀赋和遭遇有所不同，相对深刻的诗人大都是经历过心灵破碎的人，他们的不幸就在于现实幸福感较弱，而马兴那么正常，现实幸福感比较强，没有必要硬往这里边钻。如果说李轻松神性、刘川佛性、哑地诗性、林雪智性，那么马兴就是人性嘛。我的意思是马兴就是马兴，专做一个形而下的马兴，没有必要有往形而上的方向努力；至少，形而上目前对于马兴本人没有意义。

接下来就是，在当下时代我们如何抒情？我前面说过，在这个特定的时代，马兴仍然具有鲜活的抒情能力，这本身就是一种非常高级的能力。我推测，在座的有些诗人已经丧失这个能力。至少我自己已经丧失了抒情能力，甚至与马兴相比，我是个坏的人——心灵破碎后重组的康复人，我常常使用四维视角观察三维世界，我的基本状态是警惕。于是，马兴看到的三维世界影像与我注定有所不同。马兴看到的东西温暖而纯粹、忧伤而美丽。马兴的核心问题就是维持抒情的诗意特征。当然，敏锐的马兴已经发现：刚才几位诗人朋友都试图最大限度地赞美马兴诗歌，同时又必须遵守诗学纪律，为什么会这样呢？比如，刘川所谈及的细节问题，李轻松所谈及的形而上方向问题，还有李犁那篇《元亨利贞》所试图淡化的东西，其实，他们指向就是一个：含诗量。马兴亟须增加段落及其句子的含诗量。我觉得，关于经典意义的诗性，马兴很快就可以依靠自身的努力找到。我想说的仅仅是，今天下午的这个特定场景意味，在座的每位诗人谈论马兴诗歌这一场景本身就极富有张力。

已经成为该场景重要组成部分的就是李犁这篇险些成为杰作的《元亨利贞》文本。鉴于对马兴本人的热望，并对赞美马兴诗歌找到恰如其分的角度，为此，老李犁不惜专门制造一个特别的诗学主张——情意诗学。其实，就是抒情诗学。意义重大。我认为，李犁行文至此，已经成为中国当代比较重要的诗歌批评家之一。我们的老李犁已经通透、内心敏锐而强大，同时保持着像马兴同样的温存，这很了不起，这很幸福——你们有福啦！

于是，我们就不难发现：马兴这两本诗集的突出问题是没有编排好，其实属于技术问题。假如将这两部诗集按照长诗体例重新编排一下，并将以前抒情类诗歌增补进去，同时将后边所附的各种各类序言统统去掉，包括作者后记。需要提示的是，仅仅保留李犁的评论，而且将多余的赞美去掉，只保留元亨利贞四个板块。最后，再将今天讨论会上的精彩部分整理出来，作为附录，马兴再写一篇自述类后记。总体上，按照时间线索排序，并拟定分组标题，不妨就按元亨利贞四个板块。其实，我在试图给马兴提供一个重新编辑的简要方案。我认为，我们这个特定的时代亟须马兴这样具有正常抒情能力的诗人。我建议马兴申报下届鲁奖。

大风及其相关沿革

直到读完李犁的组诗《大风》，我还以为题目就是《大风歌》呢。我觉得，这不应该是中年男人时常出现的视力错觉，而肯定是一种选择性记忆所致。

我能记住的古诗词不多，但始终包括刘邦的这首《大风歌》：“大风起兮云飞扬/威加海内兮归故乡/安得猛士兮守四方。”就三句话，而且简单易懂。按照高中语文教师的表述方式：前两句直抒胸臆，雄豪自放，亦显得踌躇满志；第三句却突然透露出前途未卜的焦灼，抒发作者内心表现出对国家尚不安定的浓郁的惆怅。事情远没有这么简单，这首诗标志着一种汉语诗学特征。我们仍然按照高中语文教师的方式进行阐释：全诗浑然一体、语言质朴、大气磅礴、别具一格，抒发作者双重的思想感情。其实，我想说的特别简单，就是刘邦发现了“风”，这里包含着自屈原以降的汉语诗歌伟大传统，后来曾经一度失传或误传。稍后，我们将在这篇短文里简要解释一下。

刘邦的大风，重在天象、天气，侧重意指历史风云变幻之类的东西。刘氏抒发的是帝王雄心，志不在诗；李氏关注自我生命感受并联周遭小事，志在悟道。为了叙述方便，我们暂且将李氏大风指代为道法或永恒价值。第一节，大风即永恒价值的象征；第二节，以中年视角回望认知永恒价值的相关经验；第三节，在永恒价值的背景下凝视个体生命的消亡；第四节，写永恒价值的简约化自然化属性；第五节，描述背离永恒价值并成魔的个体生命悲剧范例；第六节，描述诗人认知永恒价值的心路历程；第七节，描述诗人与永恒价值相融的范例；第八节，描述永恒价值对自然对人核心取向，即悲悯；第九节，描述永恒价值的自然法则意义；第十节，描述诗人与永恒价值相融并获取个体人格力量的意义。至此，我们完全可以认为李氏大风比刘氏大风更加丰润。其实，我们将要讨论的不是这么具体的问题，而是想简要介绍一下李犁这首名为《大风》的组诗，接续着一种什么样的汉语诗歌传统。

2018年端午，我在一篇短文里边写过——今年端午节与杨炼、任白讨论过这样的问题：屈原对中国诗歌而言意味着一个断裂或误读的传统，假如这个传统不断裂不误读，那么，中国其后完全可以拥有像但丁、里尔克、聂鲁达这样伟大的诗人。其实，近年来，杨炼诗歌文本已逐渐长成大树，近期任白诗歌文本亦初见端倪——他们均以独特样貌接续上屈原的诗歌经脉。于是，我推测汉语诗歌的经典巨构将在此传统中出现。其实，屈原诗歌传统践行的是天空与大地的诗学，刘氏大风和李氏大风无疑存在这样的因子。屈原的诗学特征，包括天空立场、土地视角、恣意想象、壮丽修辞、终极发问等等，并不包括屈原的爱国范式、道德壮举、谏政情结等与诗学本身关联度较弱的因素。

具体说来，如将屈原与屈原时代的轴心知识分子相比较，屈氏拥有不同于他们的独特精神立场和价值观念——该观念绝不是密集意象以及引发的繁复抒情，而是屈原的天地立场、悲悯意识、恢宏气质、呐喊精神、对抗意志、人格力量以及诗人之死。

屈原以降，由于后人对屈原精神的疏离或误读，形成后世诗人降维复制或本质上曲解：或受体制排斥而仅以诗文明志，偏重个体悲愤导向；或将个体情绪本身终极化，失去理性和逻辑训练依托，致使缺乏悲悯情怀。

其实，当代诗歌接榫屈原诗歌传统，更要体现自身的当代性特征。继承屈原的诗学精神，不是继续推崇屈原的文化局限及偏执化精神指征，而是加注永恒价值、公共关怀、理性精神、逻辑方略、恒久警惕、悲悯情怀等现代文明因素。此刻，我们重读一下李犁的《大风》，应该会有特别的效果。

关于地域文学研究的四个简要问题[①]

我首先说的一个大前提是党的十八大以后辽沈地区文学方兴未艾——这是我以下谈及其他相关问题及感受的基础性背景。我没搞清楚，你们挂牌的“辽宁文学研究中心”是“辽宁的”文学研究中心还是“辽宁文学”的研究中心。唔，原来是专门研究辽宁文学的。那我就接着这个问题尝试讲几个概念。

第一，文学地域概念是个假命题。我提议在座的批评家特别是

① 2021年5月8日，由沈阳师范大学中国文化与文学研究所主办，在沈阳师范大学举行辽宁文学的现状与未来研讨会暨辽宁文学研究中心揭牌仪式。滕贞甫、韩国海、胡玉伟、鲍尔吉·原野、周建新、津子围、张启智、周荣、刘庆、刘广远、张维阳、贺绍俊、高晖等作家、学者、文学批评家参加上述活动。此文系根据作者的即席发言整理。

青年批评家，要注意到文学地域概念的假命题属性，大家不要费精力讨论这个，文学没有地域概念，地域概念是相关系列讲话制造的一个伪命题。可以有中国文学的概念，其后就是世界文学。其实，文学是一个大格局，为此，可称作辽宁作家研究中心——辽宁出生的作家或者正在辽宁生活的作家。作家有地域性，题材有地域性，但是整体文学本身没有地域性。

第二，研究辽宁作家着重研究什么？研究辽宁文学的本质是研究辽宁作家。那么，研究辽宁作家要研究什么？建议集中研究辽宁作家与国内优异作家的差距。辽宁作家给我的大体印象是，摸准一个门，不停地写，不大读书也不大思考。新时期那段还有可能腾跃，网络时代腾跃的可能性变得越来越小。网络时代的基础认知变得异常重要。

多年以来，我参加相关文学活动都愿意引导大家讨论这件事情。我觉得最大差别还是认知上的差别，即对周遭世界的认知、对时代的认知、对美的认知、对叙述的认知、对文学最小概念的认知等等。

近一个时期以来，我比较强烈的感受就是作家对语言作为文学基本单位的认知，辽宁作家是比较薄弱的，特别是从事长篇叙事文学的作家，对语言基本概念的感受力在逐渐减弱——很想读的一部长篇，但看着看着就看不下去啦。为什么会出现这种情况呢？言语界面的问题。前段时间，我看了两个长篇叙事文本——恰好都不是小说家写的：一个是王尧的《民谣》，写得好；还有一个是《乌兰牧骑的孩子们》，原野特意给我送来的。这两个文本，我一下子就看完了，主要就是友好的语言界面在起作用。我们的长篇小说家们，在拥有宏大格局和史诗情怀的同时，文学的基本单位——叙述语言却在倒退——语言界面粗糙且不友好。其实，我们的作家很卖力，写得也挺好，但就是读不下去。

我的意思是勿忘文学是由语言这一基本单位构成的，对于长篇叙事文学，语言问题其实是核心问题甚至是牵一发而动全身，与辽宁社会经济的用人效应大体一致——人是最基本单位。用对人，基本面上所有东西都是新的——语言是新的，细节是新的，方式是新的，手段是新的，空气也是新的，一切都是新的。当语言开始变化以后，整个文本就变成一个全新的世界。为此，我建议青年批评家在研究辽宁作家时，建立语言意识和比较意识，侧重研究作家和作品的比较，找出该作家与相关作家之间的差异性。

第三，就是文学批评介入的适度性和适时性问题。文学批评和理论呼吁固然重要，作协的协调组织固然重要，但这都不是最本质的东西，因为理论过高的呼吁、过度的组成构成，很可能就像拔苗助长，逐渐就会露怯，因为文学作品本身毫无疑问地存在绝对时间检验问题。我们现在回望新时期40年的文学作品，很多当年觉得好的作品，突然感觉不好了；当年觉得一般的作品突然突兀出来。以张炜为例，其后写那么多史诗般的长篇叙事文学作品——《你在高原》就长达三十九卷，现在看来，张炜最好的东西还是《古船》，那应该是新时期文学的耀眼巨作。

这里边，到底是什么因素在起决定作用呢？还是专注，真正的专业和专注相伴而来，真正的专业和专注是沉淀、是扎根。特别是存有大面积记忆的互联网时代，每一个片言只语就能看出作家的高度，每一次闪电就能感知到作家的强度。

第四，批评家的相关职责。当前，我们的批评家大多数都是表扬家，我曾经若干次对张学昕说——你是著名的表扬家。当然，表扬和阐释同样意义重要。我期待的文学批评家是批评兼及引领、引导。这样，文学批评家就应该替作家多读书，特别是给作家输入一些观念上的东西，实际上就是认知上的东西。其实，作家这个行当是由一些不读书或不求甚解读书的家伙构成的，即使读书都是与叙事文学的相关书籍。但是，批评家的读书是敞开的，文学的、美学的、哲学的、历史的、宗教的，通过你们的职业阅读并形成观念，或有可能照亮作家们、启悟作家们。

序言或后记

回归线上的坐标

——序达文[1]诗集《倾斜的回归线》[2]

我和达文初见是在一次笔会，在一种很没诗意的气氛里。

黑压压三十几位，簇拥着一位老者，聆听他谈着什么是诗、诗的语言、诗的技巧、诗的构思、怎样写诗。我的膀胱发胀，便悄悄溜进“1号”[3]。一个满脸胡子黑黑瘦瘦的男人已在那里，并立在台上。他的脸很窄，头发很长，眼睛很沉，有些失望，有些失意。

“你是高晖。”

“你是达文。”

“我读过你的诗。”

“我也读过你的诗。”其实，他的诗我并未细细读过，他的诗很艰涩。

然后，便是平平淡淡地走进很虔诚的诗爱者里。我们都躲在一个光线不足的角落里，默默地听，默默地呼吸。

过了片刻，他将几页纸传给我，附着一个条子：听说你懂诗，看看我的。我很轻屑地展开，然后略显沉静地读。我当时也正愁手

---

① 达文，原名王德文，诗人。在昌图县一座粮库里上班。

② 1990年出版，内部临时书号，本书作者为责任编辑。

③ 指卫生间。

边没字遮住这满屋子的烟。

他的字很难看，歪歪扭扭还有别字。读着读着，我心里陡然一阵颤动，一阵郁闷，一阵淋漓大汗，一阵无边的快感，一阵亮光，最后是一阵盲盲目目的冲动。

我飞快地在边白上写下几行字：达文，这是雄性动物的声音，里面有殷红的血和刻骨的爱。它像堵黑厚的墙，壁上有孔透着光，我艰难地钻进去，心里便有些许光明。会后我和你谈谈。我并不大懂诗。

他深灰的眼睛里漾出一丝光。我们互相注视、颔首，屋子里仿佛没有了声音。我们中间隔着一件黄衬衫。衬衫里的女士正目视前方。我不习惯黄色。

注视了之后，我们便共鸣，便友善了。他见到我，心里多了一个太阳；我说见到你，我发现我耳边多了一个真实悠远的声音。他写《友谊》赠我：一支相互给予的歌/追逐奔向太阳的鹰群。这，都还是后来的事。

再然后，我们便是彻夜地神秘兮兮地侃。他工作轻松距我20华里，又有一辆5年前花24元人民币买来的自行车；所以，隔不了几日便来叩我家的门。

黑漆漆的夜里，两个人摘下大千世界的面具，脱解下灵魂的西装领带，裸露着心，语言在款款交媾。我们便激动，便亢奋。幸福生命真好。文学真好。笔真好。蔡伦真好。不睡真好。

按诗界的等级划分——“诗界等级”为笔者虚拟或以知名度为标，他只能算“吠舍”，他像所有的吠舍级诗人一样希望跻身“婆罗门”。有一天，我说你出个集子吧。他说，出就出吧，然后我便东奔西走推销他。那几天，他脸上有种神采。他有诗稿一绿书包，在这书包里，我们找出51首，整整找了几夜。然后是夭折。出版很难，没有谁来接受这一堆纸。我说只好自费了，他深沉地点了点头。我说我请名人为你作序。

那天黄昏有雨，我们心也阴，跑到小山上去踢球。我们摔倒爬起十几次，满身是泥。飞起一脚把球踢到树冠上，那树下便又兴起一阵疾雨，我们齐呼球进了。正巧山下火车轰鸣，我们很冲动。

体育最公平，远距离射中就会全场雷动。

我说也许有一天你的诗就像这球。他握紧我的手说，我们都会像这球。说完我心里一颤，这太不公平：心空才会被人踢来踢去。潜意识又有了诡辩，空灵是种境界，有了这种境界才会温润清爽。也罢。

达文，是黑土地里活命的辽北人。他是很典型的辽北的普通男人，能喝浓茶，饮烈性高粱酒，敢打敢恨，敢爱敢妄自尊大，有泪咽在肚子里，无恐得失，能承受责任，拿得起来放得下去，能做少爷，也能做乞丐。

男人有魂魄，纵然失去了葬身之地也算个好男人！

他于1954年3月9日的后半夜，出生在辽河岸边的一个无诗无梦只有玉米、大酱的小镇。那时，辽河还不常涨水。次日早晨，他哭哭啼啼地与太阳相遇了。长大以后，握了11年锄头、牛头、驴头、锹头，他沉沉地低着头。1980年辗转回到生他的小镇，继续住那间雨天就有水的老屋。于是，他想找人说话，想哭也笑，没有几个人愿意去听他说些什么，因为他的老屋太小太湿太破。在一个傲岸的夜里，他找来纸，用笔在上面画道道儿。昏暗的灯也在摇曳。

然后，便是油库的看门人，针织厂的看料人，至今还在某粮库当工人。

6年前，他知道自己在写诗，那时的诗很难看。

我仍然清晰地记得那个很短的夜。我和达文饮了两洋棒子高粱酒。我们又谈没了两包烟。他蓦地握住我的手。

“你知道我不单是写自己，而是写我们这一代人，这代人的心伤还没有治好，我们要相信人间有颗永恒的太阳啊！”

男人对男人流泪原本就很悲壮。他流泪了，我的心也在抖。我说世界上只要有一个人为你的心流泪，为你的诗颤抖，你就是个幸福的诗人。男子汉要哭就大声哭。说完这话，我嘴有些咸涩，原来泪已流到了嘴边。

那一刻，我想了很久。

走向21世纪的人、走向21世纪的现代人常常感到一种莫名的痛苦和忧烦，有那么多的彷徨、困惑和不相信。思想在阵痛，在感冒，在伤风，在说不清。我们心灵的窗子已经关闭得太久太久，把心掏出来吧，举向太阳……尽管你说世界也生了病，也要宁死不屈地坚信，人间有永恒健康，有真善，有亲情，有友谊，有爱情。

达文就是这样：每天都想袒露自己的心，每天都在寻找袒露心灵的方式，每天都在寻找那轮永恒不落的太阳。

绝对的真诚仅仅是绝对坦白，并不一定是绝对的美好，天底下比说假话更伤人心的就是说真话。

太多太久的磨难使他无法不真实。他的一些诗句就是滴血的呐喊。他写阵痛的心理过程，并不是拿什么去证明什么，而只想单纯地写出这种过程的真实，让自己也让人们读出些什么。

达文正磨难自己、感觉自己，并把个体放在群体中去探究，去展现，去描述真实的生命冲动。孔子曰：“君子食无求饱，居无求安，敏于事而慎于言，就有道而正焉，可谓好学也已。”这话，应送给达文。

达文的诗魂诗观，还处在朴素的非系统的动态里，但他却不知不觉走在这若明若暗的回归线上。

他的《开始的路》，我很共鸣。他写真理被邪恶奸污的那个夜晚，自己心灵的阵痛和对捍卫真理的力量的一种期盼，他相信失去的一切都会找回来。

他在期盼着。盼久了，也生怨恨也生绝望也生孤独。然而，这孤独有些透明。

还是和夜对话吧 / 看不见相互的表情 / 少些埋伏和假象 / 让语言更坦荡真率 / 要是手牵着手 / 就能感觉到 / 各自揣着一轮太阳。

我和达文同样咀嚼这诗，咀嚼这生命的滋味，不敢奢望出版那本诗集，就像不敢奢望生活永远美好一样，为此夜夜失眠——为的是企盼明日的太阳。

我与达文同时站在回归线的坐标点上，只等待发令枪响后那一刻疯狂……[①]

① 严格说，此文为高晖的处女作。最先发表在《辽北文学》上，编辑是肖显志先生，最后一句话是他写的。

昌图有诗

——后记《昌图诗选》[1]

一个很温馨的辽北早晨，春学先生敲开了我的小屋，捧来了一大摞清样和一张连日来愈加消瘦的脸。“出来了。”他很简洁的一句。昌图终于有了第一部诗选。看着春学先生舒展的脸和散发墨香的清样，我的心顿时涌上一阵欢喜、一阵凝重，并生出一个很空旷的念头来：昌图有诗了！

然后，便是头顶头地读：熟稔而陌生，激动而平静。经历了孕育的艰难和出世的阵痛，《昌图诗选》这个面带红润的“婴孩”，活脱脱地生出来了[2]。“助产师”春学先生和我这个“护士”在这完成生命的瞬间里。随即，我有了一种不可遇到的念头，想说几句话——为了孕育她的过程，为了挚爱她的人们，更为了关于她的思索，还有寄托在她身上的希望。

也许有很多人知道——昌图这个地方有茫茫的黑土地，生存着很多很多淳朴勤劳的农人，还有金黄的玉米大豆，“曲项向天歌”的豁鹅，毛茸茸的“新杂579”。也许很少有人知道——昌图有悠远康

---

① 本文是高晖现存的最早的一篇文字。当时，昌图诗人张春学先生编辑《昌图诗选》，并嘱高晖写一篇后记。当时应该是1989秋天。

② 辽宁省铁岭市内部临时书号。

健的地域文化，有闪烁的诗星，还有很多扛着铁锨、头顶着高粱花子、在茫茫黑土地里寻找诗情的人们。昌图油汪汪的黑土地是埋藏着诗的温壤。公元1988年1月28日，在昌图吃了10余年高粱米的阿红对我们说："辽北文化土层深厚，是出诗人、出作家的地方。我相信，在《辽北诗报》①的带动下，又将会升起新的诗星，新的诗群。"中国当代权威的诗评家确认昌图文学银河里昌图诗星诗群的存在和希望。

昌图在寻找诗，诗也在寻找昌图。

1985年昌图成立了蝈蝈诗社；

1986年成立了二月文学社；

1987年蝈蝈诗社、柳笛文学社合并为北国文学社，出刊《北国草》；

1988年，以昌图为基地，在辽北范围内成立了辽北诗社，出刊《辽北诗报》，正以拓荒的气势生出巨大的辐射力和凝聚力。

重点提高当立足于全方位的普及——这条发展足球运动的法则，正在被昌图的诗坛沿用。在这些诗歌社团的摇篮里，唤醒了昌图的诗和昌图的寻诗人，成熟的诗章正带着昌图泥土的馨香飞向共和国文学的诗歌大堂。

满山遍野里找到的诗需要清洗，需要汇集。寻诗的昌图人渴望结个选集。端木蕻良、阿红、李松涛也在翘望家乡诗集的问世。大约两年前，作为铁岭市作家协会理事的春学先生，便开始了对《昌图诗选》的孕育。很艰难：在大堆的诗作里筛选利于优生的染色体；在并不完善的成书环境中为诗选的降生寻找"产房"、争取资金。4个月的怀胎过去了，我们才得以静静地坐下来思索着这一结果的可能意义——远不止让人们知道昌图有诗；为新中国成立40周年献了

① 一张诗歌界同人在1987年创办的小报，当时作者为常务副主编。

礼；增强了昌图诗爱者的自信心；为将来研究昌图地域文化提供了一份重要的资料，首创了县级地域诗选的形式。这些，还仅仅是可能。县委宣传部部长戴煜清对春学先生说："这部诗选的问世，为昌图的文化事业做了贡献，它对诗化昌图人民的心灵，建设我县的精神文明起到一定深远的作用。"这位女部长，一个勤奋正直的寻诗人，说得很郑重，也很宏观。好了，诗选毕竟降生了，也毕竟是昌图自己的骨肉，还是抱出去让昌图的乡亲们和昌图的朋友们去端详吧。

编选的初衷是较为抽象和理论的：内容要精选思想性和艺术性统一的。时间上要扩大涵盖面，有古有今；作者层次上要有昌图籍的大诗人，也要有昌图的新秀，各行各业还要兼顾；形式上要古体诗、新诗和散文诗相衡。总之，我们拟下的这些初选规范也桎梏了编选过程。当我们具象化、形象化这些原则的时候，发现了很难展现昌图诗土层的全貌，仅仅是勾了一个轮廓，画了几条等高线而已。

我们尽可能编选思想性和艺术性兼备且具有昌图诗群代表性的诗作，并且把它放在全国诗系中观照。当然，难免出现由编者主观因素带来的艺术倾向。就新诗而言，对当代青年诗人探索的毁誉以及褒贬的旷日已久的论争还在喋喋不休，我们相信其结果不应是两者你死我活的火拼，而应是"传统诗潮"和"新诗潮"的相互碰撞、交媾，重新排列组合，导致"混血儿"的产生、"新生代"的出现。昌图的地域诗群也应遵循这一规律，体现现实主义原则，传统和现代交融的艺术手段，饱蘸辽北乡土气息。这些原则及其具象，只有读者才有权选择——或认可，或遗弃。

《昌图诗选》的问世，忘不了家乡领导和乡亲的爱心。感谢刘洪达主任、杨国民县长、王淑文副县长的作序题字；感谢戴煜清部长的热诚、张魁武局长的厚爱，还有孙太成、林国新局长的支持；忘不了第二印刷厂工人洒在印机上的汗水；时刻铭记着端木蕻良、阿红、李松涛的期望。

茫茫的黑土地默默地期待着新的诗星、诗群在它的头顶上升起，期待着第二部、第三部《昌图诗选》的降世！

1989年7月9日子夜，昌图

最后一枪

——序哑地诗集《忧郁的谎言》[1]

于是，他就写了这些字并且说这是诗。

于是，他非得让我在这本书的前面也写些字，我也愿意写些字放在他的书的前面。这是我的一种想法。我的另一种想法是：非得在这本书的前面写几句话吗？我的字马上就要印到（他的）书上被人看，难免要写出一些使我事后难堪的话来，也就是说，我越来越发现在白纸上写下黑字会给后人留下什么把柄。我虽然忍受不了欺骗，但我却常常骗人。我现在要重新做人。我把这想法告诉他，他笑了。也许就是理解了。尽管他永远不会了解我的真相，但常常能够理解我。

我常想，人与人之间本无法进行语言上的沟通。叙述表达也是一种语言，它没有能力使人的心灵变得透明，它更多的是伤害了自己的感觉，从而制造出交流中的障碍。其实，我的这些字（密密麻麻）和他那些错落有序的字，都具有这种属性。这也许是我逃避为他的书写字的原因。一个人说话，别人只有权利不理解你，现在你开口了，别人就有了误解你的权利。有一个孩子问妈妈："鱼为什么闭不上眼睛？"妈妈说："不知道。""我知道，因为鱼没有眼皮。"孩

① 哑地：《忧郁的谎言》，香港：香港天马出版社，1993年。

子简单，所以易于和人沟通。善于沟通都得用简单句吗？也许是这样。非得使用语言沟通你就用简单句吧。大抵这种被称作诗的东西就该有这种属性。他也认为我的看法有道理，尽管我们没提过这件事。

然而，非得需要沟通吗？非得让别人知道你是什么吗？这是不是一件毫无必要的努力？这件事不会有结果，他使人们好奇，就是因为人们认为它存在，然而又没人能办到。对了，就像鬼一样。诗原本是应该写给自己看的。它是平常生活的呼吸，是写这东西的人挣脱缠绕的一种努力，它的全部意义似乎去证实自己作为人类的灵性存在。诗这种东西永远是关于自己的事情，你不说别人不知道。现在你说了别人也不知道。悖论的存在就是因为首先有了这些看起来玄而又玄的事情。

他也是这么认为的，像我一样。现在，我们都不得不写出字来给别人看，也同样打倒了自己。我们终于抵御不住诱惑，这诱惑首先是来自形式。这种形式看起来很美丽，它暗示着某种总结和完成，并且自己也取得了回忆的资格。其实，回忆也是应该具备某些资格的。同时，这些字的主人也拥有了悼念自己过去的权利。无论多么大的冤屈或苦难、幸福一类，都变成物质符号让别人品味而变得美丽起来。形式只能是给别人看，与我们自己无关，除了出生和死亡这两种例外。虽然别人看到你一天天变化着，但只有你自己才知道这变化到底意味着什么。

最终，他写了，我也写了，我们都无法拒绝这从远古沉淀而来的古老的物质符号系统。我们写了，就意味着自己本身也成了一个悖论。他完全同意我的看法。在更多的时候，我们必经用语言沟通。

面对着他写出来的一行行长短不一的句子，因为盯得太久，我有些晕眩，在这晕眩里，我突然闪出一大片茫茫的疑惑：这些东西难道就叫诗吗？诗到底是一种什么样的东西呀！此刻，我的心中充满了由于这个世界而导致的荒谬和陌生。我真想把诗这种东西说清，这是一个至关重要的问题。我认为，无论什么东西，一旦说清了，就不再属于自己。我宁可付出失去的代价。然而，我确实无法说清，尽管这东西不属于我。

我已经意识到了自己正在写字，并且又续上了一支烟，笔尖在纸上很动听地响，我以为别人都睡去，只有我一个人有声音。几分钟之后，我就发现自己的算盘打错了。妈妈还醒着，并且制造了铿锵有力的声音："半夜三更的，你还在诈尸呀！"我怦然心动，目瞪口呆。"诈尸（诗）"?！我随手翻开了《倒序词典》——这"诈尸（诗）"到底是什么意思：

诈尸［zhàshī］：①迷信传说死人尸体入殡前忽然起来，叫作诈尸。②（方）指突然叫嚷或做出像发狂似的动作（骂人的话）。

就这些。"诈尸"的下面写着"僵尸"：僵硬的死尸，常用来比喻腐朽的事物。合上字典，我的心异常宁静。我第一次感觉到自己这古老民族语言里有种惊人的美丽。妈妈说完这话就睡去了。我很想知道她此刻在想什么。长辈的智慧和愚蠢对我们来说永远是个秘密。如果我把这事告诉哑地，他也会像我一样，这是我意料之内的事——我突然想起了他这本书的最后一首诗："鹰用凶残而发红的眼睛 / 鸽子用流泪而浸红的眼睛 / 青鱼死不瞑目的眼睛 // 失明的爸爸和儿子的一双眼睛 / 一只望着鸽子 / 一只盯着鹰。"我现在才理解了一些关于这首诗的一些真实性，尽管存在着一些落差。也许诗本身也是某种落差。

他说他喜欢枪，看到枪眼睛就发亮，并且觉得枪很温暖很美丽，我有一本《枪械精品画册》，他整天看。不知为什么，我莫名其妙地把这些字、这些句子和手枪联系到一起了。也许这种联系是对的。我本想给枪赋予一层浓厚的哲学色彩，它原本是人的灵魂的延长，并且在身上深藏着在骨肉深处的精神钙质和某种独特的东西。现在想起来，枪就是枪，别的什么也不是。他有把像真枪一样的假枪，不能打死人，只能放催泪弹和电火花之类，这倒是事实。

不管怎么说，妈妈说的有道理。此刻，我涌上一种想认真说点什么的念头。我也知道一切过于严肃的认真只能会给我们制造更大的痛苦。

一幅史前人类精神生活的草图

——序曲枫文化散文集《历史的微笑》[1]

我记得，自己在以前的文章中说过这样一句话："我对沈阳这座城市充满恐惧。"接下来，还说："只是对沈阳的一间屋子保留着温馨的记忆。"这屋子是郭长虹和曲枫的单身宿舍，在辽歌大院里。那时，曲枫是一位诗人，他脸上反映的东西也和那个年代的诗人一样：有忧伤，有挣扎，还有克制。那是一间不足7平方米的、脏得老鼠不进的小屋，地上有一块鲜红的地毯。我们就坐在红地毯上喝酒。现在才知道，那时我们比现在幸福。经历过那样时光的人，这时会理解我说这些的意思。后来，长虹去了南开读硕士、博士；曲枫也到省政府的一家机关里工作。我们见面的机会就不多了。

今年秋天的时候，长虹来沈阳喝酒，找曲枫。他正参加省政府招待外国人的酒会。我喝醉的时候，曲枫来了。第二天，长虹说，曲枫在我的肚皮上写了很多字。我说，最好是关于历史的。晚上的时候，曲枫把一本书交到我手里。我说："这本应该是一本好书，可惜的是弄糟了。"一见面就说这样的话，我和曲枫都没有感受到时间在我们之间横亘了很久。接下来，我说："叙述历史应该让人感受到

[1]《历史的微笑》，策划：高晖；执行策划：徐桂秋；主编：李学勤、范曾。其后，此书因故未能出版发行。

温暖，应该让正在思考的20来岁的年轻人读懂我们的东西。”没有料到，曲枫的这本书成了我多年梦想的一个引火索——自己一直想主编一套让读者感到温暖的历史读物，就是用人话把历史叙述出来，不是那种冷冰冰的学术语言。这是一种有思想、有文学意味的叙述。我知道，自己是一个对历史无知的人，那些历史大佬们不会这样想。这是一个让长虹和曲枫有些激动的想法。20天后，我们在南开大学历史系数字化图书馆里完成了策划书。一向稳重的辽海出版社痛快地开了选题讨论会。他们知道，这是一个好的想法——既体面又有卖点。

充满思想和文学意味的史学叙述和学术历来都难以统一和谐相处。学术这个家伙，从来都摆出一种强大而充满自信的模样，思想一般就显得小心翼翼了——思想常常处在一种尴尬的境地，随时都有被学术大佬吞没的危险，在考据学仍然在历史学中占据着强大地位的时候就更是如此了。一个历史学问题向来都会出现多说之争，每个学说都有其强大的资料作为支持的背景。这是学术领域不得不去面对的一个让人不好意思的问题。这样，像我这样的读者，就完全有理由对学术的意义产生怀疑。一个词条养活了好几个学者，这到底是干什么呢？考古学毕竟为建构在文献之上的历史学提供了图说式的事实依据。可是，其所提供的背景及其所谓的地层和器物证据同结论之间仍然有着很远的距离。我的意思是说——对图说的解释仍然是一个极易引起争论的问题，解释越多其图像反而越模糊不清，而断代与考据又使考古科学时常面临着一种被技术同化的危险。

曲枫的专业是考古[①]，又在省级考古队工作过很多年，可以说是一个受过严格的考古学训练的人。但是，从传统的角度说来，他并不是一个严格意义上的学者，他的文章很难从学术论文的角度来定义。这和我这个历史门外汉想法达成了一致，他的文章摆脱了考据

① 吉林大学历史系考古专业。

和求证的束缚，并找到了一种独特的具有文学意味的叙事方式，将他对历史的思考尽量没有遮拦地传达出来。这本书的大部分文章都与原始宗教以及宗教的起源问题有关。我认为，对原始宗教的探索就是对人类生命本源的提问，这是一个让大多历史学者望而却步的领域，任何考证和求索在这个课题面前都不得不承认自身力量的苍白与无能为力，它特别需要个人对生命乃至生存意义的感悟，有的时候需要最不讲常理最不讲情面的大胆猜测和推理。这一刻，历史和文学幸福地重叠在一起了。

曲枫告诉我，泰勒先生[①]的万物有灵论[②]对现代历史学者至今仍有很大的影响。但是，他的最初的追随者，也是他的学生朗格先生[③]很快就发现了这一学说的不合理性。大量的民族学资料证明，对至上神的崇拜一开始就存在于人类的生活之中。施密特[④]进而更系统地论证了至上神观念的最初存在。中国的考古学资料以及民族学资料也在一定程度上支持着这一学说，曲枫敏感地发现了这一问题。曲枫的结论是：上帝崇拜并非近世由西方传教士从西方引进的外来宗教，它一开始就普遍存在于中国先民的生活之中。在这本书中，《风考》《最初的方向》《希特勒打麻将》等篇章或从日常文字的语义，或从现代人的日常生活习俗出发，溯源而上，为我们复原了史前人类“上帝”崇拜的宗教图景。在《旋转的奥妙》和《异体同音字与巫师的跛足之舞》等文中，曲枫试图打破文字表达的有限性，深入

---

① Sir Edward Burnett Tylor，进化论学说的代表人物、英国人类学家。

② Animism，万物有灵论的主要观点是以进化的观点来说明人类最初的宗教乃是对寓于大自然万物之中的精灵予以敬拜，然后又发展为对众多魔鬼的信仰，再发展为多神教，最后渐渐形成了一神宗教，即对至上神的崇拜。

③ Andrew Lang。

④ 德国神父，Father Wilhelm Schmidt。

到原始宗教的感觉之中，提出了舞蹈、陶器上的旋涡纹乃是人神交合的一种沉迷感觉的体现的观点。特别是在一篇文章中，曲枫还对龙的起源问题形成了自己独特的见解，抛开众人所执迷的图像，进入到一种声音的感觉之中，大胆地提出了“声音神祇”的概念。这就是曲枫，在史学的研讨中，保持了自己顽强的想象力。在初中的历史课本里，就有这样一个观点，父系社会对母系社会的取代的原因是经济原因，即剩余产品的出现及私有制的产生——这样的观点现在仍然在史学界流传。在《寻找亲生父亲》一文中，曲枫提出：家庭形式的进化与经济没有太大的关联，而是宗教的需要、原始心灵的需要。在我们这个时代里，人们更喜欢一成不变地去接受现有的貌似定论的知识体系，曲枫做出了一种挣脱的姿态，这是一种难得的属性。

如果你没有忘记这样一个实事——现代人和远古的人仍然生活在同一块大地之上、同一片天空之下的话，你就会接受：今天的人类与史前人类的最大区别应该是观念（这是一个我们多么熟悉的词汇）的变化，也就是表达上的差异。比如，现代人是在生态环境遭受到了严重破坏以致人类生存受到了严重威胁之时才提出了“环境保护”的概念，可是，原始人通过动物崇拜、通过图腾和禁忌平衡着自身的生存环境，不知不觉地达到了现代人所难以达到的环境保护目的。《跟随在鹿群的身后》讲我们和一种动物的关系。这种亲密的关系慢慢被忘记了，但曾经是决定我们生存的关系。这种动物因为存在着一种把我们带到神界的可能，因而它的命运被视为人类自身的命运。因此，古今一体乃是人类社会的本质属性。其实，这就是曲枫这本书的意义。人类的精神难题是那样的相似——我一直以为，人类的心灵变化是那样的细小，甚至有的时候是倒退的。

就在这篇序言要结束的时候，我想起了我读初中时《历史》第一册的一句话：残酷的生活锻炼着大自然中早期的人类——我敢说，绝对是书上的原话。这句话，我背诵了无数次，有时我认为自己喜欢历史是从愿意背诵这句话开始的。我不知道，再过很久很久的时间，那时的历史书上的一句话会不会也是这样。现在的历史课本还有这句话吗？

《心灵感动》靠什么感动心灵

——序刘全仲散文集《心灵感动》[①]

不久前，一位记者问我："机关生活泯没人性，你认为这种说法对吗？"她问话的方式是书面，同样我也用书面语言对他进行了回答，我说："我不喜欢这样粗暴的句式。如果是当局的人说这样的话，他也许是一种矫情；局外人呢，慎重的局外人不会这样无端地说这样的话。机关里有很多充满人性光辉的人，他们不背叛自己信仰的东西——他们很美好，至少不比那些自以为是的'家'们差，我在这个地方经常可以遇到具有浓厚的人性光辉的人。"

王宁先生交给我这本书的时候是下午，沈阳的初冬，有雨。他说作者是位领导。我说，我会看看这本书——我想知道领导们进入散文的领域里怎样说话。以后，就是整个一个下午都在读这本书。读着，读着，我就想起了上面引用的话。我感受到了这本书的作者——就是在那种在机关里闪耀着人性光辉的人。公务员写作，已经成为一种现象了，但是很多公务员写作还停留在"七律"和"咏

① 刘全仲：《心灵感动》，北京：知识出版社，2002年。此文原系为应邀参加刘全仲作品讨论会而准备的发言提纲，因故未参加会议，由时任辽宁文学院院长王宁宣读。据了解，此书重印时将此文作为序言。

物言志”的层面上，刘全仲[1]的这本《心灵感动》，充塞着大量的道德判断，甚至有些判断有超越主流话语的趋势，这是很难得的。我理解这样的人，这就是我说的在机关里闪耀着人格光辉的人。这样的人其实很难做，必须是吃了一些苦头才可以做到。而且，是需要一些天然的禀赋。整个文集依仗着对真善的价值判断，说出了自己独特的声音。作者通篇都在呼唤，在呼唤中打动了读者。这是一个用心灵参与写作的人。每当遇到这样写作的作家，无论他的技巧怎样，我都会有热血涌来。我们专业写作队伍里，有很多精通写作技艺的人，但是他们常常把技艺当成了技艺而已，不用这种技艺做价值判断，也就是说他支持什么、反对什么，我们难以发现——对很多东西的麻木，已经使我们齿寒——无论如何，我们这些作家，得对这个世界说点什么。你写作的时候，得有一个立场在里边。刘全仲的这本《心灵感动》里面，没有含糊其词的东西，读起来有“一是一二是二”的干脆。即使有的东西他说得“左”了一些或者右了一些，这都无关紧要，重要的是他有自己的声音在里面。他敢于说“是”，也敢于说“不”。一个随笔作家的动人之处往往就出现在这个部位。

我一直认为，公务员写作大概可以分为两类。一类是附庸风雅型的，通过不疼不痒的景物以及心情描写表达自己的毫无个性的想法。另一类是刘全仲型的，这类作者直接通过对现象的价值判断放大自己的声音，同时表达一种郁闷之气。看过这本《心灵感动》，我们可以感受到这是一个思考着的灵魂在激昂地倾诉。面对这个多变的时代，这种思考已成了作者精神生活的一个支架。这种思考的可贵，不在于思考主题的永恒和不朽，而在于它结合了作家自己的生命体验。它的结论，首先是适用于作者自己，然后才是对他人具有参考意义。

---

① 刘全仲，散文家，辽宁抚顺人。曾任中共抚顺市委副书记。

这本书的作者的思考是斑驳而多彩的。思考民族美德是这本《心灵感动》的一个稳定的旋律。思考道德判断，是我们当代文学已经存在许久的母题，作者以自己的方式打通它，这是作者这一代人的思考方式定型时的某种标志。关注和思考人的精神生活，也是《心灵感动》作者努力的方向所在。此外，对现实生活的各个方面，作者都饶有兴致地自觉地感悟和思考。上述这些思考的中心背景，是作者企图确立一种适合自己的精神生活方式的巨大热情，是一种对人生杠杆的求索渴望，是对确立生命意义的努力。人为什么要确立支架和应该怎样确立支架这个古老的命题，在这个信仰多维的世界，已找不到一种普遍适用的标准，而要想成为真正意义上的人，又必须解决这个问题，而且是在推崇主流话语的前提下，真诚地说出自己的感觉。这些思考的价值，不仅在于其结论，更在于作者对这种思考有一种主体的自觉，即这种思考不是单纯面对对象的思考，而是包容了对思考主体正在思考本身的自知。

语言的初步自觉也是这本《心灵感动》表达上的一大特色。前面已经说过，作者对语言问题是有过深入的思考和独到的见解的，作者大概有着将理论运用到实践的充分自觉，在创作中充分地注意了语言。仅从文章标题上看，就可以感受这种语言的自觉。这些标题，或直接点明主旨，或含蓄地展露，有的抒情，有的平实质朴，有的是惊人之语，懂得怎样引诱读者阅读。行文中的语言，也干净、利落、平实。

关于《心灵感动》，我就想起了这些，最后要说的是，在我省的公务员写作的队伍里，出现一位刘全仲这样的作家，预示着公务员心灵选项的另外一种可能性。其实，刘全仲尚需解决思考与原始感受材料的平衡问题，这样才可以做到感受材料的丰富和思考结论的开阔。

沧海回家

——序尹沧海学术论文集《沧海论画》[①]

读沧海的这些文字，特别是涉及抒情的章节时，总能让我想起他的一幅照片。照片肯定拍摄于20世纪的80年代，像素、光线以及色彩都更接近现实，而且里面有种幽幽的抒情气息——我们20世纪60年代出生的人，对这些东西都很敏感。照片的背景是一幅黑漆漆的山水画作，大约是他的毕业作品——我始终没有问沧海这些细节，沧海也不知道我看过这张照片。我要说的是，照片里面的沧海：漆黑的裤子，雪白的衬衣，浓密的头发，还有细细的腰身，这个沧海像一匹马，一匹心怀梦想的马。沧海的所有骨骼都微微收缩，皮下的肌肉张弛有度，沧海的面容内敛而孤傲、清癯而疏朗。总之，我们可以用俊朗、俊逸、潇洒、昳丽等等这些词汇来界说那个沧海。

当我看到沧海本人的时候，同样是20世纪，但已是90年代初期，那时沧海常常能将自己喝醉。在我的印象里，沧海几乎都是和交通工具共同存在，并且一起沉醉，或是自行车，或是摩托车，大都是他驾驭着它们在南开大学校园里蜿蜒前行，然后倒下，然后睡去。其实，也就是90年代中后期的那些年，沧海完成了自己作为艺术家的嬗变，同时开始用文字记录关于绘画的感悟。沧海全身心地

① 尹沧海：《沧海论画》，沈阳：辽海出版社，2010年。

投入到书画研究和实践中——他几乎就是带着绘画的使命来到尘世的，每时每刻都竭力吸纳着与绘画有关的一切。沧海是个天生的画家。

我是因郭长虹先生而结识尹沧海先生，常常是我去南开看长虹，然后沧海几乎每次都会从某一特定的角落飘然而至。于是，我们就开始谈话，然后喝酒，或者边喝边聊。沧海说话，大体分两个步骤，提出观点并随之进行论证。陈述观点时，沧海常常表情沉静、吐字精准，但一进入论证表述阶段，由于乡音较重，加之伴有慷慨激昂状，我总是很难全部听清，但这不妨碍我们的交流。在我和沧海的交流中，常常介入自己的主观推测。边喝边聊时，总会在某一刻，大家先是大呼小叫，既而沉默无语，一般都是这样。我们于是都醉了——当时的确总是这样。谈话的内容，现在大多已经忘记，不过肯定都是艺术范畴的东西。我们这些"60后"中有一小撮人几乎都有这样的经验：那些年月，常常是那样莫名的激愤、躁动、委屈，甚至是绝望——真的，我们的身体器官还不习惯这样的世界，但那段时光也是与艺术本身无限接近的时光，尽管它和80年代中后期还有很大的差别。

进入21世纪的时候，沧海开始茁壮，细腰开始变粗，不过依旧敦实而灵动。在外形博大的同时，沧海内在的大家气象已经彰显，其中对书画的理论研究已走向纵深而开阔，文字也愈加自然、古拙、超迈。这时，呼其为"大师"的声音此起彼伏，我也看到了一个令人惊叹的沧海。于是，沧海壮硕的体态压迫着原来的心脏，业已成为一个超负荷运转的人；不过，在灵魂深处，沧海依旧和那张照片一样，温情、羞涩，还有内在的俊朗，只是外在的物象略显沉重罢了。可以断定，沧海的心脏与他那超重的肉身的关系，正如沧海本人同时代的关系，无疑都应该是紧张的——其实，对于后者，对于那些优异的艺术家几乎都是这样的状况。我坚信，沧海完全有能力克制这些。但，我还是忍不住这样想：到底是什么东西使沧海变得壮硕、蓬勃而超重？艺术本身，还是之外的东西？沧海的确不知道，我看到了他那张特别的照片。

沧海擅画人物、山水、花鸟、书法，而且，沧海的画作迄今无疑已显示出大气象。近年来，国内美术批评界论及沧海的书画，我大致可梳理如下：沧海作大幅山水气势恢宏；作人物、花鸟多见性情，笔墨精湛，韵味拙朴、崎峻、恬淡。其书法结体清奇、书为心画、清新俊逸、笔精墨妙、古雅出尘。对于中国画，我只是观者、读者，不敢妄言。但我觉得，其中“韵味拙朴、崎峻、恬淡”的画风，也符合沧海文章的体貌特征。

沧海迄今的文字，我几乎都看过，现有《复归于朴——写意花鸟要旨》《沧海一粟》《写生课》3部文字比较集中的专著，其中后两本书还是我编辑的。去年秋天，我对沧海建议，修订一下《复归于朴——写意花鸟要旨》。于是，我将该书推荐给辽海出版社总编辑于景祥先生，很快就得到赞同。当时，拟定由沧海将《复归于朴——写意花鸟要旨》原有章节进行修订，增加沧海新近的谈艺论文、随笔、序言、后记等分别重组成“沧海拾贝”“砚边拾零”两个部分，书名即为《沧海论画》。

还说沧海的文字。沧海的文字自然、古拙，熟悉沧海绘画的人，一眼就可以断定是他写出来的东西。沧海首先是文人，其次才是画家，这是我认定的顺序。其实，无论绘画、诗歌、散文还是论文——他们共同之处就是书写——在同一个画家（或作家）身上，总能发出相同的声音。那么，沧海的声音是什么呢？在这本书里，沧海用文字体悟出的探求、理性与情感，实际上还是从他内在生命本身的底座生发出来的东西。他之所以选择这些，是因为他需要它们。在这里，我们不难看出沧海的艺术精神、文化传承以及日常状态。更重要的是，我们可以读出字里行间流露出的性情。当然，这些都是属于无法传承的部分。画家在宣纸上泼洒的水墨痕迹与作者用文字表达的理性与情感的文字印迹有着令人诡异的统一，我的意思是说：尹沧海对山水花鸟的探寻、解读、阐释、领悟，所有这些，在历经思维、文字、书写的过滤后，最终都会自动地“滴”在敏锐而温情的宣纸上。也许，就是这些构成了画家尹沧海的全部；也正是这些，沧海发出了一个艺术家特有的声音。

看到沧海日记《从台北到太行》时，我再次想起沧海那张照片——里面有一段描述家乡和母亲的文字：

乡村还是如此静谧，太阳暖暖地照耀着我的村庄。家门口几株竹子在微风中摇曳，两只绵羊在悠闲地吃着草，院子周围被许多高高的树围绕着，有三两个鸟巢筑在上面。老母亲就端坐在门口晒太阳。这是我今年的第四次回家。母亲老了，偶尔脑子有些糊涂，有些以前熟悉的人她会不认识，但是我每次回家，她会很高兴。我拿出一些钱给她，母亲一直攥在手里，一个女同学问：老奶奶，够花吗？母亲说，够花，够花。母亲话很少。其实，我很想留下来一天陪陪母亲，奈何学生太多，晚上需要赶回县城。车开动了，母亲在车后面跟了几步，我赶忙叫司机停下……

每当沧海的内心归于平静的时候，总能听到那细微而灵动的声音。这时的沧海，总是内心温润、晴朗、凝重、纯真，肉身上所有的细胞都打开，像童年少年的身体一样敏锐，他可以听到微风的声响、土地的特别气息，还有自己血液流淌的声音。他的若干绘画正如他的若干文字一样——我觉得，其实这些年来，沧海始终在画同一幅画，那就是上面这些温润的文字所传达的画面：空灵、顿悟、剔透，还有难以摆脱的绝望，以及最后抵达的虚静。沧海“回家”的次数、密度、深度，决定着沧海绘画以及书写表达。这些，应该是沧海内心深处的根脉；也就是这些，形成了沧海那独特的、裹挟着现代精神的古典气质。

正如沧海的母亲，由于年迈，有些以前熟悉的人常常不记得了，但是，沧海每一次回家，她都会很高兴——并没有因为儿子外形的变化而选择遗忘。我们知道，无论什么时候，母亲肯定都会认出她的儿子，也总会盼望着儿子的一次次回家。

2007年秋天，我和沧海连续在山上见面——九华山、千山。在千山的第一个晚上，我、沧海、王晓宇挤在庙里的一面土炕上。凌晨时分，我自然被冰冷的山气冻醒，睁眼看到在月光下打坐的沧海双目紧闭、面色红润、大汗淋漓……那一刻，我眼前的沧海和照片上那个沧海已经完全重叠。时间已经无法修订沧海——原来沧海心中早已存在一幅特殊的画卷，他的所有的文字甚至相貌都是这幅画的草稿。其实，沧海心中的山水早已不再是真山真水，而是被沧海过滤掉杂质、剔除了烟火气味的另种山水。此刻的沧海呢，也将对故乡的回望，提升为对精神家园的皈依。

关于心灵的方向

——序唐亚杰散文集《心灵的约会》[①]

写序言的人，大都是在一本书成书以前的第一个正式读者，就像新开张饭店的首批食客。他们通常跟作者或店主沾亲带故，当然就可以指指点点，但一般都会说些好话，以便酒肉伺候。当然，也有少数喜欢指手画脚者。迄今，我给人作序总计达四次：第一次给诗人达文诗集《忧郁的谎言》，我的序言处女作；第二次给著名学者曲枫先生，一本涉及上古宗教的著作；第三次，给散文家刘全仲；第四次，给学术著作《沧海论画》作序。第五次就是这次，给唐亚杰先生的这本《心灵的约会》。每当想到日后自己要出全集，便不敢妄言，更不敢胡乱作序了，但愿自己早日关门。按作者的职业类别划分，给公务员作序至今是第二篇，前边提到的散文家刘全仲，是抚顺市的一位老领导。这次，唐亚杰先生是我的校友也是同事，自然推脱不过。

多年来，在完成本职工作的同时，唐亚杰先生业余从事文学创作，并且已经出过一本书，他还有点不好意思，常常觉得自己不务正业。先说几句套话吧。你看到的这本文学作品集，共收入24篇散文和1篇短篇小说，是他的第二本书。散文部分共分为两类：一类

---

① 唐亚杰：《心灵的约会》，沈阳：辽海出版社，2016年。

是写旅游，或风景名胜，或山林草原，见于眼、存于心、感于情，其中也有专门写人的；第二类是写家庭和亲情，侧重表现出作者丰富的情感世界。从文体角度看，《我的琴声你最懂》无疑属于短篇小说。开头部分读起来有些压抑沉闷，一个音乐学院毕业生，求职屡屡碰壁，只好到酒吧去演奏，但随着故事展开，叙述氛围逐渐明快起来，主人公的生活态度和对艺术的坚守，酒吧店主对低俗的抵制、对公益的善举，主人公被交响乐团录用仍然选择去西部支教，等等，“正能量呼之欲出”，其中关于爱情的情节描述得比较忧伤，传达出主人公内在个性和艺术取向。

从整部作品看，展示出唐亚杰先生的理性、乐观、通达以及富有性情的处世态度，特别是描写亲情的散文，体现出作者感情的厚重、责任和担当，有较强的艺术感染力。唐亚杰先生毕业以来，始终在省直机关工作，坚持业余写作多年，可以看出作者有比较丰厚的知识储备，触景生情、旁征博引，在文字上努力形成自己的特点和风格。同时，他在写作中流露出自身的心灵痛点，包括城市的冷漠、世态的炎凉、人文环境的污浊，以及由此而产生的躲避出离、唯我独醒，其实，这些都不是他要表达的主旨，而只是抒情叙事时的自然倾泻，恰恰正是这些，体现出作者面对自己内心的真诚。

再说几句实话。国家机关很难产生文学艺术气息。还好，机关里面总有一些充满人性光辉的人，他们不背叛自己信仰的东西并具有内在的真性情，于是他们阅读、他们写作、他们书法、他们画画、他们摄影……他们亲近那些有灵性的事物。往往就是这些具有灵性的事物，才是创新的源泉。这不是不务正业，而恰恰是正业的必要补充；在古代，不会写诗写散文的人，是不能在衙门里当差的；对此，我们还真不必羞羞答答，大大方方地写吧。

我说过，公务人员写作已经成为一种现象，但是更多的公务人员写作大都停留在“七律”和“咏物言志”的层面上。现在看来，公务员写作大概可以分为两类：一类是附庸风雅型的，通过不疼不痒的景物以及心情描写表达自己毫无个性的想法；另一类是直接描述或抒情，筑垒自身的诗意栖居空间。看过这本《心灵的约会》，我们可以感受到这是一个思考者的灵魂在努力地思考并努力按文学的方式倾诉。面对这个多变的时代，这种思考和倾诉已成为作者精神生活的一个支点，其可贵之处在于它融合了作者自身的生命体验。

从唐亚杰先生的文字，我们不难看出，他正是朝着筑垒自身的诗意栖居空间的方向而努力行进，那原本是我们的心灵应该抵达的方向。我们知道，诗意是一切艺术的第一本质，无论是作为精神漫游史之伟大总结的人类神话诗，反思生命存在状况的解蔽之诗，筑造审美乌托邦的唯美的诗，引领人类精神还乡的原始童话诗，这些文学创作的目的都是为了解除时弊，唤醒本性，构筑一种人在大地上和谐的、诗意的安居。这样，我们所谈论的文学的诗性本质，就是对丑恶采取坚决的批判态度，摒弃鄙俗的语言，反对卑琐、庸俗、审丑和麻木。

愿唐亚杰先生与我们共勉。

2016年10月26日，沈阳中书房

审美的光芒

——序孟光新游记《近乡情——古村行旅记》[1]

围绕给孟光新先生的新书写几句话，我没有料到自己会想起这么多与此相关的东西。比如，假如你处在体制内一个工作内容与审美毫不搭界的单位，假定你是一位具有审美倾向的人，这时同一单位还有其他人与你一样，你肯定会有一种说不出来的感觉，不是单纯的惺惺相惜，不是沙漠遇绿洲，而是一种互证性质的认定感。我与孟光新先生就是这样。

我早就知道他是摄影家，大约是2007年，他曾给我一本记录欧美风情的画册[2]，都是异域人物和风光，人物较多。翻阅画册的第一感觉就是，这是业已成熟的摄影家。观念、构图、语言、色调，都有自己的想法。看过之后，我始终没有说什么。我不大习惯认真地赞美别人，特别是当面赞美别人，我觉得这样容易失去郑重感而走向其反面。此外就是周围的美盲较多，极容易产生争论。

后来，直到2018年年初，他送给我一部长篇[3]，我才知道他也

① 孟光新：《近乡情——古村行旅记》，沈阳：春风文艺出版社，2020年。

② 指2006年辽宁美术出版社出版的《陌生的面孔——孟光新国外摄影作品集》。

③ 指2014年春风文艺出版社出版的《抹不去的眼泪》。

在写作。那天，我的感觉很奇特，我俩在中书房喝了一些酒，我比较欣慰。作为一个体制内的写作者，他隐藏得要深一些，始终处在潜伏状态。作者走后，我马上进入阅读状态，写得还真不错。描写知识青年下乡生活的，主要是青年时代的情感生活，甚至涉及初恋。其实，多年来我已经对长篇叙事文学产生焦虑和绝望，遇到不熟悉的作者，看不过80页就会产生厌烦。看身边人的东西总会有一种特别的感受，主要受托感和好奇感并存。这样，我坚持看完这部书，并觉得这部书重新修订一下，会更好一些，甚至更出色。这部长篇的突出优点是真诚，缺憾是与大多数处女作一样，由于作者几乎未经过叙事技术训练，这样从某种程度上削弱了素材本身应有的力量。其实，叙事、绘画、摄影、书法，这些艺术门类在技术和境界范畴上是相同的东西，都是从规范性技术开始操作，最后考量的却是一种叫作境界的东西。假如这部长篇能在技术上得到修订，那将是一件比较完美的事情。然后，我还是将这部书推荐给一家叫“懒汉听书”的网络平台制作成音频。没有想到，听众较多、反响较大，其效果超过我的预期。我认定，作为摄影家的孟光新先生，本身就具有审美情怀，同时具有叙事才能。我期盼他早日完成与叙事相关的纯技术性训练。

在体制内生存的人，一般都不愿意显露与工作内容本身关联性不强的审美类业余爱好。其实，这是当代行政管理领域的一个认知误区。在我国古代，不懂琴棋书画、没有审美意识的人是不能也无法从事管理工作的。同时，多年来的实践已经证明，凡是单一的、审美意识缺席的教育和管理均会付出不可逆转的沉重代价。

直到后来，我才知道孟光新先生有一个关于中国古村落的审美梦。他告诉我，在退休前的一个周末，遇到那本新版的《中国古镇游》。刹那间，他体会到远古、当代、审美、行走、思考这些字眼的具体含量。他透过字里行间，看到徽州民居的白墙黑瓦、岭南古村的山环水绕、黄土高原的大院窑洞、江南水乡的小桥流水、湘黔深山的特色寨子、云南边陲的七彩风韵……这些古村落一一涌到他的眼前。当时，他肯定有一种想要飞翔的感觉。那肯定是一个洒满阳光的黄昏，他肯定开始找到自己人生后半场的生活。

言归正传。2016年春天，孟光新先生一退休即踏上旅途。迄今，已历时两年多。其间，他行程两万多公里，走过近百个古村落，拍摄逾万张照片，同时写出20多万字的游记。可以想象，这注定是一个人风风雨雨的两年，是一个人集中苏醒审美意识的两年。我们现在看到的这本《近乡情——古村行旅记》，是作者从上述素材中筛选出关于60余个古村篇章，有逾400幅照片。关于书名，我跟他交流过，他的想法是“近乡情更怯”。

现在，我们集中说说这本书。一个刚刚结束体制内生活的人，心怀审美梦想和怀古梦想，这时他能看到什么呢？这种独身一人的行旅生活标示着什么？我觉得，这不单单是一个人天南地北地行走，因为那可能仅仅是一时兴起的走马观花而已，同时他还不能携带装有陈旧经验的枯井，必须首先形成自己新的参照系和新的观念。其实，从本质上说，这种孤独的旅程是一个体制人的蜕变过程，是一个规规矩矩的专业性官员重新获得灵气的过程，是一个初步领悟古今之变的过程，是一个蜕变全新自我的过程。在信息不发达的古代，古人崇尚“行万里路，读万卷书”，无疑就是为心灵感受拓展，增加生命的宽度，而当代社会，行万里路已经不是新鲜事情，比较难的是读万卷书，比读书更难的是专注。我觉得专注是当代最大的奢侈品。前面我说过，孟光新先生的长篇小说最优秀的品质是真诚，现在我想说孟光新先生对于古村落最大的认知是专注。在当代，再也没有比一个人对某一事物的专注更为稀缺的资源。他肯定是将那些散落在中国的古村落，看作一卷卷古书。于是，他的摄影就是写生，他的游记就是日记，而这些东西的选粹就是一本“古村行旅图”。于是，我们就不难发现这本书的现实意义。当我们看到古代这些人文生态环境和建筑环境的珍稀标本时，会惊奇地发现：这种我们现在称为梦想的东西，原来是古人曾经的现实。

那么，我们现在能做的到底是什么呢？亲近、保护、复制、汲取、提升，而这些问题的根源就是一个：当国人审美意识苏醒的时候，就是古村落鼎盛时期。翻译成口语就是：大家知道好歹的时候，古村落将会全面修复。有时候，看到眼下林立的高楼大厦，看到怪异丑陋的建筑物，看到被格式化的当代衰落村庄，我常常会想到：这些建筑垃圾会让我们的子孙想起什么？想起我们这个时代生活的粗鄙？还不都是。我觉得更大的问题是后代子孙如何处理这些建筑垃圾。

我认为，古村落是中国文化延续的核心物质载体之一。当然，孟光新先生的古村落情结还会延续下去，其实，我们可以读出：那些古村落已经成为他的乡愁。我曾问过孟光新先生："一路走来最大的感触是什么？"他慢悠悠地回答："在一些偏僻荒芜之地，古村落的现状、古村落的保护、古村落的前景都令人担忧，我想呼吁各级政府及相关部门、有识之士，加快维护和抢救，要和时间赛跑，别再等下去了。"他说起这些时，像是喃喃自语，直至最后沉默。那一刻，我觉得他在祈祷，他在祈祷古村放缓衰老，至少能让他在有生之年看到更多的原生美。就在这一刻，我觉得他分明是在呼喊。假如非得说出这本书的意义，呼喊就是这本书的真正意义所在。其实，这也是在我们这个注重物质的时代，审美本身所能激发出的些许的、微弱的光芒。

一次可以延续到余生的巡展

——画册《诗意的幸存者》[1]后记

这次巡展缘起于一次聚会。今年夏天的一个周末，我与老芒克、老杨炼、友友等若干朋友在大连吃饭，酒酣时分，大家提及诗人绘画一事。我说：“诗人不写诗时就应该绘画，你们有天然的绘画权利，诗人绘画本是就是另外的一种诗歌表达形式。”我还说，等有时间得策划一次诗人画展。说完，也就忘了。后来，杨炼催促我两次，我也不能再拖了。于是，就准备弄几幅画到沈阳，挂上，大家聚聚，也就成了。

2012年以来，我的叙事文学创作再次进入困难期。一部长篇小说开工已久，那是一个关于生命的故事，凄然而壮美，但始终也不能完成。每当面对电脑空白文档时，总像在荒原里行走，没有方向

① 2014年12月14日，“诗意的幸存者”——中国当代诗人视觉艺术巡展，在位于上海浦东三林老街的中道（上海）艺术馆启幕首发。此次巡展由高晖担任总策展人，诗人杨炼为艺术总监。参展人有中国朦胧诗的代表人物芒克、唐晓渡、严力，有作家兼画家友友、诗人摄影家李笠、诗人学者郭长虹，还有画家解危等七人组成。此展被誉为2014年度中国文化界的一个标志性事件。2016年6月4日登陆沈阳站续航，同年12月26日闭幕。此文系高晖为《诗意的幸存者》画册撰写的后记，亦为展览后记。

感，我不知道怎样行进和结束。那时，我甚至觉得自己对叙事文学已经失去兴趣，而上帝也不再帮助我。然后，不经意间，我开始大面积地阅读诗歌，并开始写作诗歌处女作——甚至是一首长诗。这时，我觉得自己内心深处有一种断裂的东西开始被粘连上，并渐渐弥合。就是这次短暂的诗歌创作体验，让我感受到诗歌写作的内敛、灵动和丰富，还有诗意的刻骨尊贵，当其中章节被《作家》杂志刊发的时候，我甚至像当年发表处女作时的样子，奔走相告。

那一刻，我觉得自己又回到创作元年——20世纪80年代后期。那时我20岁。那是随处可以遇见诗人和朦胧诗的年代。那是一个多么特别的年代呀。我曾经说过，对中国新时期30年文学史，有两块我充满敬意：一块是朦胧诗歌史，另一块是先锋叙事文学史。而且，我还认为前一块是母本。

这本画册清样到手时，我想起不久前在老严力的上海家里，他向我展示自己珍藏的两皮箱资料。那是怎样的两箱资料哇！简直就是中国当代朦胧诗歌史本身。箱里有芒克、杨炼、北岛、唐晓渡、顾城，还有其他优异的诗人们在创作之初的原始印记——手稿、油印诗集、聚会通知，以及星星画展的全部资料、照片、画作……天哪，它们大规模地挤压在一起的样子令人怜爱、惊异，我当时产生了些许魔幻感——就是这些“50后”的老家伙们，在他们青春时开始搞什么朦胧诗，从而导致像这样的“60后”“70后”们的常规青春期发生逆转。我们这些“60后”，凡是在青春期接触过朦胧诗这种东西的，内心就会产生化学变化，什么变化呢？只能说，那是一种不可抗拒的力量，至少，至少使我们的生命、我们看世界的方式变得与其他人有所不同，而且持续至今。1989年，我的处女作就是给一本油印诗集撰写的序言——《回归线上的坐标》。20世纪80年代，朦胧诗歌是我们青春期的流行语，现在则是我们人到中年的内部语言。“60后”的李笠，一个优异的诗人和译者，他的长焦镜头总是能盯到混乱现实里最诗意的部分，他制造的一幅幅图像总能让我们有些许感动。与我同是“60后”的郭长虹，当时就是一个优异的校园诗人，再看他现在的画，绝少烟火气息，里面有一种与亘古的诗性接榫的安宁和自信。还有优异的油画家解危，一个资深的诗爱者，他对我说影响他油画创作最深远的东西就是诗歌——诗歌让他找到了绘画语言的节奏和张力。

上海的深秋味道像一碗浓汤，老严力的窗外有叶子窣窣落下，且掷地有声。他头顶幅幅画静静地站在墙上，很骄傲的样子。严力的画里除了诗意，还多了一些哲思，每幅画面都能提醒一个问题，也许有些问题你已经掌握答案，但是画家还是愿意重新提出来，区别以往的不单是这次看图说话本身。中国当代诗歌精神与严力的画，与这本画册所有人的视觉艺术作品已经重逢，这就是中国当代诗歌精神的香火不断。箱子里的东西静静地躺在那里，相互摩擦并有细微的声响，我对他说：“珍奇呀，这是一段无与伦比的精神史，应该搞一个中国当代诗人艺术档案馆哪！”他的那双老眼睛晶莹而剔透地盯着我，点头。

中国当代诗歌史，就是一部部个人心灵史的总计。这次展出的诗人视觉艺术品，关乎诗人个人心灵史，也就是那段诗歌史的延续和补充。那代诗人的肉身已经老化，但老家伙们目光依然闪亮、内心仍旧恒定。从这些视觉艺术作品里，总能看到那种灵动、奇异而温暖的东西，这种东西就是我们常说的诗意。遇见老芒克的画，你不愿意离开，单纯、质朴，就像一个老朋友让你身心愉悦，你愿意打开所有能打开的细胞接纳画面气息，你会这样问：“这是一个内心多么干净的人哪，不然怎能画出这样的画呢?”这个“50后”老芒克一生没有工作过，就像一棵老品种的高粱——有机庄稼成熟的时候就是这个样子。再说“50后”的唐晓渡，他在诗歌时代身份有些特别——一个集诗人、译者、批评家“三位一体”的老家伙。唐晓渡的诗歌文本充满自觉、自省和自律精神，甚至他的诗歌理论建树遮蔽了他自己那些优异的诗歌文本。再看他的一幅幅书法，就像一首首内敛的诗歌，那些诗意的部分在羞怯地涌动，特别是这件手札，一封写给父亲的信，无论字里行间还是线条，都有一种温存的理性，有士人之风。这次展览，他给我提供了1988年他与芒克、杨炼发起“幸存者诗歌俱乐部”的若干文献资料。前两天，我们电话聊了半个多小时，关于这次展览、针对诗人艺术档案馆，他的声音沉静而喜悦。特别是，还有“50后”的老妖精友友，她对色彩、对线条具有天然的感应力，她总是能将女人生命底部的东西照耀出来，而且充满禅意。我甚至觉得友友的色彩是没有性别的，属于第三性绘画，似乎有一种被解救的东西含在里面，率先呈现出来的形态是野艳奇崛。

其实，诗意总能缝隙间存活，无论时代经历了什么，无论处在什么社会样貌，永远也不会被遮蔽，甚至还会不屈地熠熠生辉，最后被筛选成为那个时代的精神高度。当我们丈量一部文学史的时候，其实主要是在翻检诗意元素。的确，这些视觉艺术作品，对于诗人个体而言，完全是诗歌的另外一种写法，而且几乎就是一首长诗的容量，就像杨炼在前面说的那样，一个人的人生、历史、思想、艺术，本身就是一首小长诗。的确，当诗人们将词语转型为油彩、笔墨、线条、影像时，每一点、每条线、每一像素都蕴含着另一诗律。

就在我组织筹备这次展览的时候，陆续有人得知这一消息，其关注的热情让我始料不及，有机构要“接盘”——比如这次将出发地选在上海，甚至有人建议扩大巡展路径——办成一次全国巡展。其后，果真有七八家国内艺术机构意欲接续承办下去。如果真是这样，这些作品可能会游历大半个中国呀！都有可能啊，很多重要的事情不都是发生在我们最不经意的时刻吗？我相信，我也愿意。但愿将这次巡展一直延续下去，直到余生。感谢那些出钱出力的朋友。写到这里，我想起赵辉正在一幅幅地翻拍展览作品的样子，感冒而专注，带着助手整整弄了一个下午。国际著名摄影家不辞辛苦哇。像这样的朋友还有几位，但你们也没感冒，免列了。

这次展览，仅仅是4个“50后”诗人和3个“60后”诗人的故事。据说，现在中国专业书画界乱象丛生，如果非得说这次巡展对中国绘画（视觉艺术）界有什么意义的话，我想这样说：但愿这次特别的展出能提醒一个常识，那就是还得恢复中国书画的精神本体性，心灵不参加创作的人，是不能搞出高尚的视觉艺术品的，无论书法、绘画，还是摄影。其实，一个创作者的油彩、笔墨、线条、焦点，就是自身内在生命状态的透析。我前面说过，诗人有天然的权利干这个。谁能与心灵一并还乡，谁愿意和历史一起成长，谁能拥有绵长的诗意，谁就是当然的“幸存者”。

再补充一句，我那部没有写完的长篇小说，就叫《幸存者》，那些被节选的诗歌叫《冬天里的春天》。

2014年11月28日，沈阳

重返精神家园

——序孟光新游记《近乡情——古村行旅记》（续）[①]

《近乡情——古村行旅记》出版以来，时常会有若干熟悉作者的体制内朋友跟我谈及此事，话题大多是围绕自己退休后也要像孟光新这样，全国各地走一走、看一看，甚至也要写一点文字。当然，这些话题都局限在旅行范畴内。每遇这种情况，我一般都会随声附和。有一天，我再次翻阅《近乡情》，突然想到：其实，这是一桩事件，其中包含着意义。

今年年初，光新先生回来并特意告诉我：“走完了，全部走完了。”“150多个典型古村落你都走完了，那得赶紧出版《近乡情》续集啦！”我说：“这次得找一位研究古村落的专家给你写序。”他坚持说：“还得你写，还得你写。”于是，我无法再推辞：“那好吧。关键是你做了一件大事。这次，我得尽量从学理意义上弄清楚一些，也就是这件事到底意味着什么。”其后，我便是看清样，并且围绕古村落阅读相关资料和书籍。“这是一桩事件，其中包含着意义”——我得力所能及地给出一个定位性的东西，其实，无非就是一组判断句而已。然后，便是长时间语塞，一动手就焦灼不安。有些东西没有厘清，还是无法顺畅地完成整篇东西。我知道，光新也在默默地等

① 本书尚处于出版流程，未正式印刷。

待这篇序言，尽管没有催我，但我还是能感受到他的期待。

这件事情，说起来很简单：一位刚刚退休的厅局级公务员，从2016年春季出发，只身一人，断断续续用6年时间，行程10万多公里，走过近150个古村落（镇），遍及近三十几个省（市），实地拍摄两万余张照片，撰写50多万字的游记。其间，在2019年年末，他已结集57个古村落，出版《近乡情——古村行旅记》，并于2021年11月正式出版。其后，虽受新冠疫情所限，但他并未因此止步，直至2021年冬季，结束古村落寻访的全部行程。此刻，大家看到的这部续集，汇集65个古村落，并分为上下两册出版。于是，他认为自己完成了退休后的人生目标之一。

然而，这件事情所包含的内容却远远没有这么简单。其实，孟光新关于中国古村落的审美梦想，就是关于怀古和审美的梦想。6年来，孟光新沉浸在远古、古村落、审美这些古典氛围里，穿行在当代、审丑、重建乡村这些当下现实里——他已经完成从飞翔到宁静，从审美意识苏醒到社会责任感的生成。同时，这也是一种个体生命勇气的呈现，即孟光新通过实现这场中国古村落审美梦，找到自己人生后半场的生命精神依托。

至此，孟光新成为国内系统考察古村落的第一位旅行家，又是国内系统记叙古村落的第一位作家，还是国内系列拍摄古村落的第一位摄影家。同时，《近乡情》系列或将具有研究古村落的资料价值。那么，相关意义何在呢？我觉得，孟光新走遍古村落，这是一桩个体生命的心灵事件，又是一桩具有社会性的文化事件。

先说孟光新的个体生命事件。2000多个日日夜夜，10多万公里的孤独旅程，150多个古村落的跋山涉水，两万余张实地照片，50多万字的旅行日记，其实包含着孟光新的一个又一次访古对话和自我灵魂的倾听，由此引发的心灵经验甚至是心灵历险，促使孟光新完成一次自我生命的高峰体验和洗礼。毋庸置疑，支撑孟光新完成漫漫长路的是一种巨大的、自我生成的精神力量。这种精神力量的特质是一边行走、一边生成，他本人就像一部油电混合动力汽车，在耗油的同时完成充电。具体说，就是他通过对古村落文化遗存的考察，看到历朝历代的审美程式的变化；他通过独自行旅生活，完成一次认知的提升，已经抛弃装有陈旧经验的枯井，并形成自己新的参照系和新的观念。

我完全能够想象到孟光新6年孤旅经历和经验的丰富性，会远远大于他所呈现给读者的部分，肯定会包括沉迷、惊奇、感喟、邂逅、绝望，还有那些不可言说的神秘感，正是所有这些，成为孟光新完成此次郑重的心灵超越的组成部分。由此，他的心灵感受在拓展，他的生命幅面在增宽。这是一次个体生命的心灵长征，这是一次哲学意义上的精神还乡，这是一次宗教意义上的自我救赎。总之，这是一次从此岸到彼岸的闭环体验。

综上，从个体生命精神完成的意义上讲，这6年旅程已经使孟光新获得穿越时空感，获得古风拂尘感，获得古水涤心感，进而获得内心空明澄碧的新生感。他在后记里曾描绘这次漫长旅行的结束时刻，那是他从云南哈尼梯田走下的早晨。我觉得，就是在这一刻，一个崭新的孟光新已经诞生。

从社会学意义看，这6年旅程就是一个具有标志性的文化事件。从个体生命的精神还乡到社会责任感的自我升腾，这是一个问题的两个方面。没有精神启蒙，就不会有真正的社会责任感。我在前一篇序言里说过，古村落是中国文化延续的载体之一。其实，古村落更是农耕文明的基本单位。千百家园构成村落，万千村落构筑家国。炎黄后裔的血脉基因，既无处不在又细若游丝。我觉得，无数个古村落就是中国人的家国情怀和亘古乡愁的真实出处。可以说，孟光新的6年旅程，就是一次特别的具有社会学意义的行为艺术。他分明是在呼吁保护古村落，他分明是在呼吁重启古村落的精神价值，他分明是在呼吁重塑中国文化之根脉。

当然，传统农耕的衰落，加之城市集聚的马太效应，诱导村民进行相关价值判断和选择，导致当下古村落的空心化，并呈现着不可逆转的坠落趋势。其实，从现有古村落这些珍稀标本可以透视当时古人生活的人文生态环境和建筑环境，无疑就是中国乡村梦的文化模型。在中国，当代生活的真正痛点是文化缺失，中国传统文化将是未来世界的救赎切口之一，而中国传统文化目前正在加速流失、劣化、异化。于是，亲近、保护、复制、汲取、提升古村落，是同一问题的不同方面，我认为其核心问题就是操盘者审美意识的全面苏醒。目前，针对古村落采取的相关"保护利用"方式，已经传达出只重死物复生而不重精神传承的态势，业已背离初衷进而走向反面——加速着古村落空心化。其实，我认为，古村落所承载的真正不可再生资源就是乡村精神，而乡村精神的活体传承者是乡绅。这些，应该是"中华文明基因库"的关键基因信息。孟光新正是围绕古村落的意境和意义进行采写，于是，《近乡情》将对古村落的传统文化信息的保存、解读、传承和发展，具有一定的资料价值甚至远远大于资料价值。

综上，孟光新从个体生命心灵洗礼与再造到社会责任感升腾与实现的过程，其实就是精神还乡，就是重返精神家园的过程。这就是孟光新6年苦旅的真正意义。可以推测，孟光新6年寻访古村落之旅或将得到社会面关注。我愿意这样期待。

自序与后记

另一个方向

——自序散文集《寻人启事》[①]

这些天，街里一直在砍树——不是整个砍，而是专砍树的脑袋。肯定是这些树的脑袋上的枝丫太密，挡了城里人的眼睛。我走在街上，看到树的脑袋一个个地落下，心里挺不是滋味的。那些光秃秃的树干似乎增添了这个冬天的寒冷。这个冬天，刚开始的时候，还表现出一点春天般的温暖，过了新年，就让人猝不及防地冷了起来。也该冷一冷了，据说寒冷可以杀菌。我同意这样一种说法。然而，看到那些光秃秃的树桩，心里仍然不是滋味。那树都是3米或4米高了，而且有碗口那么粗。大碗口，不是小碗口。大多都是叫穿天杨的那种树。这种树疯长，人不去碰它们，也说不准能长多高。我摸了摸其中的一棵，比空气暖和些，我说的是树皮，没摸里面。这些树，都排列在路的两旁，路多长，它们就排到多长，城里的树都这样，直挺挺地排列，没有成为树林的可能。这是只有长度而没有厚度的一群。我有些僵硬的手在树干上来回滑动的时候，手心还是那么冷。我等待着，想亲眼看看那树的脑袋，是如何落下去的。这时，负责砍树脑袋的人收工了。太阳暗下来，不情愿暗下来的那种样子，对面的楼群挡住了我寻找太阳的眼睛，看不着，就是看不着。天太

① 高晖：《寻人启事》，沈阳：春风文艺出版社，1995年。

短，说黑就黑了。我得回家，该吃晚饭了。

走在回家的路上，我在心里填充着关于树脑袋如何落在地上这一场景的空白。肯定是那些人沿着树干竖了梯子，然后爬上去，拿着那嗡嗡直响的电锯，一点点地进入，然后剩下一小点的时候，再套上绳子，在地上用力拽，这样，树的脑袋就落下来了，肯定不会“唰”的一下落在地上，不会有什么响声，它们那繁盛的枝丫会先着地，弹一下，最后，整个树的脑袋才慢悠悠地着地。砍树脑袋和砍人脑袋绝对不会一样。想过之后，我有些害怕，楼道里也黑了，我想这些干什么呢？肯定与我这些天来的心情有关，这些天，我一直想着与死有关的事，没想到，这次涉及了植物的死。植物不是人。我还得想一下关于人的事。在钥匙进入插孔的一刹那，我想，我应该确定今晚该读什么书了。

进入1995年年末，我原本较为轻松而单纯的阅读又变得庞杂而吃力了。我把托尔斯泰、博尔赫斯的书从书架上移到枕边。躺在床上，我就能摸到这些书的脸。这些天来，我只是摸，一遍遍地抚摸，一打开书页，很多事就浮在我心上，使我无法看清书上的字。头疼，就是头疼。我以为在这种心境下，读一读《追忆似水年华》也许更适合些。从书架上拿下来那沉重的普鲁斯特，读了两页就不行了，还是先前的那种样子。这部书，对我来说有些特别。我舍不得读。真是这种感觉。有些书，我翻开第一页，就马上可以判断出，现在读太可惜，我得等待一种心境，一种适合于这本书的心境。我当时想，在病中读这本书也许更恰当些。这病必须是不太严重的病，但要休养半年。这时，你躺在床上，整个屋子里，除了我自己是黄色的之外，都是白的。这时，我读下去：在很长一段时期里，我都是早早就躺下了……我想象到，如果有那样的时刻，我一定会觉得普鲁斯特就在我的体内，由于他的荡漾，会把我体内的一些东西涌出来。我热爱《追忆似水年华》，它是从普鲁斯特这个人的身体内部发射出来的东西，所有这样的作品和这样的作家我都热爱。虽然，那天傍晚，我只读了两页，翻了翻，就想起一些别的事了。我没能进入这本书，却一点也不妨碍我对这本书的热爱。我说的是热爱。放下这本书的时候，我有点饿，妻子没回来，我也不想做饭。一个人在家的时候常常是这样，发现自己饿的时候，已经来不及了。……有时候，蜡烛才灭，我的眼皮随即合上，都来不及咕哝一句："我要睡着。"半小时之后，我才想到应该睡觉；这一想，我反倒清醒过来。我打算把自以为还捏在手里的书放好，吹灭灯火。睡着那会儿，我一直在思考刚才读的那本书，只是思路有点特别；我总觉得书里说的事，什么教堂啊，四重奏哇，弗朗索瓦一世和查理五世争强斗胜啊，全都同我直接有关。

那天傍晚，我早早地躺在床上，鞋子还套在脚上。手里捏着香烟，那本书横在额头上。灯光相当幽暗，我的心也渐渐地平复下来，我当时就意识到了，我和普鲁斯特躺在床上的基本姿势是那样的不同。也许，我的情绪只是在1995年的岁尾，以及为进入30岁以来的第一个新年才产生的。烟灰已有很长一大截儿了，我睁着眼睛看着那截儿烟灰，我不敢大声呼吸，我担心那烟灰过早地掉下来。30岁了，确实是30岁了。那一刻，我想起了30岁生日那天。

我发现自己30岁时，是在下午。在我骑着自行车向城南走去的路上，我下意识地发现，那天是自己30岁的生日。那一瞬间，车把摇晃了一下，脚下有点发空，我开始注意自己前进的方向。我有点累，支好破旧的自行车，坐在一个鞋摊上，修自己的鞋。这双鞋早该修了，我却拖了这么长时间，靠里边的鞋掌已经磨没了，若不是刚才踏空时看了一眼脚，还不知道拖到哪年哪月。我是个吃什么穿什么都行的人。看着我的鞋被人摆弄来摆弄去的样子，我发觉，我好久也没有看自己的鞋子了。这双鞋，昨天还穿在29岁男人的脚上，今天就穿在30岁男人的脚上了。那是下午，1995年6月16日的下午。我坐在临街的一个鞋摊上，企图想一下关于自己30岁的事，就是不能集中精力。我的眼睛盯着那双粗糙的大手以及手里的鞋子。

修完鞋，我想给妻子打个电话，又一想，算了。回家写点东西吧，这一天，是应该写出好文章的一天。坐在写字台前，我想写写我的儿子。我已经记不清那是第几次想写我的儿子了。那天，儿子还有一个多月就要两周岁了。他还在奶奶家，他和奶奶越来越无法分开，就像当年我和姥姥。每次想写我儿子的时候，都相继失败了。过于饱满的东西压迫着我的思维，使我无法进入状态。当然，那次也不例外。那天下午是那样的容易失去，迅速得我来不及想什么就到傍晚了。我喜欢晚上，我期待着30岁的夜晚会发生什么丰富的想法，没有，没有什么丰富的想法。晚上闷热，这是一种过早的闷热，春天刚过，就开始闷热了，这在北方也算是正常。那天夜里，我好久没有睡着。

后半夜的时候，我渐渐地感受到这个日子的抽象。这种抽象性来自我突然问了自己一句："我还要活30年吗？"我不知道。那么，我的生命期限是建立在一种什么样的假设上呢？我被这个问题折磨得难以入睡。30年来，我似乎只做了一件事情，这件事情可不可以这样说呢，我发现并拥有了自己的内心。那一刻，我的心中充满了十分空洞的悲伤。怎么办呢？然后，我就睡去了。那一夜，是我睡眠史上最独特的一次，我在睡觉的时候，几乎能感受到自己正在睡着。我记不清第二天早晨的阳光是否灿烂了。那天早晨，我又想起了我的姥姥。我想回老家，刚来这个新单位，我又没有足够的理由请假。第二天，妻子送给我一套四卷本的《托尔斯泰文集》，她当时知道了，她已经是一个30岁的男人的妻子，我不知道这种状况让没让她产生想法。

这种念头直到我醒之后还延续了好几秒钟；它倒与我的理性不很相悖，只是像眼罩似的蒙住我的眼睛，使我一时觉察不到烛火早已熄灭。我手中的烟灰落了下来，我能感觉到烟灰精细地砸在我的胸上，闹钟的嘀嗒声划动着我心里的某种细微的东西。那天，妈妈打来电话，儿子自己说话："爸爸，奶电视坏了，宝弄的。"我说："是吗？儿子。"妈妈补充了细节。这小家伙在看《大风车》节目的时候，说不清为什么动了情绪，他猛砸电视屏幕，够不着屏幕上的人脑袋，干着急。急中生智，他拽了电源线，把电视从柜子上拽了下来。"轰"的一声，荧光屏没坏，其他的部位差不多都坏了。我问他："儿子，奶奶揍你了吗？"他说："没打。"我问妈妈："巴顿害怕了吗？"妈妈说："他有点打蔫儿，老念叨看《大风车》，正修呢。"我很感激妈妈，这是儿子自有生命以来所发生的一个重大事件，好在儿子没伤着，什么也没伤着。电视，是我妈妈的家当里最重要的一个部分。儿子弄坏了它，像没事一样，我不知道儿子是否感受到了自由，这是一种十分珍贵的自由。我没有享受这个自由的权利。我的自由只存在于自己内心里的一个角落。我也只能意识到自己的这个角落存在着，而且能感觉到自己为这个角落的抗争，也就足够了。儿子一天天地长起来。我也一天天地长起来。30岁，这相当于一个坐标点，我向坐标点的另一个方向走去。儿子已经具备提一些问题的能力了。他常常问我："爸爸，这是啥呀？"他大都是针对一些物品的名称发问，那些物品，我几乎都认识。于是，我就信心十足地告诉他。那些，都是有确定名称的东西。儿子一般都说："谢谢爸爸，爸爸真能。"我真想告诉儿子，爸爸不能，我也有好多不知道名称的东西，我也有好多问题要问，特别是进入30岁的时候，我弄不清的东西更多了，虽然这些问题中的一部分是我自己弄出来的，我得依靠自己的力量来回答它们。在回答这些问题的时候，我发现，有些问题的答案不是在我的手里，不过，这也是没办法的事。

冬天里的某一天，师专中文系主任高旭国先生和他的同事们，把我请到龙首山下的一家酒馆里，和我说话。他们说话的大部分内容是：这座城市里搞纯文学创作的人所剩无几了，你得挺住。记得那天，我喝了许多酒，我不知道怎么说才更贴近实际状况，嘴里只是含混不清地说："挺住，挺住。"那天下雪。那是入冬以来的第一场雪，我感觉到了温暖。当然，下雪的时候，一般都比较暖和。喝完酒，我踩着柔软的积雪走向车站的路上，望着山下的这座中等城市，判断着我所居住的方位，雪天有雾，我自然看不大清。

后来，它开始变得令人费解，好像是上辈子的思想，经过还魂转世来到我的面前；于是书里的内容同我脱节，愿不愿再挂上钩，全凭我自己决定，这一来，我的视力得恢复，我惊讶地发现周围原来漆黑一片，这黑暗固然使我的眼睛十分受用，但也许更使我的心情感到亲切而安详；它简直像是没有来由，莫名其妙的东西，名副其实地让人摸不到头脑。我还要活30年吗？我不知道，真的不知道。这是一个点燃多少根香烟也无法明确的问题，每一次发问，只能证实自己正走在活着的路上，仅此而已。树的脑袋落地时的样子，现在变得实在而亲切，我已经忽略了自己并没有看到那样的场景，这样的想象，在我的心里积累了为数不少的一堆，我难以区分想象和经验的差别，我知道，这是时间在自己心灵里施展的魔法。

我能预感到，春天的时候，那些光秃的树干顶端会长出葱绿的枝丫，再过一两个春天，又会生长出新的脑袋，还有比以前茂盛的可能。那么，我呢，我的肉体和我的灵魂能像那树吗？我快要落在地上的时候，会有枝丫一样的东西先着地，并且支撑我一下吗？

再说两句

——后记散文集《寻人启事》

非得再说两句吗？按常规应该是这样。这相当于表演范畴里的谢幕。我得尽量向常规靠拢。

我想，我得感谢能读这本书的人。这些人中的一小部分，也许能成为我的朋友。我是个读者，我能感受到，我们的这种交流方式意味着什么。我不大习惯说自己的文章不好，正如能看到的，这本书里，有几篇文章甚至是不错的。我现在，真想拿出一本好书，给一部分人看。给我一点时间。别急，我们都别急。我说过，我是个读者。无法想象，没有那些优秀的书，我的精神生活会是什么样子。差不多每天夜里，我都有好长一段时间和这些书们一起度过。这些书能让我睡得踏实一些同时也短暂一些。尽管这些书没能给我带来写作的勇气，而且情形恰恰相反。我的写作也许仅仅是读不下书时的空白，当然也肯定与我的内心有关。我痴迷地认为，读书能使我走向人类精神的高级方向。我确实这样想。这样想的时候，我不敢排除还有其他的方式。只不过，我选择了读书。卡夫卡似乎说过这样的话："我写的，不是我想的；我想的，不是我要想的，直至灵魂最深处。"卡夫卡说的不是言行一致不一致的问题，他完全是另外一种意思。我想说，我懂得他的意思。

我因参加了这本书的一部分校对工作而心有余悸。这种丰富而异常的阅读感受，我还是第一次尝到。自己读自己的那种莫名其妙的感受。这种感受甚至导致了校对后我想反悔：我对这些文学拿出来给别人看的理由是否充分缺乏信心。我不是说这本书写得一无是处。我说过，我从不说自己的文章不好。我的想法大部分都集中在，这些文字拿出去，会对我的内心产生怎样的影响。现在仅仅是有些惆怅，还有不安。稿子在我手里滞留的这些天，每一阵电话铃声都使我特别紧张，我担心又是这本书的编者在催促我去交稿。如里说，这本书有相应的存在理由，那么得感谢宁珍志先生的若干次催促。而且，还得请他原谅，我对有些稿子做了一些先斩后奏的调整，换掉了一些抒情成分较浓的篇章，加进一些随笔。

这本书也许会使我的带有地下性质的写作，转为相对公开而正式。其实这也没有什么不好。只是，只是公开的时间提前了一些，这让我有点猝不及防。我曾给这本书的存在设定了一个明确的理由，那就是把它献给我的姥姥。其实，设定这一理由的同时，我就明白，姥姥不会在意什么书不书的。也许，这位老人摸过这本书时，只会不经意地问一问：“整这玩意儿干啥？”对呀！整这玩意儿干啥？我只能这样说：“我需要。”就是需要。不管姥姥怎么说，我还是想把这本书献给她。我祝福我的姥姥，也愿意祝福所有姥姥和将要成为姥姥的女人们一生幸福平安。

进入雨季的准备
——后记散文集《内部问题》[①]

我能记得清楚，是从6月8日晚上开始降温的。1996年初夏的高温大约持续了半个月，终于在这一天中午的时候有了几缕凉风。风是从脚底下开始往上刮的。当时，我正参加一个婚礼。一个女裁缝的婚礼。她笑得鼻子上边渗出了汗珠，站在饭店门口送那些刚吃完喜酒的男人和女人体面地出去。这时，那些可贵的风突然吹动了她宽阔的裙底，并且钻了进去，她费了好大劲才端住婚纱。她笑了笑，朝我的方向。我也笑了笑，朝她的方向。我并没有认为我们的微笑有什么直接联系。那是进入1996年夏季最炎热的一天，温度也有理由从那一天开始下降。等来等去，我们这拨儿人开饭的时间到了，我决定不吃饭，走人。我产生了一个新的想法：又可以做点自己的事了；那时我就有预感，天气要温和几天。

妻说："洪峰和刁斗来铁岭了，正找你。"于是我顺势背了包出去，想带他们出去两天，走走。洪峰端坐在一家牛肉面馆里，旁边是被他们吃空的盘子和碗。刁斗当时去了卫生间。他们执意要走，洪峰的理由相当充分：世界杯要开始了。送走他们时候，那凉风开始重新出现，铁轨两边的轻浮物漂起来，要飞的样子，最后还是比

① 高晖：《内部问题》，哈尔滨：哈尔滨出版社，1997年。

较平稳地落在了地上。车尾已经没有踪影，洪峰很快就要回到他那台大电视旁边，那里面很快就有足球和踢足球的人了，我想他需要那些。

出了站台我心里便开始发空，温和的风并没有持续地出现。回到家里和献智[①]躺在床上，有一搭儿没一搭儿地吸着烟。刚当上副科长的献智又像个哑巴一样不说话。我看着那只被自己又背回来的登山包，突然站起来背上它，对他说："咱俩走。"献智照例没问我去什么地方，我们登上了北去的火车。晚上的时候，我俩，还有老何坐在开原的一家烧烤摊上的时候，大面积的凉风来了。开原的那条文化路相当开阔，很容易让我想起北京的长安街；我们手中的酒杯也开始凉爽。那一刻，我发觉自己恢复了信心，而且开始考虑这本书的事。良好的天气里我通常会集中考虑一些活着以外的事情；于是认为这本书可以顺利地出来。这样，连续一个月以来的空白或停顿便宣告结束。由于气温导致的不劳动的日子其实挺让人受用，那时我底气充分地对自己说。1996年元旦的时候，我竟像那些不用功读书的中学生一样，为自己制订了一个胸怀大志的计划：全年读书100本、写小说30万字。更糟糕的是，我把这个计划写在一个本子上，而且常常拿出来观看。进入5月份的时候，我忧心忡忡地发现，我很愚蠢，我根本没有足够的精力来完成它。从那时起，我的业余读书和写作小说工作开始相应地松弛下来；这种情况再一次告诉我：我的读书和写作必须在毫无功利性和尽量无目的性的状态下方能顺利进行。在那些众多个停顿的间隙里，我大都在本子上写些随时的想法，那是些和我当下状态极有关联的想法。荒原[②]兄在春暖花开的时候打电话来，说他想编一套散文随笔类的书，问我能否参加。我

---

① 作者挚友，2000年病逝于铁岭。

② 荒原，沈阳作家，时任《芒种》编辑，系高晖小说处女作《片段》的责任编辑。

说，可能不够，过些天再看看。荒原是我信任的编辑，我想他能编出一套比较不错的书。那天，我重读了一些本子上的字，就给他回了电话。我感谢他给我这个本子提供了复制成更多个本子的机会。这样我就稍有理由对自己说，我从此以后在很长一段时间里不会再集中写这些同散文随笔有关的文字了。这本书算是一种停顿。我现在已经开始关心这本书能给我的“跃进”式的1996年带来多少安定感。

我无法预计1996年剩下的日子会出现什么样的事情，特别是我的读书和写作生活。不过，我想我得及时养成早睡早起的习惯，这样更有利于健康地活着。以后再也不制订那些让自己难受的计划了。我愿意像那些老人们一样慢条斯理地活着，最好也能红光满面。尽管这也只能是愿望，就像我一直盼望北方的气候冬天不要太冷，夏天不要太热一样。电视里说，明年香港就要回归祖国了。这是好消息。很快就要进入雨季了，可千万别再发大水。我特别愿意全国人民都能不招灾不惹祸地过着太平日子。

我想，这些愿望并不过分。

野蛮的读者

——自序文学批评集《原始阅读》①

在通常情况下，在通常情况下我们会在某一个时期集中一整块时间看天。我看天的时候是在少年。那时候，我读初中，中学离我的村子有18华里，据说，这段距离是由那位驼背的邮递员测出来的。他测量的办法比较笨拙，在自行车的挡泥板上放个小铃铛，车圈每轮一圈，就响一下，他骑在车子上，手里捏了一大截儿扒光了皮的高粱秆，每响一下，他就用大拇指甲在上面勒一下印，然后到我们村子东头的老榆树下边停下，拿出满兜被他勒了印的高粱秆进行一系列的四则混合运算。我无意中听大人们说出这种测量办法，当时心情不好，我后来知道，那是由于体会了距离概念而产生的烦恼。

那时，我只去过两次县城，离我们村子70华里，坐马车去的，夏天早晨4点钟出发，12点到达。可惜的是，我都是一上车就睡着了，下车的时候正好醒来，这样我就失去了体会路程的机会。尽管这样，那时我早就知道，我所居住的地球有边有沿，而地球周围的天空是没边没沿的。

我们骑自行车上学，早晨上学时带饭盒，下午放学一般就没事

① 高晖：《原始阅读》，香港：中国文学出版社，2003年。

干了。我不愿意一放学就回家，特别是除了冬季以外的其他季节。上学的路，都是极普通的乡路，下雨的时候在泥泞中推自行车是让人闹心的事情，你推几步远就得蹲下，用树枝抠车圈上的泥巴，而且有时光抠是不顶事的，车子也要骑你的。整个初中生活显然是不下雨的日子更多一些。在那些阳光正常的日子里，回家的路就变得漫长一些，走一会儿玩一会儿是少年人走路的特殊方式。整个乡路两边是树，高高瘦瘦的穿天杨，平平荡荡的路面，这在北方也是常理之中的事。一般来说，大家玩的时候对突出的地势特别敏感，好在整段路中间有座烽火台，那座废弃的台是毫无疑问的古迹。当我第一次登上那台子的时候已经掌握了一些历史知识，这样，我有理由期待登上台子的瞬间会产生一些和平时不一样的感觉。然而，没有，没有什么特别的感受，只是固执地认为自己和古人的距离近了一些。那时，这类东西还不能影响我的情绪和心情，我毕竟还是个孩子。接下来的情形就是常常在回家的路上把车子放在路边，一溜烟跑上去，跑到顶上，仍然挺开心的。我想，那是由于少年占领制高点带来的快感，和时间及空间没什么联系。

直到后来有一天，那是个初春的黄昏，站在上面时恰好太阳要落到另外一边去，太阳被远方的一条线分割成半圆，红红的半圆被我看在眼里，没有一点遮拦，世界里的光线第一次让我感到温顺或者说当时我确实考虑了光线温顺和不温顺的差别。我知道，那条线就是地平线，就认为那是天地的边界，太阳就在那里出来或进去，那是幕前和幕后的分别。我想很久很久以前的时候，也许会有一个孩子像我这样，在这样的时刻看着那半个火球以及火球身上的线。我有点害怕。在那段时间里，我常常害怕没有声音的世界，当时就是这个样子，我努力倾听太阳接触边界的刹那间与那条清澈的界线之间的摩擦声，我认为应该有那样的一种声音。实际上，我没有听见任何一种声音，那条边线这边有人的烟火，那边是什么实在是看不见了。

在那样的时刻，我生出了一种明确的渴望，我想凑到那条线的近旁看个究竟，至于在什么时候，那肯定是等我长到和我的几何学老师一样大的时候。我想知道，我想知道，那里到底是个什么样子，而且，那里会和我有关系。人在那个年龄时常会发现自己特别急迫地想知道一些不知道的东西，但时间一长些，有时想法自然也就淡化一些，只有为数不多的几个想法会幸运地留下来，这个想法就是其中的一个。

1985年夏天，我平生第一次登上了我认为最高的地方——千山。我登上的那个地方不是千山中的最高峰，原因是我弄不清哪个山峰更高些，我不问，也没人主动告诉我。登上那峰，下边都是有高有矮的另外的山峰，看不到宽阔的土地以及那条神秘的界线，这确实让人沮丧。那是我生命中一段不明不白，更应该容易触景生情的时间。那一年，我18岁。站在那座山峰上，我类似庄严地想起了自己18岁生命中的一些重要的事情，比如爱情、理想什么的，我还没有能力更多地关心我自己的内心以及那个少年的黄昏。那时，我发现确实有一些东西离我远了一些，甚至没有了踪影，看着眼前杂乱的山顶在云雾之中朦朦胧胧的样子，我哭了，主要是悲痛这种糟糕的视野还来不及担心自己的命运。我有理由认为，从那时开始，我的青春距离我的内心遥远起来，甚至是我的青春在行进中停顿了一下。后来，我用很长一段时间讨厌任何一种山。

1987年秋天，我和中专的同学去了一趟叫塔子沟的山。来到山脚下的时候，我便不想再上去了，我决定在底下给他们看衣服。我躺在那里吸烟，想着我的春春里发生过的一些事情，挺入神，入神的后果是我烧着了身边的杂草，若不是我扑救得及时，恐怕那座野山早就草木皆无了。我用自己的衣服扑灭了周围的火苗。我独自一人重新躺下来，闻着草木余灰浓烈的气味，我觉得自己正实实在在地活着，特别开心；我投入一种并不盲目的冲动中：我想就这样活下去，就这样活下去。我当时认为，这样想并没有什么错。又有一些东西离我远了，同时也又有一些东西离我近了。值得庆幸的是，那时，我又记起了那个少年的黄昏。我想感谢那块荒墟刚劫的土地，它支持我躺下来，这是一种可以看见天的姿态。我在看书的时候，常常在书页上出现这样的场景。

我常常是这样：用整整一个晚上或者更多的时间来收拾书，我那一排排地摆在书架上的书。程序大体上是，先一摞摞地将书从架子上抱下来，放在写字台上，一本本地翻。这时，我能集中几乎全部的精力盯着书上面的字。字几乎都看不大清，心在忽闪忽闪地动，只有一个念头：这本是什么时候买的？当时是什么情景？我看过没有？我喜欢这样的时刻，这种时刻我呼吸的声音与书页的窸窣声混合在一起，让我感受着一种难得的踏实。

拿下来的书多了，架子上的书就少了。直到我差不多被书埋在里边了，才慢慢地站起来，生怕弄倒四周耸立着的书，然后一本一本地往架上放。放的时候没有什么规矩，都是随手之间的事，偶尔会突然蹦出一本想看的时候找不见的书。或者，发现了一本别人没有的，也没有谈论过的书。这时，我会在心中涌起一阵不应该的兴奋，像守财奴私藏了什么宝贝未被人发现那样。我一遍遍地抚摸书皮儿和书背，想法变得单纯明朗：有这些书读，还要别的干什么？甚至，写作也变得不那么重要了。读书原本是和写作没什么直接联系的事。我知道，有些书的高度，我是永远无法企及的，这不是单靠勤劳就可以弄懂的，这需要造化和天分，在好书面前，我无数次地脱帽致敬。也只能这样。其实，对于一些书，用几十年时间能读懂就不错了。这样想的时候，就对自己的写作产生了绝望，这也是十分自然的事。然而，充满希望的是我发现并且读到了一些真正的好书。

我有些疑惑，对那许许多多个没有读书的日子；那些日子我是怎么熬过来的呢？沉下心来读书只是近两年的事。我只能这样解释，那些时候，我并不需要读书，不需要就是不需要。什么是需要呢？

就像人对于水、阳光和空气。更确切地说，我当时没有能力发现这种需要。最简单的道理往往都是最后才认清的。

我不愿意忘记自己读的第一本书。那毕竟是开始的时候，尽管重新开始距离第一次开始的时间跨度让人难以接受。

我第一次读的东西算不算是书呢？应该是书。那是1977年冬天。有一天早上，家里没人，他们干什么去了，我至今也不清楚。在我童年的印象中，常常是早上我一个人躺在炕上，阳光从窗子透过来，照在炕席上，炕席上有我，还有一只老猫，黑的或花的，这样，我和猫身上也常常是有阳光的。那天早晨的阳光下，还多了一个物件，就是那本书。我想，一定是爸爸临走时落下的。我至今清楚地记得，我从炕席上拿起那本书，发现里面有图片，就开始一页一页地翻，先挑图片看。图片上有吉普车、有各种枪械，更让我心驰神往的是，那辆吉普车是水陆两用的，开到水里就是船。在以前很长一段时间里，我一直梦想自己能驾驶那样一辆车，车里放的是那堆各式各样的枪。我在地上飞也似的跑，后边得有敌人追，当然敌人是越多越好，然后是，他们刚要追上我，我一下子把车开到水里。图片毕竟在那本书里有限，不一会儿就看完了，后来我又开始看文字。就这样，我大约花了两天空闲时间看完了那本书。这本书比一般的书大许多，没皮儿，只是几个鲜红的大字“中共中央文件”。我第一次阅读的经历是疲惫的，疲惫得丧失了对这本书的理解和记忆。看过几行还会遇到几个我不认识的字，只能硬着头皮念下去。那次，我是带着问题阅读的，所以我十分在意车和枪这样的字眼，似乎从头到尾只是那几幅照片的周围有这样的字眼，其他的话都让我无法理解。

那两天，我的情绪相当复杂，晚上的时候，老半天睡不着，想着书里的片言只语。这本书给我提供的刺激以及设下的疑问使我在很长一段时间里不能自拔。它给我的童年平添了许多抽象的概念，比如阴谋、迫害、斗争……“571工程纪要”。后来有一天，爸爸回家急匆匆地找那本书，我在一边看着，拿不准主意是给他还是不给他，那时我12岁，已经想了两年“阴谋”这个词的含义。我说：“我没看见，真没看见。”就这样，这本书没有被缴上去。因为藏错了地方，直到我17岁那年搬家时才在仓库里找到它，已经被老鼠吃得差不多了。那次，我不大在意，现在想来，怪可惜的，毕竟是我读过的第一本书哇。关于读书，我太不走运，我的第一本读物竟是中央文件，这是最深奥的一种，别说当时，就是现在我也很难读懂。不过，这种超前行为让我养成了读各种文件的癖好。比如，北京开了什么会，我就找报纸上的讲话看。我常常只是从文体意义上产生一些想法。我觉得，现在的文风时常被人们忽略。我读过一遍《毛泽东选集》，话说得明白、有劲。真正的口语方式必须得有节奏，有适度的停顿。

我的第二本读物是本小说，那时我们称之为大书。书的封面是胖墩墩的一个男孩儿的半身像，我记得是穿着蓝衣裳。整个封面构成和我前年读到的《白鹿原》相似，只是没什么太沉重的东西。书的名字叫《新来的小石柱》，谁写的我早就记不清了。讲的是一个体操队员小石柱的故事。一个乡下孩子，一个会翻筋斗的乡下孩子，偶尔被教练选中，来到少年体操队。这孩子是新来的，功课、生活还有专业都跟不上，于是他就刻苦适应，赢得了小伙伴的佩服和教师的夸奖，最后在一次大型比赛中拿了冠军。他是做了一个相当有难度的动作才拿了冠军的。似乎还有一个孩子，被安排成有些资产阶级生活习惯的孩子，爱吃一些小食品，后来他没比过小石柱。就是这么一本普通的故事书，很多人也许记不得书名和情节。我记得这本书在我的童年乃至少年生活里举足轻重。当小石柱在集体中孤独的时候，常常到一片小树林里，在这小树林里想家、练功，其中有这样一个细节，我始终难忘：这片小树林里有一棵笔直的小树，小石柱每隔一段时间，就在上面划一道痕，盼望自己能快些长高。这成长的愿望让我迷恋了许久。其实，这是多么普通的愿望，对于我却成了某种象征，它象征着我童年和少年积极向上的那一部分生活。想来，这本书不过是极普通的一本文学儿童读物，也只能做到通俗易懂，肯定不是深沉博大的那一种书。不过，这没关系，这本书诱导了我对自己生活中向上那部分东西的理解，没有比这更重要的了，特别是我当时那个年龄。小石柱成了我那一时期生活中的一个榜样，单纯、善良而勤劳的榜样，特别是能自己默默地承受一些东西的榜样。也许，我必须对没有在应该读到的时候读过《哈克贝利·费恩历险记》和《骑鹅旅行记》而遗憾，那确实是两本不同寻常的书；但又一想，这两本书大人刚好看懂，我那个年龄是不会看懂的。我也只能这样想。

其实，这类书籍对人的启示常常在于诱引，诱引出与自己当时精神契合的一种场物质，这种场物质会笼罩或长或短的一个时期的个人心灵生活。刚开始的时候，是一种临摹般的人格仿真，这样的仿真久了，也就逼向到心灵深处。在以后读书的岁月里，那是我一点点才发现的方向：文学的意义应该是朝内的，是向心，而不是离异的。

书读得渐渐多了一些，就不免写些读后感类的东西，我倒从来不认为自己是在做什么评论。我的想法大都是感性的。直到有一天，我被一些人称为是评论家的时候，才看看以往自己写的那些东西。那的确不是什么严格意义上的评论，尽管有些篇章发表在文学评论刊物上。我几乎看不完现在市面上的评论文章，有的文章看了几眼之后，就发现这个家伙根本就没有细看人家的原作，在那里“自成体系”地瞎蒙，直写到连他自己也看不清的时候才肯停笔。由于没有自己的感受，才制造了一些高难的理论，用概念推导概念，最终呈现出高高在上的面貌，将个人应有的审美鉴赏力模式化了。就是这些程式化的东西将巨大的概念变得神秘莫测。我真的想推导那些艰涩的概念，把一些东西向每个有一般理解力的、20岁左右的文学青年解释清楚。我始终认为，所谓的评论，必须对单个的文本下一个单个的定义，否则就会远离这个文本本身——所有的思想系统都应该建立在个体读者的感受之上。我还认为，理想的读者就是野蛮的读者，是那些没有“预设概念”的读者，把文本当作一个封闭的世界阅读，又把它放在开放的同类整体中去“系统”。

兰德尔·贾雷尔，这个美国诗人，在1953年曾经说过这样一句话：“读者，真正的读者，几乎同作家一样是野蛮民族，而大多数批评家则属于——似乎建立了种种制度的驯顺民族。”在这个意义上，我愿意相信自己是野蛮的读者，努力与自己所关注的每一位作家相和而又保持双方的个性。我始终喜欢那些野蛮而理智的批评。

现在，严格意义上的评论已经成了朋友间的窃窃私语，到底是评论缺少了什么，还是读评论的人缺少了什么？喜欢读书的人根本不用读什么评论，然而真正喜欢读书的人的人肯定会写一些读后感的。评论和读后感不是一档子事。也许，好的评论就出现在读后感里呢。

我读书的时候，常常记一些笔记类的东西，日子长了，便也有些积蓄。现在，编者们将它们归了类别：的确有几篇像真的文学评论，就把它称为沉寂部分；一些细小的读后感，被称为易碎的故事，我喜欢这个分类；还有就是我写的一些序言和后记。由于读书、作家、事件乃至地点产生的突发奇想——就自然是野蛮的读者了。书中的几篇阅读笔记，有的还处在原生的纲目状态。此外，就是几篇评论我的文章和写我的印象记，当然，与骂我的文章相比，我更喜欢这些赞美我的文章。

关于这本书，也就是这些。

增订一本书的另种意义

——自序散文集《向陌生人招手》(增订本)[①]

2001年7月，时代文艺出版社的张四季先生，主编一套纯文学文丛，称“棕熊系列”，《向陌生人招手》就是其中的一本。尽管那时畅销书已开始弥漫并日渐汹涌，但纯文学书籍还有些市场。第二年，这本书竟然出现盗版。当我的朋友黄涛律师买了盗版书并试图追查一下时，我说：“算了吧——有点像半老徐娘在公共汽车上被小流氓骚扰了一下，除了恼怒还有几分欣喜，毕竟佐证咱还有几分姿色呢。”

书里作品大都写于20世纪90年代初。那是一段简洁、朴素、骚动并拥有热切希望的时光，对我个人来说，它是20世纪80年代中后期浪漫主义时光的延续。当然，那是属于20世纪的时光——天空、土地，还有人的内心，都呈现着和现在不同的状态。总之，人的因素更充分。我怀念那些充满人文色彩的时光。

那时，我对80年代中后期出道的作家们充满尊敬，有幸和他们中的一些人认识并与个别人成为朋友。在相当长的一段时间，我简直像着了魔一样阅读外国文学作品，知道了什么是文学艺术。这种

---

① 高晖：《向陌生人招手》(增订本)，长春：时代文艺出版社，2004年。

阅读同时也给我带来了伤害——险些被大师们击倒。这本书，都是在不能阅读的缝隙中产生的。我想说的是，自己首先是一个读者，副产品才是写了一点东西的作家。这个顺序至今也无法颠倒。

几年来，我的工作地一直不断变化，每次变化都能独身一段时间。写作是打发业余时间的最好方式。很多东西都是本职工作最为忙乱的时候抽空写成的。还有，可能就是不安——特别是秋冬、冬春更替的时候，这种不安情绪就更加显著，一些东西大都是出现在两个季节的连接处。10余年来，我完成了从村里、乡里、县里、市里一直到省里的体制内生活体验。按照领导要求做好我应该承担的那一部分工作，哪怕是最为细小和琐碎的工作都当作一种托付，这样就可以排除一些复杂的想法，单纯地完成工作本身。同时，我得到应有的报酬，用以持续生活。难题在于，有时候，一种情绪命令我应该写作了，却不能放下机关公文——我也许是写作者中半截儿稿最多的人。再有了空闲，将那些半截儿稿翻出来，能写的就接着写，不能写的那些，还在静静地等着我。

我喜欢写作，但不喜欢作家成为职业——没有遮拦时我也许会无所适从。在机关工作，其实就是取得必要的生活资料，保证不写那些自己不喜欢的东西。一个好作家不应该受到环境制约，卡夫卡也在财政部门工作过呢。文学应该在较低的姿态下自我运行，作品出来以前纯系个人行为。作家这一称呼也是动态的，比如，你两个月不写作了，就不应该再叫作家了。我的创作障碍和其他一些作家没有什么分别，就是在具体操作时不能顺利地完成。还有，就是自己无法解决精神难题。

接着说这本书。由于它，我拥有了一些优秀的读者，他们用各种方式和我交流，我体会到作为作家的感觉。这也是写作生活给我的馈赠。我发现，读这本书的几乎都是那些天南地北的陌生人。也许，读这样的文字需要纬度、季节、光线、年龄、心境，还有其他的细微的因素叠加起来——我不怪那些不读或误读的人，也不特别感激那些读我文字的人。读和不读都是缘分。

去年冬天，张四季先生告诉我，第1版早已全部卖完，有时间可出一增订本，我表示感谢。直到今年7月，我的业余时间才比较集中，于是着手增订。再读这些文字，就像读别人的文字，有些段落自己还朗读了一下。写出它们已经好多年啦——这是一个男人从青年到中年的时间，好在这些文字给我现在的感受没有什么变化——依然湿润而安宁。只是担心，日渐坚硬的内心是否还会流淌出那样的文字——这样想的时候，这种安宁开始减弱。不过，我愿意相信上帝会继续帮助我——如果真的这样，此次增订就有了明确的意义。除了增订书里的字词句章之外，也会增订自己的内心——让近年来的偶尔的板结和僵硬不留斑痕，不能钙化，永远像20世纪那样充满灵性、激情和梦想，同时增补些浩渺的元素……

我拿什么向陌生人招手

——后记散文集《向陌生人招手》(增订本)

如果没有记错，那是小学三年级的一个早上，在我的家乡——康家村小学。那时的学校是两栋并排的土房，靠大门一侧的两面房山有两块黑板报，用水泥抹成的。那个早上，我发现了它们上面是密密麻麻的字，花了很长时间读完了上面的字。日记——一个女生的日记，主要是谈及黄帅对她的影响。日记的主人是我上两个年级的同学，盛爱玲。看那些字的时候，我生出了一个念头，我也要写日记，并要把他们写在黑板报上。一年以后，我的愿望实现了，我写了学习杨滢的体会。放学的时候，我躲在一旁，偷偷地看教画画的老师一笔一画地往黑板报上抄我的日记，一直抄到天黑。那天晚上，一想到第二天早上所有的同学都会发现我的日记写在上面了，我兴奋极了。

后来，后来情况发生了变化——夜里下了一场雨，我们什么也没有看到，黑板报上是一条一条的白道儿，难看死了。我第一次发表的作品就这样被雨水冲刷得干干净净。我难过极了。怎么那样巧？那雨怎么偏偏冲我的方向下过来？我开始贪恋叙述的力量，它可以把我和那些不叙述的人区分开。

再后来，就是初中了。我的作文又有几次作为范文写在黑板报上，趁没有人的时候，我从头到尾地看完，心里怦怦直跳，然后在有同学们表示羡慕的时候，我会跟他们说："这有什么，我才不在乎呢。"我知道，自己幼小的虚荣心，体会到了叙述的传播力量，文字可以让认识你的人敬佩你，特别是通过这样的显摆可以让那些陌生人知道自己的名字，就像全校的人都在保护我，使我有安全感。

20多年前的一个黄昏，那时，我想参加《春风》杂志的文学青年函授[1]，渴望和村子以外的陌生人交流。交流费用需要6元钱。我向姥姥说了，她为给不给我"投资"整整决策了一个下午。最后，她说："好吧，就当丢了。"结果是那些用"巨资"买来的陌生人书写的文字，我无法看懂。尽管不懂那些陌生人的陌生文字，但当时我认为那就是开始。

童年时，我们人人都应该是作家，后来出现了岔口：有的孩子被传道授业解惑后，一夜之间改变了对世界的看法，形成了巨大的概念，这些碾盘一样的概念积压着幼小的心灵，想象的翅膀被无情地压折了；而另外一些孩子保持着对世界的最初印象和领悟，开始在秋夜看天上的星星，这样的时刻他仍然会感觉到恐惧，于是冥想开始呈现。在不远的将来，有能力用文字来表达自己冥想时所看见的风景。苏联作家巴乌斯托夫斯基说过一句让人难忘的话：我们对生活富于诗意的理解都源于童年时期的馈赠。

我发现，自己10岁以前的生活随着我的成长而越发清晰，一些细节在一天天地凸现出来，我认为那是真正发生过的生活。我知道，这会和我在一起共同生活的其他孩子的记忆出现偏差，他们会记住另外的东西。我愿意认为这些记忆是不可言说的。童年时候，我妈

---

① 规范的称呼是《春风》函授青年文学讲习所。学习证书上注明：高晖同志于1982年7月至1983年6月参加《春风》函授青年文学讲习所第一期学习。特发此证，以资纪念。希望你继续努力，为繁荣社会主义文学创作，做出更大的贡献！1983年6月。学习证第4234号。

妈等一些大人常常认为我没心没肺，其实我比其他孩子更敏感、更自尊，经常可以感受生活中那些尖锐的东西，在4岁时，我就可以把自己和别人完全分开，而且能记住每个人对我的态度，我可以感受到生活中最细微的变化。

小时候，当我发现大人们一些不合乎我心意的行为时，常常以自己的方式开始反抗。骂人是我的长项，编出一套套骂大人的顺口溜，然后不久就在村子里传开了，还会约几个和我年纪相仿的孩子，站在墙上，精选一些齐声高唱，谩骂过路人。当时，我的爸爸妈妈还不知道是我编出来的呢。我看不得女人烫发，认为这样的女人不正经。看不得吃东西不分给别人的人，认为那是天底下最可恶的人。看不得打孩子的大人，我看不得村长的黄牙，看不得乞丐躲在墙角里呻吟，看不得那些霸气冲天的人……特别是任何人某一个细微动作被我发现了差错，便开始讨厌他，不管是谁。

童年已经开始影响自己现在的生活。善良、敏感、自尊、对弱小的同情、对一些词语的羞耻、对黑天的恐惧，特别是喜欢独自回想、喜欢从细节看穿成年人的真实欲望……这些因素不但没有丧失，而且一天天地鼓胀。我可以记住一天里全部细节并且迅速地筛选它们：哪些是可以记忆的，哪些是明天里杜绝的，哪些是我企求天亮时候再次出现的，还原、排列、重组、甄别……作家的精神准备就来自那短暂而又漫长的童年，后来的只是发现和补充。一个作家的表达境界在童年时期已经完成——先以口语方式存在，在幼小的生命里形成了一个语言流，从此涓涓不息。高尔基的《童年》蕴含着高密度的人性因素，呈现了俄罗斯文化中最浩瀚的温情和巨大的怜悯。

当成年人开始一厢情愿地思考那天起，他就被自己制造的概念和胡言乱语淹没了，脱离了生命之初的尖锐。只有，只有极少的成年人还可以像孩子一样叙述出尖锐的经验，并依靠它的引导慢慢地回到自己的内心，最终会传达给远在天边和近在眼前的陌生人。叙述和表达是一个人和陌生人沟通的一种方式。

我常常这样想，写作，就是一个内心不安甚至恐惧的孩子向陌生人的求救和呼喊。没有呼喊就会被淹没，没有回应注定会更加恐惧。

午夜的完结

——再后记《写作的近邻》[1]

读完这部书稿清样，已是2018年的最后一天的午夜。在沈阳市浑南区一家酒店的708房间。那一刻，望着窗外迷乱的灯光，我又产生那种古怪的感觉：这本书真的有意义吗？2010年以来，至少有5次这样的时点——每到出书的最后时刻，我都会犹豫，且会伴有羞耻感——然后就被一一放弃。不过，这次不同于以往——这部书是我近年出版计划的开始，如果第一本拖延，接下来的5本就很难出来啦，加之，这部书的相关内容曾被收录在《原始阅读》里，此次出版有利于矫正并覆盖。于是，我劝说自己在清样上签字，节后立即送出版社。出来，我不再羞耻。

其实，这本书在两年前就已经编辑完毕。恰逢2016年的最后一天，我翻阅几下就搁置起来，直至今日。当时，我也曾经追问这部书的意义所在。本质上，这是一种意义洁癖和拖延症，属于心理疾病范畴。

严格说来，这部书不是文学批评集，多数篇章原本就未按学术规范行文，现在，我倒同意将其看作是作家读书札记之类的东西。

---

① 此书原定由辽海出版社出版，后纳入《高晖文集》并由北京一家出版社出版，目前处于审读环节。

于是，就叫《写作的近邻》。我不反感这个书名，并顺势增加一个副题，即“关于一位作家的准文学批评文本”。同时，为便于查阅，参照人家规范学术著作的分类方式，将全书分为作者序言、作家与作品、流派文体与其他、序言与后记、印象记和书信、对话与访谈、发言与讲稿、作者后记八个部分。从收录内容看，已囊括截至目前我创作的“准文学批评文本”的大部分，仅有两大块此次暂未收录：一是在“对话与访谈”里，未收录近年来我与冯玉忠、蒋子龙等知识界、文学界重要人士的多次对话；二是在“发言与讲稿”里，尚未收录我在南开、沈师等相关大学的讲稿。主要是基于内容相关性、单册容量以及其后独立成书的综合考量。

我是这本书的第一位读者。此次重读整部书，总体感觉比两年前要好得多，甚至认为有些篇章比较重要——当然，即使是别人写的，我也会这么说。还有些文章，则只能作为资料留存，一种地方性史料而已。

窗外的灯光，将黑夜烙出一个又一个洞口，斑驳的街道空落而绵长。我还是愿意这样推测：2019年将成为中国文学史上一个重要而特别的年份，一个崭新而特别的文学时期即将启幕。随之，此书将会具有一定的文学史料意义。

2019年元旦，我写完此书的后记之后，便在成书环节发生意外，因此搁置至2021年6月。

是的，辽海出版社是一家严谨踏实的出版社，同时文字差错也较小。这家出版社拥有比较低调务实的编辑，他们尊重常识。例如，他们仍然认为文字是文学构成的要件；例如，他们仍然有耐心逐字逐行地反复阅读所编稿件，无论多长。我感谢于景祥先生，感谢徐桂秋先生，感谢责任编辑胡佩杰先生。

2021年7月29日午夜

关于写字写猫的前因后果

——后记《高晖写字写猫集》①

2012年以来，我的读书和写作生活，变得平缓而单调。特别是当写作长时期维持在不受约、不投稿、不发表的状态时，就会不定期地出现缓慢推进间或急剧退步，真有点像我的中年生活本身一样，云淡风轻。其间，我完成长篇小说《康家村纪事——关于一个村庄的非结构主义文本》的增补，完成文学批评家集《写作的近邻——关于一位作家的准文学批评文本》的编纂，基本完成长诗《诗意的幸存者》、长篇小说《康家村纪事——关于一个村庄的幸存者故事文本》和《康家村纪事——关于一个村庄的民间故事文本》。当然，这些都属于计划之内的事情。

而计划之外的，则是密集地参与过几次诗歌和当代艺术活动之后，我才知道自己开始关注当代艺术，特别是当代诗人的视觉艺术啦。比如，连续五次参加北京诗歌节，发起并主持“诗意的幸存者——中国当代诗人视觉艺术巡展”，目前已完成上海站和沈阳站的两次大型巡展。诸如此类。

同以往一样——不能写作，甚至是不能顺利阅读的日子，仍然会定期出现，这样的时刻常常令人沮丧。我知道，自己还没有写出

① 本书将由人民美术出版社出版，已进入出版流程。

重要作品，对此我常常愧疚——当一个作家不能写出重要作品，他定期会处于抑郁中，羞愧、自我否定、不安，甚至有空虚感、毁灭感，总得寻找出口。就这样，在漫长的写作间隙里，他必须学会选择用其他的艺术形式替代。比如，近两年我写毛笔字并写猫。

许多年以来，我周围始终有几位书法家和画家朋友，就像我没有开始写作时就有几位作家朋友一样。我曾多次目睹他们写字、画画，偶尔看几眼，但从不愿意评价，更不参与讨论。其实，每当这样的时刻，我都会想起自己在康家村小学用毛笔写字和用蜡笔画画的若干场景，并努力克制自己不再靠近毛笔和墨汁。那是一座特别的辽北农村小学，有一批特别的右派教师。在那里，我幸运地接受了弥足珍贵的美术和音乐的启蒙教育。特别是，围绕写字和画画，还涉及我少年经历的相关重要事件——我应该会择机叙述这些不同寻常的往事。

2013年初春，一只猫开始进入我的生活。这是一个不同寻常的家伙，我给它命名为高朗朗。接下来，我开始学习与高朗朗相处并尝试对话。我逐渐认知高朗朗的性格、性情和相关表达方式；目睹高朗朗的饮食起居、发情、求偶、恋爱，以及与野猫争斗、受伤、治疗等一系列活动及其相关细部。更为重要的是，高朗朗给我提供了一种视角，一种泛哺乳动物视角，该视角对我根深蒂固的人本主义观念无疑是一次有力的冲击。于是，我通过微信定期发布高朗朗的相关图片，同时附带一些即时性感受，或者相关对话场景。这样，高朗朗无疑缓解着我时而出现的不安心情。这是一只神奇的猫，他知道一切。

2014年深秋，我带沈阳的3位朋友，回到家乡昌图探寻辽河源。晚餐结束时，恰好遇见餐馆老板在写字，因缘际会，那种奇特的感觉再次弥漫开来——从心里到指尖。与以往不同的是，这次我完全没有克制，接过毛笔，开始写字，并一直持续到今天。我开始写字啦。记得，当时写的“厚德载物”——当然，几乎所有写毛笔字的人或书法家都要写这几个字；第二天，写第二幅毛笔字：毛泽东的《沁园春·雪》；第三幅，是我自己的话："每一个汉字都有一条性命，每一位书写者都是一尊活佛。"就这样，我走上了写毛笔字的道路。不是严格意义上的书法，仅仅是毛笔字。

重新写字的一年后，我便开始写高朗朗。其实，直到现在才发现，多年以来的书写于我的意义比较重大，主要是对我的人生上半场和下半场进行了无缝隙衔接抑或分期，这些胡写乱画让我毫无察觉地翻越了本应该出现中年危机的时段。

其实，我不会书法，也不会绘画。这些东西仅仅是一种书写，是一种意外。书法家得经过临帖等一系列严格训练，还得加入书协拜码头什么的，而我则是提笔就写；画家得经过一系列规范性训练，而我则仅仅经受过童年时期的审美启蒙而已。不过，通过写字写猫，我的相关感受还是比较突出：一是中国文化传承都已经在血液里边，无法改写。只要是中国人，中国文化精神的密码就排列在你的心灵深处。作为一个略有审美感知力的人，迟早会以某种形式表达出来。首次以线条的形式表达出来，我很兴奋。二是线条本身和文字语汇的排列方式竟是惊人的一致。典雅的虚构叙述文字和非虚构叙述文字、高贵的抒情文字，特别是诗歌语言——它们排列在一起所呈现的东西，与线条韵律本身所呈现的方式，所有的细微之处，竟然是那样的一致。三是文学艺术各门类之间的贯通性。诗人、散文家，甚至小说家会写写画画比较正常，古人就是这样的，这是一个伟大的传统。四是创作到底是观念先行还是感觉先行，这本身就是个假命题。我们对写作，对其他艺术门类的感悟行走到某一个层级的时候，观念和感觉本来就是相融的东西，完全可以打通左右两项。观念就是感觉，感觉就是观念。

因而，这部书的出现，纯属一次意外。编完这部书，已临近辛丑清明。又一个春天如约而至。北温带的哺乳动物又将进入发情期，高朗朗的叫声愈发凄清。初春的凌晨让人清澈而复杂。我突然想到：

凌晨、拂晓、黎明、清晨，到底有没有一个规范的时间刻度呢？随即，进入一种比较奇异的感觉，包含虚无感，并伴有羞耻感。这次，看着那些拟出版的写字写猫图片，我又有些疑惑——在浩如烟海的图文集里，这部书到底有什么意义呢？我知道，这次可能像以往一样，凡看到自己著作的定稿清样时，均会产生焦虑和羞耻——又要反悔啦。接着——疫情缓解后，朋友们常常问起这本书，我开始觉得这部书应该出来——躲不过去啦。

自2019年7月10日，人美社通过《高晖写字写猫集》选题，迄今已刚好两年。按约定，我应该在2019年年底交稿完毕，而且，鲍尔吉·原野的序言《高晖简介》，已于2019年12月刊发在《作家》杂志第12期，并一度洛阳纸贵——这相当于节目单散发多时，演出还遥遥无期。原计划这本书最迟应在2020年五一劳动节前出来。结果呢，直至2020年11月，我才交齐全部稿件。其间，对这部书，人美社调换了3个责任编辑：从石建国先生、邹依庆先生，一直到现在的潘彦任女士。我尊重人美社，该社有眼界，专注并专业；我感谢人美社赵军平先生、陆姣姣女士以及责任编辑潘彦任女士。

2019年夏天，我经历了一次生命危机事件。8月28日下午，我因腮腺炎而突然休克，并在ICU里进行了为期一周的抢救。在过阴的5个昼夜里，神秘的意识得以进入生命的底部，随即我前半生结束而后半生正式开启。我知道，自己后半生的根本标志就是向死而生。

2020年冬天，我们开始共同经历着新冠疫情。2月15日12时，我在家乡被隔离期间，曾在康家村书房举办过一次特别的个展——高晖写字写猫展。此次参展作品计43件。其中，包括16幅毛笔字、22幅写意猫、5只自己使用过的口罩。该展具有以下特征：一人创作、一人策展、一人参观、一小时展期、一次销毁。展览结束后，我销毁了大部分作品。其中，《庚子岁首沐手恭录心经》和《希波克拉底誓词》被收在这部书里，两幅毛笔字的款识均有相关记述：

己亥末、庚子初，荆楚大疫。染者数万。众惶恐，九州闭户、道无人车，万巷空寂。然，华夏龙魂尚存，临风而立。医者无畏、民众齐心、军尚勇，扛鼎逆行永战矣。商客、百姓及相关仁义者、友邦献物捐资。叹山川异域、风月同天；岂曰无衣，与子同裳；能者竭力、万民同心。两月余，疫除终胜。其后，国人痛定思痛，反思不已。尊佛法、共生共存、道法自然。此后，百年风调雨顺，千年永驻兮。防疫期间，吾独居家乡昌图北书房，写作、写字、写猫、抄经。庚子正月二十八深夜，吾沐手心经，祈求佛祖宽佑我族。高晖又及也。

庚子元月二十一日，于北书房，高晖录。己亥岁末，新冠肺炎肆虐武汉。继而波及全国矣。吾亥腊月二十九回乡过年，迄今已二十三日矣。中途回沈两次，一次接高朗朗，一次返岗。其间，即在北书房写字读书写猫也。沐手《金刚经》后，先后又抄写加缪、里尔克、林白等中外诗文。写猫二十余幅。读但丁《神曲》《金刚经》《道德经》《古文观止》《宋词三百首》《简明中国史》等书典，感触深矣。至正月二十日，逢西历之情人节。吾第三次抄写《希波克拉底誓词》。是为记。庚子正月二十二日高晖又及。

2021年1月下旬，当潘彦任女士针对设计制作稿向我征求意见时，我决定撤换一些文图。最终，替换出将近一半的写字和写猫图片，并形成比较完整的编辑建议。这部书，共计纳入写字写猫图片190张，其中写字集64幅、写猫集126幅，原则上按书写时间，由远及近排列。这些东西，基本可以表达出我写字写猫期间的基本样貌。的确，有若干近两年书写的东西，均没能选入。其中一个原因是遴选、托裱、注解等一系列规定动作着实琐碎得让人厌烦，加之有些东西已经不在我手里；另一个原因就是涉及我所书写的文字内容，尚存在能否通过出版审查的问题。于是，我便将希望寄托在下次——下次，作者和编者肯定都会从容一些。不过，对这部书里相当多的内容，我现在仍然会有些感动——当时是怎样写出来的呢？

这样想，我的焦虑感和羞耻感就会相应地得到缓解。

关于这本书的名字，险些被称为“高晖书法绘画集”，但我一直坚持“高晖写字写猫集”，基于以下考虑：一是我的东西还不敢称为书法和绘画作品，我不会书法，我不会绘画，这些东西仅仅是一种书写；二是我已经感受到书写本身的神秘和快乐，就像我从事其他文本制造时一样。当然，我庆幸我多年以来的胡写乱画，肯定就是这些使我度过了中年危机，填补了写作困难期。

在这部书的前面，除了鲍尔吉·原野的这篇著名序言，还附有我们熟知的学者、作家、诗人、艺术家对这部书的评介——有些是他们平时在我微信朋友圈里的留言，有些是专门为此书而写。他们写得真好，我感激他们——尽管对那些鼓励性溢美我会羞怯。还有在我胡写乱画时给予我鼓励和指导的其他朋友，我知道他们爱我，我知道我也爱他们。

我承认——我患有意义洁癖和拖延症，这属于心理疾病范畴。其实，自2010年以来，大约有六七次这样的时点——每到出书的最后环节，我都会伴有较强的焦虑感甚至是羞耻感——然后，我就会反悔。好在这一次仅仅是一部图文集。但愿这是一次优雅的开始，但愿剩下的那些书均能及早出来，但愿我不再对出版自己的著作感到焦虑和羞耻。

2021年欧洲杯足球联赛决赛的前一天傍晚，我那多年来沉浸于数理之中不能自拔的儿子，突然对我说——他觉得自己尘封多年的右脑得以开启，主要标志是：他能听到河边树叶的细微响动，他能看见一个餐盘色彩的细微差别，他能感知到线条在说话。他说他也想写字画画。这哪里是什么开启，分明就是开悟。那一刻，我老泪纵横。

是为记。

2021年7月12日，沈阳中书房

印象或书信

鲍尔吉·原野概述[①]

2020年深秋的一次小聚上，刁斗先生约稿，嘱我写点关于鲍尔吉·原野先生的文字，我当即赞同。至于体裁，有评论类和印象记两类，任我选择。我随口即说："那就印象记吧，应该便于操作。"其实，我并不喜欢一个作家写另一个作家印象记之类不痛不痒的文字，我期待能有一篇对原野的综述类文章，但我对自己能否完成却没有把握。作为优秀小说家和资深编辑，刁式约稿有所不同：时间跨度长，即次年7月末交稿即可，且有不定期提示，可见他对此稿的重视度。于是，在此期间，我时常会想起这件事情，偶尔还会关注中国散文的相关源流，以及关于对鲍尔吉·原野的总体认知问题。总之，乙方也弄出比较严肃的样子。

我与原野认识较早——大约在1992年8月，日常见面时，偶尔将其称为原大师或相互称为大师。这里的大师，起初更多包含着亲切甚至是戏谑的味道。后来，原野曾在我的蛊惑下写毛笔字，这件事情我后边还会着重陈述。这里，我想说的是——2016年11月，"诗意的幸存者——中国当代诗人视觉艺术巡展"在沈阳巡展时，便将鲍尔吉·原野书法小品作为专题辅展，在沈阳华商艺术馆展出。

① 此文系应刁斗之约为原野所写印象记，载于《鸭绿江》杂志2021年第10期。

当时，辽沈地区有几位专业书法家看后，都说：气息真好。在场有位香港籍女跳水运动员，指着原野的毛笔字对我说："这个外国人，写得好，有神气儿。"当时，我脱口而出，大意为：至于文人的毛笔字，我认为不是写出来的，而是作家活出来的。当书写者的汉语文气和书写本身达成一致，他写出有气韵的毛笔字，那就是再自然不过的事情啦。如汪惠仁，如欧阳江河，如贾平凹，如莫言，等等。鲍尔吉·原野是大师，在世的经典散文家，相当于北宋欧阳修吧。其性高洁，喜独居、善跑，不常与俗人类勾连。其书作高古、超迈。这是我第一次在公开场合认为原野是散文大师，很单纯的那种语义。

至于原野对于作家写毛笔字，始终处于半信半疑状态。有一次，我刚刚写好几幅毛笔字，并想将其中两幅字送人，突然，耳边响起原野的赤峰口音调侃："老高哇，就咱写这破玩意儿，以后每张都是一栋别墅，独栋的，不是联排那种。这可都是咱的心血，你想想，你咋能随便送人一栋别墅呢？换两瓶茅台，那都糟蹋好东西啦，咋还白送？"

2021年4月末的一个下午。鲍尔吉·原野去沈阳友谊宾馆找我，给老母亲取药，并顺便送新出版的长篇小说《乌兰牧骑的孩子》给我。全程，原野抱着双肩包不放，也不拉拉链。在我的印象里，原野在青年时代曾一度气宇轩昂，中年前半部有些病病恹恹，中年后半部开始——由于奔跑而开始身朗体健，像一匹时刻跳跃的战马。近几年，原野倒时常像个刚被老师教训过的中学生，见人就一副怯生生的样子。我知道，原野已经开悟，其内宇宙已经生成——这是一个男人开始拥有真正内在力量的时刻，这厮刀枪不入啦。中途，还低血糖一次，冒汗。我让吧台小姐弄两块蛋糕给他，最终血糖恢复正常。此刻，大堂里若干人等来回走动，有点鬼魅味道。其实，这是一个比较好玩的时代场景。这么多人——除了我，没有人认识他，更没有任何人知道他就是大师，他就是振兴东北文化的排头兵。该大师刚刚恢复血糖，全程抱紧双肩包，受气的样子，那里应该是他妈妈的其他药品。唉，就是这个家伙，写出了那么多纯洁高尚的作品。刹那，我突然有点久违的伤感。

接下来，我竟然阅读完《乌兰牧骑的孩子》。与此同时，我在阅读王尧的《民谣》。此前，好久没有阅读叙事文学了，主要原因是若干叙事文学的语言界面不友好，特别是语感不行。这两部书都能让我读下去，写得好。我向来认为文学无禁区，但是不包括给孩子写东西。于是，我对很多儿童文学作家持有怀疑，主要是作家本身不行，甚至字里行间时而出现阴暗气息，同时叙事的相关因素存在虚假。尽管《乌兰牧骑的孩子》不是原野最好的长篇叙事文学，但完全可以给孩子看，高尚。他最好的长篇叙事文是《花火绣》。我认为，从创作题材划分，原野的汉语写作大体上分为两个阶段：一个是泛文学阶段，另一个即是游牧民族文化阶段。就在后一个阶段里，原野成为大师级散文家。同时，从文体上看，均为散文化写作，即使是长篇叙事文学也保持着散文的禀赋。从这个意义上说，原野又是一个长篇叙事文学的文体家。从中国散文源流和散文史看，仅就现代以来，原野散文无疑应该占有一席之地。

2018年夏天，原野的《流水似的走马》终于获得鲁迅文学奖。该奖认为：《流水似的走马》具有轻盈的速度和力量。鲍尔吉·原野将茫茫草原化为灵魂的前世今生，他怀着巨大的惊异注视一切，草原的万物如同神迹，草原上的人生如同传奇。由此，他为悠久的草原文明提供了雄浑细腻的美学镜像。我倒觉得，原野的《流水似的走马》获奖，从本质上说，为优雅的书面汉语赢得了尊严，更为鲁迅文学奖散文杂文奖赢得了尊严，同时在捍卫民族文化多样性上取得罕见成就。

我觉得，原野的核心贡献有两个：一是语言，特别是其中的语感韵律；二是他能发现美并会书写美。原野使用至纯的汉语言写作，致使汉语始终保有其本身的简约、温润、灵动特质，同时，由于原野多年来受西方古典音乐的浸润，他的语言总会找到音乐般质感和音韵般流动感，这很了不起，国内很少有作家可以做到这些。原野的叙事，像缎子一样柔软并且意味深长，时常可以触碰到读者心灵底部最温暖的部位，每每令人忧伤。从原野的字里行间，我们常常会发现，他使用任何汉语词汇都竭力避免庸常，并对意义进行重释、拣选和引申，这样，庸常的词语变得幽默、挺阔和温润，此刻汉语的毛细血管都会变得清清晰晰。张清芳[①]教授评价我的一段话，虽对我存有溢美之词，但这段话更适合原野——“他那样小心而虔诚，甚至是怀着歉意地书写。他静静看着自己的内心，静悄悄地贴着自己的叙述缓缓前行，如履薄冰、蹑手蹑脚地贴近自己的人物、情绪甚至是哲思，似乎稍有不慎的一个虚词就会使整个文本像水泡一样转瞬即灭。”[②]总之，鲍尔吉·原野的叙事语言纯净优雅，他在捍卫着汉语言的高贵和尊严。这是散文大师的重要特征。

面对人性，莫言一脉作家描述人的潜意识并旨在揭示人性复杂及其丑恶部分，这是一个途径，我表示敬仰。同样，原野一脉作家书写人的表层意识并旨在发现人性之美，这是另外一个途径，我表示钦佩。至于哪个是珠穆朗玛峰的北坡，这已经没有意义，更重要的是美和丑均是人性里不可分割的组成部分。毫无差别的是，叙写美和叙写丑的作家都需要悲悯。然而，在我们这个特别的时代，就创作主体——作家来说，鉴于发现美、书写美的难度更大、耗能更高，为此，需要一种特别的禀赋以及解决自身精神难题的平衡端口。比如，原野突然发现美的集散地竟然在草原深处，农耕文明和现代文明的接榫地，于是，他将视角放平、放低，聚焦微小的人物、事物的细部、事件的底部。此乃原野散文凸显大师气象的重要载体。

原野曾经表达过这样的意思——他经常去牧区采访，原想搜集写作素材，可接触牧民们之后，却被他们的善良、诚实和单纯打动，

---

① 学者、文学批评家，现供职于河北师范大学。

② 见《高晖论》：《渤海大学学报》，2011年第6期。

觉得搜集素材很可耻，索性扔掉采访本，跟他们在一起、在一起。他觉得，这是比写作更重要的心灵洗礼。比如，在赤峰牧区，吉布吐村为他一个人举办过篝火晚会，注意，这里有个极其重要的细节——牧民们从很远的地方骑马骑摩托车过来，他们在篝火的火光里，一个一个地过来看鲍尔吉·原野的脸，他们看得那么认真，原野在此刻意识到——他们是在认真地看自己民族的作家到底是什么样子，什么样子。就在这一刻，原野完成了书写者自我身份的全部认知。于是，原野说："（当时）我很不好意思，也感动，我庆幸夜色挡住了我的脸，没让他们看出我脸上泪水纵横。"注意，就是在这一刹那，用汉语写字大半生的原野，真切地认知到自己的血液属性。原野还说，索布日嘎的牧民为自己举办过赛马比赛，他看到那些马跑得大汗淋漓，跑完被牧民牵着遛弯儿，十分震惊，他真想像尼采那样抱着马大哭一场——写出什么样的作品才能享受这样的尊荣呢？此刻，原野已经明白：马上民族要管好自己的吃和穿，自己的马和牛羊，还要找到自己文化的传承人。不管这个人长相如何——需要这个人诚实和爱的心灵记录，同时整个民族会用你想不到的方式褒奖你。这是原野重返精神家园的重要时刻，也是原野写作题材自觉分期的重要节点。

至此，我认为，原野是一个被文学批评界严重忽视的大师级散文家。其主要原因有两个：一是原野著作均以众多单本的面貌出版，而且单本里个别篇目还存在重复现象，迄今没有重要作品的系列文集出版，这样，无疑会给研究者带来阅读等系列障碍；二是散文这一文体常被重要的文学研究者忽略——其实，恰恰是这个被忽略的文体，在新时期以来始终保有稳健的成长。我真诚提示有远见的研究者们，能接续对原野的相关研究。

在即将出版的拙作《写作的近邻——关于一位作家的准文学批评文本》里，收录一篇《开头或正文的一部分》，都是我的未完成作品。其中有一段"善良怎样才能长成一棵高树"，关于鲍尔吉·原野先生。在这段文字下面，还有作者注释：这篇东西是写原野散文的，当初是写在一个本子上，后来，我在电脑里也发现了它。没有完成的原因是什么呢？在我写作生涯里，这应该是迄今唯一的关于原野的文字。

一连好些天，我的身体内部发生了细微的变化。我对声音和嗅觉这些原来反应迟钝的部分，有了较为敏锐的感觉。比如，读书的时候，时而能清晰地听见水房漏水的滴答声，还有时钟走动的声音，我还能在心里把这两种相似的声音做一些比较。在这样的时刻，我想写一写对原野散文的印象……

1995年年末，我的阅读生活混乱——助长了我的某种复杂的心情——那是无法进入阅读状态的日子。拿了一本书，常常是读了几页又放下，我毫不费力地知道自己的思维进入一种无法统一的情景。在这个情景里，支配我的不再是一些可感的东西，而是一些略显生硬的逻辑演绎，我似乎想一下子从某种已知的因素推演出未知的结果。我拒绝把自己比喻成是一棵缺乏足够温度的老树，尽管这些说法也接近真情。不过，我必须同情自己。搞不清什么原因，那些天，即使是闭着眼睛，抓到手里的——仍然是一些使我走向另一种方向的书，这些书肯定是比较特别的。然而，问题也出现在这里，这些书，使我一点一点或者是陡然地向那个方向滑去，我还没有弄清自己是否具备回来的能力。那些天，我几乎是需要用另外一种方式——不激烈的方式写出的书。

原野将《善良是一棵矮树》交到我手上时，是在他家里，他有足够的理由迈着轻缓的脚步向我走来，并把这本书送给我。我必须双手接过这本书，当时原野放了音乐。我搞不大清那是什么音乐，不过我能感受到那是一种使我的心里杂念降到最低限度的声音。可以说，那是能让人内心激动起来的声音。原野能讲出来，那是由若干种不同的声音的集合。原野的卧室里，那一对纯净的音响以及静静地排列在一起的CD唱片。我在音乐中，翻着这本书，努力地听懂那种声音。原野当时说出那首曲子的名字，我没记住。能记住的是，那一刻，我认为自己很凝重。那是一间并不复杂的屋子，几乎可以说是简洁。那也同样是一个并不复杂的场景，我能记住并且愿意把这些说出来，又接近当时的真实状况，除了是对自己记忆力的表彰之外，较为突出的原因就是，阅读《善良是一棵矮树》肯定起到了唤醒作用。读这本书的时候，我有好几次想起这些。

现在，根据研读这段莫名其妙的文字推测，事情应该是这样的：一是1995年春天我去过原野家，应该是第一次去或者他搬到新居，我便注意观察相关细节；二是在1995年年末，我曾给原野的新作《善良是一棵矮树》[①]写一篇书评文章，肯定是因为当时没有刁斗这样优异的编辑约稿，从而导致夭折了；三是从行文风貌看，当时我应该有点轻度抑郁，抑或正在阅读卡夫卡呢；四是当时我根本就没觉得原野是什么散文大师，相关认知尚不明朗。

其实，那次拜访原野，有两件事情印象比较深刻：原野家整洁得过分；我第一次听发烧音箱。那是一栋紧挨着省公安厅的住宅楼，应该是两室一厨一卫，他跟另外一个家庭合住。初春时节还有一点凉意，待那家丰满的女主人从卫生间出来，我便进去解手，座便暖暖的，整个卫生间水泥地，擦拭得像镜子一样。至于音响，上面的文字已经有所描述。其后，我便省吃俭用，购得音箱一对，正式进入发烧友行列。20世纪80年代末期和90年代前期，文学界往来一般都发生在家里，通常也不约，都是堵，碰上算。当然，那是一段令人怀念的时光。

2019年，人民美术出版社拟出版《高晖写字写猫集》，我请原野作序，他写出《高晖简介》，并刊发在《作家》杂志2019年第12期。一时间洛阳纸贵。我觉得，这篇文章是原野的杰作之一。他用万字

---

① 鲍尔吉·原野：《善良是一棵矮树》，北京：中国对外翻译出版公司，1995年。

左右的篇幅，介绍另一位正在写毛笔字并写猫的写作者，这有什么稀奇呢？其珍稀之处是，原野毫不费力、随随便便就带出一个时代的忧伤和焦虑，而且拥有特别的轻松和超然，同时具有轻松和超然本身不应该具有的那种坚韧、张力与回响。鲍尔吉·原野这篇序言，让我想起马尔科姆·考利那部著名的《流放者归来》。

我们穿过铁轨，往月台方向走。亮晶晶的铁轨低于地面，铁轨边上堆着硌脚的、鹅蛋大的灰色砾石。火车头蹲在远处，像一个吃饱的狼在观察路过的羊群。我们穿过大约几十条铁轨，想不到作为中小城市的铁岭火车站竟有这么多铁轨。我们爬过水泥屏障，比朱自清的父亲敏捷得多。站在月台上等候开往沈阳的火车。这时候，高晖有点沮丧，属于声带突然出现问题，用手比画，不精准的哑语那种。他舍不得我们走。我知道，他舍不得这么多朋友在一起谈论文学的氛围——谈论普鲁斯特、谈论卡夫卡，突然散了，来到一个叫作火车站的地方作别。他的表情好像要哭，他知道哭并不恰当，应该表现出豁达和无所谓——那时候，高晖还没有学会这套本事。到后来，他对一切事情都很豁达和无所谓。这是我第一次见到高晖。

见到高晖之前，我不知道世上还有这样一个人。这没什么奇怪。不因为他不优秀，也不因为他名气小，事实上，他那个时候名气不小了，只是我不知道而已。就像我不知道西班牙有一位诗人洛尔迦之前，洛尔迦就写出“格林纳达有两条河，一条在流血，一条在歌唱”。那是在20世纪90年代初。

2012年秋天的原野，陷入一个凡是特别的写作者通常会发生的精神难题，有关人性困扰，有关生命平衡端口。我在30岁和45岁分别有过一次。而人家原野的表现更富有个性，像个高级写作者的样子。比如，他正吃着饭呢，突然会失声痛哭，且会将茶水、烟灰、米醋、酱油等倒入白酒杯里一同干下去。当时，原野的灵魂和肉体肯定存在于两个并行空间。我知道，当一个人被这种力量引导、驱赶、鞭挞，从而导致焦虑、自责、无奈，甚至是绝望。在这里，具体的导火索并不重要，重要的是由此引发的意义崩溃，整个肉身会极其沉重而精神又极其虚幻。这是一个人灵肉分离的时刻，用原野本人的表述就是："那时候你觉得眼睁睁地被抛出正常的轨道，在另一处荒凉之地独自运行。"当时，经与陈虹老师沟通，我设计的疗伤方案有两个：转移注意力和猛击一掌。许多年之后，我与著名心理学家及摄影家李小白先生谈及上述方案时，他笑了，说，其实，规范治疗效果会更好。言外之意，就是我们的方案并不规范。

方案一：我鼓动他写毛笔字。首先，我将他带到吉墨斋，对在场群众说："这位先生就是鲍尔吉·原野呀，他是在世的文学大师，还是我国文人字的代表人物之一。"当时，原野有点紧张。在场的还真有读过他作品的人，"哎呀，原老师好，原老师好。"于是，我搜集笔墨纸砚若干，装车、走人、送回家。在他家里，我说："现在有好多地方都求你的毛笔字，求不到哇，着急，就找到我了。"他还有些质疑："我咋不知道有这事？"我说："你知不知道并不重要，赶紧写，两个月之内写出200幅，每幅至少抄录一首唐诗。长一些更好，如白居易的《长恨歌》《琵琶行》，还有《长征组诗》什么的。"

大师半信半疑，我就给他展望前景："首先，咱们在国内10个城市同时办联展；然后，再到日本等地巡展。时间紧迫，你必须昼夜干。你的书法将会给中国书法带来一次革命，同时对稳定东北亚局势有不可替代的作用。"此刻，他表示很吃惊的样子，同时默默点头："那好吧，我听你的。"第二天，他来电话问我："你昨天说的，可都是真的——那我可开写了？"我告诉他："我已跟人家签订合同，如完不成，得罚我50多万呢。还有，展览场馆均已预付租金，人家不给退。"他继续追问："这事幕后到底是谁操纵的？"我说："北京方面，不要多问，比较敏感，你就管写。"于是，从2012年9月至次年2月，原野大师始终在写毛笔字，除按既定内容外，还有所发挥，甚至涉及诗经、元曲、福格纳短篇小说等等。那段时间，我几乎每隔几天都要求他报告进度，并时常与陈虹老师沟通情况，同时定期去看他：满地都是漆黑一片的宣纸，场面令人恐怖并震撼。陈虹老师说："他每天都凝神站立，有时一天写两三幅六尺整张，常常满头大汗。"于是，他写一批，我就收走一批，坏的——我在书房直接销毁，稍好一点的，都会给他裱上。他在裱画店，看到自己的作品发表在木框上，一时间目瞪口呆，满脸通红。其后，我将大师作品送到辽宁宾馆悬挂，并分送给喜欢读他作品的亲友。有一次，原野问我："老高，你说我的字到底咋样呢？"我说："你的书法即使放在中国书法史上也能占个中游，辽沈地区书法家都吓得不敢再写啦。"当时，他羞涩地低下头，半信半疑。多年以后，我真的认定原野是一大书家，相关表述我在前边提及过。

方案二：集中写字虽使原野紧绷的精神得以缓释，特别是不再作妖，但并未痊愈。他仍时常觉得生命没有意义，文学没有意义，一切都没有意义。于是，开始启动方案二。有一天，我们正在聊天，他在陈述人生没有意义的理由，我突然大喊："原野，你就是不齿于人类的狗屎堆!!!"他一惊："你看，急眼干啥呀？咱慢慢说呗——你咋想起这句话来了呢？"当时，我有点难堪，说："我试试当头棒喝有没有效果。"

原野的记忆没有差错，大约一年后，他的抑郁症得以痊愈。其实，上述所谓方案仅仅是辅助，应该对随时出现的过激行为有所防御，而真正起作用的，是原野依靠自己内心的力量完成了对自己的救赎。由于我自己有这样的经验，便了解缓解自身精神难题的相关进程，特别是决定性因素的部位。从本质上看，这是原野作为作家的精神难题及其消解或搁置的一个事件。在这里，我们不妨展开讨论一下。

我曾经说过，在我们这个时代，一个优异作家每当行进到新的地段，就会遇到精神或创作困境，而这种困境主要是指作家精神层面发生的问题，即精神难题。在现实生活里，看到这位作家和普通人共同呼吸、共同存在——共同存在一个场景，共同讨论一些东西，甚至共同地相爱、结婚、友谊，但这都消解不了作家本人由于创作而面临的自身精神难题。我认为，越好的作家，与自己精神难题的缠绕周期越长、缠绕度越高。他常常会被自己心灵深处的精神难题缠绕，或者与这种精神难题和平共处，或者是彼此斗争，或者是相互疏离，但几乎永远会缠绕在一起。

作家在当时代遇到精神难题，自有其存在的内在根源。就像原野，一个越优异的作家越想弥合自身被当时代撕裂的部分。随着写作实践的深入，他必须平衡心灵底色、生命激情、精神独立、终极关怀与坚硬现实所形成的倾斜和错位，必须努力使作家的自由意志与被表达世界那不可抗拒的张力适度和平相处，从而迎接下一个精神高地。当一位作家逐渐成熟以后，在其内心深处，就会出现一种新的错位和障碍。这时，作家必须像茧中抽丝一样将真实抽取出来，同时，内心深处会生长出新的东西，那就是意义是否真正存在？我们遵循经年的意义是否存在？我们之所以长时间阅读、坚持写作、长时间承受、长时间孤独、长时间接触各种形式的审美经验，就为从心灵内部形成一种独特的东西，而这种东西本身是否具有意义？人类共同价值和终极关怀怎样才能抵达人类内心？这些东西在我们生命中是否有效？我们生命的最终意义到底是什么？我认为，就是上述这些东西交织在一起，即构成优异作家的精神难题和内心冲突。

那么，如果能依靠自己的力量、自己的渠道、自己的方式来突破、均衡、缓解、挣脱这些东西——这就是原野类作家抵达真正成熟的标志，是原野进入一个高峰期和阶段性完成时。同时，也是原野类作家新的心灵历练期的开始。人们常说某某选择当作家，我认为这个判断是欠妥当的。其实，一个人当作家是被动发生的，在冥冥之中被遴选，并促使作家在某一阶段被责任、被担当。一个作家，在过去相当长的时间里，会认为自己的创作与他人没有关系、与社会没有关系，只与自己的内心冲突相关。后来才会像原野一样，发现自己的创作突然间与他人、社会甚至一个民族产生某种神秘的联系。于是，这时大师就出现啦。

其实，当下原野已经成为一件器皿。器皿是一个什么概念呢？好的能装，坏的也能装。原野是精神末世和衰败的敏锐感知者和参与者，他将自身作为一个器皿，接受、参与、静观、包容、悲悯精神毁灭年代的污泥浊水。在这个容器里面，可以感知到容器本身的质量、重量、透明度、亲和度、饱和度，同时感知到容器里面的东西，比如，清水、脏水在器皿内部的化学反应。我推测，原野最后单纯得就剩下两个问题：体验到并表达出。当原野将自己当成器皿的时候，就会发现器皿既有规律又有特点，既能像正常人一样表达喜怒哀乐并参与其中，同时又可以与正常人分离，在另一个角度、在较高的位置观察器皿内部的变化，因为原野类作家有使命，即体验到并表达出。

在这个器皿本身表达均衡、平衡的过程中，体制、环境、其他人均属于外力施加，器皿本身内部均衡的关键，就是原野类作家内心必须强大到依靠自身的力量能够取得一种内部平衡、完整和持续增长的体验，这时，一定要有足够的根部养分。怎样取得根部养分？沉入生活底部，通过这些根部养分增加自身清醒度、分辨率和关注力。同时，必须拥有一双高于器皿的眼睛，并时刻观察器皿内部的变化。在这里，最高级的实验结果就是，能在器皿的内部生成巨大的悲悯来。我再说一遍，作为大师的原野，目前唯一的使命就是体会到并表达出。于是，原野形成一种稳定的语言系统，或一种书面语言系统的再造，早已将少年时代就开始形成的各种语言垃圾、污秽的和粗暴的语言排空，转换成纯粹的、干净的、形象的语言，即适合表达草原和天空的那种语言。

既然是器皿，就应该有个木桶效应——只要木桶有个缺口，水位定会冲最低点流下去。一般来说，作家的书写终将给逝去的人生留下些许物证，尽管人生必然与叙述、抒情和诗歌本身一样，最后全部指向虚无。但有什么办法呢？哦，鲍尔吉·原野大师。

2021年7月11日，沈阳中书房

不可言说的刁斗[1]

进入1995年的夏天——刁斗，经过较为漫长的等待，终于获得了被别人七嘴八舌评说的机会。尽管刁斗等待的不是这些，或不完全是这些。但，这类言说已经是近年来国内制造小说家的一道必不可少的工序。据说外国也是这样。大家言说他的小说，并且没边儿没沿儿地琢磨着他本人及其内心世界，是开始照顾他的一种仪式。况且，这种珍贵的仪式才刚刚开始。对于参加言说刁斗本人，我不大情愿——这种不大情愿，是和言说刁斗小说相比较而言的。人类心灵的神秘莫测，也许是出现小说家这一职业的某种基础，他们专门窥视别人，当然也包括自己的内心。看来，没有职业意识[2]的人，是无法在探测人心这一领域中能做得成功的。再说，你触及的对象是个专门探测他人内心的职业杀手——小说家，你还能说什么呢？对这些人类的灵长们，保持缄默既是一种策略，也是一种无奈。小说家似乎比常人更懂得给别人看哪一部分，以及不给别人看哪一部分。我们最终的结果肯定和我们的初衷正好相反，只能加深对小说家本人的误解。

① 此文是应上海《文学报》之约为刁斗而写的印象记，载于《文学报》1995年7月27日，题目被改为《他，一直没有回过头》。

② 指作家的职业意识。

读完刁斗的大部分小说，并结合几年来对刁斗断断续续的察言观色，我似乎得到了一条法则：只有涉及刁斗的小说，才能染指一部分真实的刁斗——刁斗的一部分真实。小说，是相对静止的；而小说家，是绝对运动的。一个小说家提供的小说，比小说家本人更严重。又似乎可以这样描述：小说已经提供了小说家的全部，其中也包括了小说之外的东西。我对刁斗本人的判断迷乱，比对刁小说的判断迷乱更加严重，而且开始和持续的时间更长。1989年春天，我认识（看见）了刁斗本人；1995年春天，我看见（认识）了刁斗小说。

我对刁斗本人的判断迷乱，开始于我看见他那一刻，并在1993年夏天[①]和他的一次对话中得到了明显确认。那天，刁斗来的时候，带来了一架飞机。当然是假的，别人管它叫飞机模型。我管它叫小飞机。刁斗正在地上玩，屁股撅得很高，两眼长放精光。那飞机在水泥地上打磨磨。我们的对话，就是在这种情况下开始的。

老高：“玩完飞机还玩什么?”

刁斗：“玩——航空母舰。”

老高：“航空母舰太大，没模型。”

刁斗：“越大越有模型。”

老高：“你这么想孩子，怎不要呢?”

刁斗微笑了一下，没了声音。

我的毛病就出在最后一句上。刁斗说第二句话时，我肯定是思想了一下。按理说，我应该意识到刁斗有意把我们的对话引入形而上的方向。而我，却赌气似的走了下坡路。我把这形而上的举动，给定了一个形而下的解释——刁斗玩飞机是出于想孩子。刁斗在于月萍的帮助下至今也没要孩子，仍然偶尔玩些玩具。那是1993年夏天。我说过，我是在1995年春天才看见刁斗小说的。看得腰疼，刁

---

① 我和刁斗在铁岭的谈话，当时铁岭文联召开“北国之春”笔会。

斗的小说必须坐着读。其他姿势不中。

1995年春天里的某一天。那天，阳光明媚得具有一种特定的提示性。刁斗有个举措。他把自己在办公室里的座位，从一进门就能看见的地方，调到了最里边。那是个阴暗的角落。这就意味着——这个举措只是针对调整刁斗自己的位置，与别的东西无关。为了增大隐蔽程度，刁斗又在门的右边放了一个木质卷柜、黄色的。我被迫帮他抬了办公桌之类，直到抬完卷柜为止。最后一道工序是，刁斗在卷柜背面贴了一张白纸，白纸上写了几个鲜红的大字。字本身比较丑恶，这没关系，人家刁斗用电脑写小说。这是一组气势恢宏、对仗匀称的排比句。一进屋，得先看见字，然后，拐小个弯儿，才能看见刁斗。

刁斗鼓鼓捣捣地做完这些，我走出屋子，重新进来，想感受一下和以往有什么不同。还那样。刁斗没问我什么感觉，我也没说。也许，就像他玩飞机一样，这回他玩了一次标语。刁斗坐在新地方吸烟，不吱声。我看了他一眼，就开始认为刁斗长得不丑，像个小说家的样子。当时，我刚读完他的《假如种子死了》，而且在小说的空白处写了一些三不四的话：这是刁斗小说中最好的一篇，也许是被大家忽略了的一部中篇。它让人想起《伤心咖啡馆之歌》的那种冷色调，而且让刁斗弄出了的些许暖意。

我说："刁斗，你现在是出壳的鸡崽了——我代表你那为数不多的读者告诫你一句话：以后，你得像大熊猫那样好好活着，金贵自己。以免让大家担心。①上下班要牢牢记住右侧通行，咋忙也别走左边；②谁打咱骂咱也别生气；③现在体格不是挺棒吗？得坚持锻炼。"其实，第一句和第三句是一个意思。当时，我们走在一座兵营里，刁斗从家到办公室，得穿过这座兵营。从办公室到家也是一样。刁斗写标语是在上午，我尽可能地说明——这两个场景没有时间上的粘连，甚至没有内容上的粘连。说完那句话，我以为刁斗会大笑一下。然后，说一个他常用的感叹词，我也会用同样的大笑、用同样的感叹词给予回应，以配合这个迷乱的黄昏。然而，突破常规的是，刁斗仅仅微笑了一下，很羞涩的样子。我也学了他的样子，只是缺少羞涩。刁斗的这次微笑，肯定和上一次微笑不大一样。我担心，这有可能导致我和刁斗之间的对话开始端庄起来。

路过北陵[①]前面那条河时，刁斗和我说起了河的事以及他小的时候围绕河发生的一些简单而芜杂的事：当时这河如何如何明亮，他如何在河里出来进去，总结起来就是河的童年以及刁斗的童年。我第一次感受到刁斗可爱的絮叨，不让别人插话。我莫名其妙地想起一个前不着村后不着店的判断句：刁斗心里有块东西和纯现代主义有关。同时，我也想起一首与现代主义毫无关联的歌曲旋律。就是那首比刁斗小说有名百倍的《脚印》，刁斗自己写的。那时，他不叫这个名字[②]。刁斗在我给他虚设的旋律里显得挺凝重，这是刁斗和以往不同的时刻。在这种时刻，我想起刁斗的《洪峰在1993》是自然的事。尽管它算不上小说，但我无法忘记这篇文章的纯净和纯粹。就是它，引诱我读完刁斗小说的。

据说，刁斗的《作为一种艺术的谋杀》，最近获得了东三省三年一届的中长篇小说奖。还据说：辽宁就刁斗等三人。我想，该替他高兴高兴。当然，我没法说，我的高兴里有点不舒服，我更觉得《假如种子死了》和《为之颤抖》比那篇要好。特别是刁斗在《为之颤抖》里，找到了一种口语方式。鉴赏力受挫，也只好不舒服。当然，在《谋杀》里，刁斗把一个简单的故事写得那样均衡，也该获奖。反正都是他自己的小说，谁获奖都一样。获奖是制造小说家的又一道工序，获得越多越好。这样，他的言说者也会相应地多一些，尽管以后他也许有机会把这看成是负担。不过，小说家也许就是这样：先是自己说；后来，自己说别人也跟着说；再后来，自己不说

---

① 沈阳的地名。

② 当时的署名是刁斗的原名——刁铁军。

了或说不动了或没法子说了，别人还说，这就具有了纵的意义。横的意义是国内有人说他，国外也有人说他，啥时候瑞典那个地方有一伙儿人也能说起他，他就为国争光了。

刁斗没和我说获奖[1]的事，他只是平静地问我，是不是读了他刚刚发在《钟山》上的《罪》。我感谢这种信任。我的看法是《罪》写出了一部中篇难得的均衡和简约。有如我对《捕蝉》的感觉——就像《捕蝉》找到了叙事者和故事本身那微妙的距离感一样可贵。更为重要的是，《罪》可能是一个标志。它标志着刁斗小说不久就要完成怎么说这一部分，剩下的就是说什么了。我曾说过，刁斗小说的大部分都是卡夫卡的一些想法。现在看来，这和体会刁斗的两次微笑一样使我陷入了迷乱。原野前些天来，顺便告诉我：周作人说——科学和道德是一回事。同样，我发现卡夫卡和托尔斯泰也是一回事。这是个辩证法。但托尔斯泰的悲悯针对全人类的成分显著些。悲悯。

专注而勤劳的刁斗肯定会自觉地进入下一道工序；对刁斗的言说，也会随之变得更加艰难。现在的难度是，言说者试图把不确定的刁斗确定下来。接下来的状况也许正好相反：我们试图使确定下来的刁斗变得不确定。那时，刁斗会把刁斗小说尽可能地弄得和刁斗本人一样——不可言说。刁斗具有非凡的想象力，这大家知道。

---

① 东北文学奖。

关于文学我们应该知道些什么呢

——高晖致四位女作者的六封信

致SS，之一

忘了问——你日常里参加某种工作吗？但愿你的工作可以清闲一些，不像我这样忙乱。你说，你“在沈城唯一的一封信写给高晖先生”，谢谢。我当然知道，网络时代的手工信件是奢侈品。

我此刻在电脑上写字，从严格意义上说，已经不是在写回信，和其他时间我在电脑上写作是一样的，假如过多地表达我个人的一些想法，也是没有办法的事情。我已经好久没有在纸上写长串的句子啦。我知道这样不好，但只能这样，我可以在工作的时候写出来，看起来就像是其他工作一样。

那天，我的确有事情要办，于是就匆匆离开啦。这大半年来，我变成一个成天忙乱的人。下面，我俩将要围绕同一话题交流一段时间，尽管我不知道结果会怎样。其实，从那天中午去文学院时，我已经接受这样的方式。很久以来，我发现自己对文学已经充满敬畏，不愿意开口谈起它。的确，是这样一种东西，使我缩短年轻的时限，变得不属于任何一个年龄段的人。写作本身并没有给我带来身体的强悍和内心的坚定，相反，原来拥有的一些勇敢在一点点消耗；我开始注意别人并不注意的东西，而别人认为重要的东西，我认为不重要。常常想一些没有答案的东西，常常盯着一处发呆，有的时候，我会问："这是怎么了？"年龄一天天大起来，承受孤独的能力却一天天地减弱。看到一些因为文学使自己的生活变得越来越好的人，我会问自己："我认为的文学样式是一种必然的东西吗？我是不是选择了从北坡攀登珠峰？"这样说的时候，自己已经知道：我似乎早已被牵扯到一个复杂的案件中，没有能力摆脱，这是一件连环案，那里有自己的规则，我只能按这个规则行事，不管我喜欢还是不喜欢。我是在极少的时刻才有一些骄傲——我知道一点文学的秘密。当我这样想的时候，我的书写就完了，一个人写不出东西的日子是那样的漫长，真的有点像童年。就在我们说话的这段时间，文学使我产生些许骄傲——我在一个新单位干些杂务。在干那些杂务的间隙里，偶尔还可以写作，这时我常常对自己说一些鼓励的话。当一个人把对各色生活的体验变为目的以后，一些外在的干扰其实是不存在的，剩下的就是怎样和自己的体力作斗争，以及怎样摆弄自己的时间啦。

其实，我并不喜欢文学院的拜师形式，这能让我产生不愉快的联想。还搞出那么正规的仪式。一个行当开始拜师，本身就不是什么好的兆头。但是，文学院研究拜师这件事的时候，我还是对王宁先生说："可以算我一个，最好能分配我一个女学生。"我是认真的。王宁先生问："真有时间保证？那好。"

今年以来，我发现自己内心的孤独在蔓延，如果是去年，或者是更远一些时候，也许不会接受这件事的。我的意思说，SS，你不用感激我，这不是一件需要感激的事情。就像所有其他的事情一样，都发生在我们最不在意的时候。也许，相对固定的两个人讨论一件事情，也许会变得愉快一些。我想，但愿我们会通过这样一种形式，可以讨论一下相关问题。你没有对我叫"老师"，我觉得这样很好，这是我们可以对话的前提和开始。我的意思是，在除"老师"这个称呼之外，你选择一个称呼，相对地固定下来。不然，干脆就相互称呼名字吧。那么，现在就开始吧。

关于我的书。你提到我的那本书[①]使你流泪。我知道，那是一本好书，即使是别人写的，我也会这样说。这是专门写给一些拥有自己内心生活的人看的。有的时候，我觉得自己可能很久写不出那样的文字了。这样想的时候，眼里有泪水。

关于卡夫卡的内心生活。卡夫卡的意义是，一个凡人有机会活在尖锐的经验领域里，那是一个难以诉说的世界。我只是知道：卡夫卡的书就像是一把利刃，常常会把自己的内心和现实世界“唰”的一下割开，把我带进另外的世界里去，当我合上书本的时候，这两个世界又奇怪地缝合了。我现在可以听见这个缝合的声音。卡夫卡式的内心生活，是一个标准，也是一个标本，他告诉我们人可以怎样尖锐地面对自己、面对这个世界。SS，通过你的那些文字，我能感受到你可以采取这样的方式，一种尖锐地感受世界的方式，这样的方式可以构筑这样的文字。这样的文字，是你自己的东西，与任何东西的关联都不大。其实，也没有必要和什么东西保持一致的联系。没有办法，我们就是这样的感受。你说，怎么办呢？但愿有一种东西可以持久地把我们和这个世界持久地分离开，那是一种什么样的东西呢？我不知道。

关于死亡。死亡的问题，我们这次不谈啦。我记得，读过一篇川端康成的散文，他提到这个问题——当时，我浑身冰凉。真的，这个问题，我们现在还无法谈起，我只是知道，我对死亡充满幻想和好奇。那应该是度过界限以后的感受。我现在不知道。

关于散文的表达内容。我至今不认为散文必须同其他文学体裁严格区分开来。散文应该是一种和自己内心贴得最近的一种表达，除此之外还有什么吗？我认同王安忆的说法——“散文要表达重大的心灵情节”。那么什么是重大的心灵情节呢？我搞不清。这样，散文中的“我”不要做作，不要平滑，不要不知东南西北，是一个独

① 高晖：《向陌生人招手》，长春：时代文艺出版社，2001年。

有的“自己”。

散文的自恋问题。如果“自恋”这个词语是中性的话，那么可以这样说：散文和它是同义词。

下面，尝试回答你的几个问题：

1. 散文可以避开一些现实的、尖锐的事物，而只表达一种（至少有一部分是虚设的）优雅和骄傲吗？最最尖锐的事物在人的心灵深处，其实，现实并没有什么“尖锐”事物。“至少有一部分是虚设的优雅和骄傲”——表达内心的挣扎的过程本身就是人的骄傲，这是一个作者的最后表达，不是目的——这是别人看出来的东西。当把虚设的优雅和骄傲当作目的时候，就完啦，什么都完啦——我们会忘记自己的虚弱和伤感的部位，会忘记自己的灵魂里不良的东西，在写字的时候，我们会忘记自己在干什么，到底是为了什么写作的。学会朴素地说话，当我们朴素地说出人话的时候，什么都有啦。朴素地说话和高贵地说话是一致的。朴素说话，可不是“土”气地说话。

2. 关于自我内心生活的铺陈是否会造成阅读者耐性的某种伤害。我们的文章首先是写给自己看的，顺便也有一些和我们一样的感觉世界的人也看到了，我们不是在写畅销书。再说，现在的绝大多数读者都是钢筋铁骨，谁能伤害他们？你写诗歌和散文的时候就应该是这样的。如果写小说，那就可以换一种方式。散文是私事，也不是——是你和与你心灵相契的人的一次约会，是这样吗？

3. 它是不是“小资情调”？我不大懂什么是小资情调，如果小资情调是指对追溯高贵心灵生活那样一拨儿人，那么它就是啦。我觉得现在中国的“小资”还没有形成，他们大多是与衣食住行联系紧密的一些人。还不可以谈情调——情调应该是一种信仰，可以为某种东西牺牲才可以称作信仰。

4. 过多的自我与这个世界、与他人有什么相干？这个世界肯定有两片相同的树叶，我相信。我们不是在科研，不是在研究学问，文学不是一门学问——首先是追溯自己的内心生活，其次才是和我们一样的人读它们。不要勉强所有的人都读你的东西，因为有些人根本不需要文学，他们可以依照世俗的规则生活，也不需要温润的心灵。

5. 散文可不可以不对内心追问而只抒写一种轻盈的表现与情怀？可以披上轻盈的外衣，只是外衣。朴素地说话以后，会出现一种轻盈，但那是另外的一种重量。

6. 一些小说家写散文，把散文也弄得像小说[①]，像小说的什么？与内心息息相关的叙述；叙事时的流动感——表达的细腻；尽量朴素地说话；还有，就是我前面说的一种重量。专门写散文的人，包括余秋雨教授那些人，真的让人怀疑呀。怀疑他们什么呢？

据说，其他老师们开了书单，我们也开一个？如果有时间的话，可以先读一读这两本书：

1. 卡夫卡的随笔，找一本薄的，但是其中得有那篇著名的信件——写给他父亲的。这是一篇迄今为止同类散文中最好的。

2.《一间自己的屋子》，伍尔夫写的，最好是王还译的那本，薄薄的。这是一本女性写作时无法越过的一本书。这本书滋养着几乎国内所有成功的女作家，可惜的是有很多人不认账啦——也怪不得她们，她们也许不理解。但愿你能喜欢这本书，如果不喜欢，千万不要硬读，不管它是多好的一本书。我的意思是说：一个人和一本书的精神是否契合，在这个人与书接触的3分钟内就可以发现。如果发现不行，就及早放下，不然无法愉快。还有，就是如果读懂了，才可以和别人说“我读过这本书啦”，一定就要尽量地读懂。如果，读了这本书，你就写一写读它们的一些想法。就算是“作业”。

---

① 笔者在《关于散文的一些简单问句》里提到的问题。

致SS，之二

有的时候，你发信息来的时候，我大多是在会议上或者正在做些别的，这样就不能及时地回复你。我想，你会知道的。就像你知道的那样，我常常被另外的一种力量拖着——我前些天写一篇小文章提到过类似的事情。

先说你的《老宅》。总体的感觉还可以。有些句子我不大喜欢，我都画在上面了。如果“从整体上”说几句——就是太黏一些。怎样具体一点我的话呢？你吃过疙瘩汤吧？我喜欢汤是汤、水是水的那种，多好！疙瘩是什么呢？就是你要说这些话的背后的东西。汤是什么呢？你的叙述和动情的部位——你用什么样子的声调在说话，用什么铺陈这些背后的东西。当然了，疙瘩必须在水里。

要不然，咱们这样：在没有形成自己的语言风貌之前，尽量多用短句。这样，可以人为地朴素一些。我的意思是，尽量把写童年事物文章的举止搞得朴素一些，努力不铺张不隆重，不要依赖那些翻译的句式说话。开始的时候可能会比较困难，等我们的语言姿态相对固定之后，那又是另外的一番样子。还有就是细节，应该描述细节的时候就多写几笔，尽量让人看到感动你的东西。放慢了速度，才有了充足的感觉，我想，作者对细节本身的感觉就是散文的全部了。童年的感觉怎么写？太有条理就出问题。

如果能让读者看到一个年轻女人，安安静静地坐在桌子上写这篇东西，就成功了。对了，这女人的呼吸是那样的均匀。这就是语言背后的状态感。多年以来，我寻求的就是这样的一种感觉。如何将文章做得安静，这不是一件容易的事情。有的时候，我们读一个人写的东西，觉得这个人是“话痨”，还有的时候，我们读到一个气喘吁吁的作者。

写童年的东西，还有一个关于自己记忆的选择方式问题。我们常常是在选择的时候出了毛病。散文所提供给别人和自己的，就是与作者自身生命联系得最为紧密的那一部分。好的散文得激发读者的参与热情，将读者的思考能力往上推一下，这样——不能很清楚地说话可不行。小题就做小事，不能小题大做。写童年的东西，因为动人的和恐怖的隔了许多东西，如何还原就成了问题。在还原的时候，如何让读者感受到一种单纯的东西呢？这是另一个问题。你说呢？

还有，你的读后感可以。可以就是可以，没有什么好说的。不可以的时候，才可以多说两句。这个读后感里有自己的东西在里面。其实，读一本好书，能读懂一句话就可以。其实，你读懂了两句。

如果有时间，可以读一读《我与地坛》，史铁生写的。这是一篇可以存活70年或者更久远的作品。如果读了，就应该写一篇读后感，4000字。不多。

致SS，之三

一直没有说你的《可能的文字》，没说的理由是没有的。这样的文字就像是珠子，不是常见的东西。做起来也是十分的吃力。这样的东西只是写给自己和那些与我们一样的朋友——这样的朋友也许是陌生人。这样的文字像是珠子，因为它常常闪着光泽，而且还需要一根金线将它们串在一起，这里含不得一点的瑕疵。你发现没有——这样的文字里哪怕只有一个虚词用糟，整个珠子的链条就断裂啦。实在是没有办法的事情。这样的文字也许只是来源于梦中。文字里有一种痛，这样的文字就有灵性，同时也会存在一种娇气。有的时候，灵性和娇气是一纸之隔。什么是娇气呢？就像是脚气。其实，去娇气和抠脚气是一样的，自己一边有轻轻的疼痛，一边无法控制自己的痒。总之，这样的文字不适合你多做。早在20世纪80年代中期，上海有一个女性大学生，叫曹明华，写过一本当时很著名的书——《一个女大学生手记》，她就是用类似的文字写作的。写着，写着，她写不下去了。为什么？她发现自己已经没有新鲜感的时候，也不再做梦，就没有写作的理由啦。

接着说。我的想法是，你还可以沿着这样的思路写一些你立即就想说的东西。然后，我们换一种写法。那是一种“泥沙俱下”的东西。这样的时候，你就会变得“开朗”起来。你的许多写作的洁癖都会随风而去。你会发现自己的内部将发生变化。你把自己放在世界里边，你变得“通俗”了，你会发现写作的困难不是写出来，而是境界的制约。这时，你又开始上路了。

我知道，这一次和以前几次一样，我又没有说清自己的想法。没有办法，一种想法一旦落在纸上，整个想法就会充满悖论。语言有的时候真的像是一堆乱草——你不动它的时候，你觉得它们是混乱的；但是，你一旦开始整理它，就会发现它越来混乱。于是，我们开始用比喻，用手势，最后是沉默。还有什么更好的办法吗？

但是，有两点还是有一些道理：1. 朴素一些的文字也可以成为珍珠。2. 让文字变得有响动；这时你可以看看原野的散文，尽管他常常在文章里边耍滑头，但他还是知道一些语言的脾气的。他的《在西瓦窑看二人转》你得看看，堪称经典。3. 你可以让语言有机理，原野在这篇散文里有，你也可以有。这样就会好一些。什么是机理呢？就是那些意象，附着在语言上的一层有纹理的划痕（有点像盲人感受物体）。

我知道怎么可以稍微清晰一些了，你考虑问题的核心没有问题，属于你自己的；主要是在形式感上有一些问题，这就显得小气，主要还是描述问题时出了一点麻烦。怎么办？退回去，退到朴素里去，从朴素里寻找那些高雅、高贵、高尚，还有其他的高……我到底说清楚没有？

致WN

感冒这东西很怪，能让人活得具体而低标准，我现在的唯一要求是不咳嗽，呼吸顺畅。很久没和陌生人交流了。你知道，虽不算陌生，但我们彼此毕竟没有感受过“活”的对方。现在，我带病坚持发言。

关于善良。一般来说，家乡——以后我一说家乡就主要指辽北并兼及辽沈——作家的主要问题是人格缺陷、没才华，想象力也不行。说出这个判断句，就想起去年我编的那套给孩子看的书。在征稿时发现，有的作家充盈着小市民气；有的作家精神世界很阴暗；有的叙述忒装，不能像个好人那样说话；有的属于基本不会写作的人。他们关注的东西太土，大都是语言垃圾。从技术上说，这些作家主要是缺少想象力，连胡说八道的能力都没有，更不能转化为朴素的故事。还有，就是缺乏善良。西方作家写给孩子的文字，都在讲别人对自己的爱，还有自己对别人的爱。当你发现最愚蠢的写作者在给孩子写东西，你心里是什么滋味？看起来，应该给为孩子写作的作家设置准入机制。

现在，我怎么突然想起这些？他们加重了我的咳嗽。幸好其中有个女作家，她写的东西还比较善良。我愿意肯定你，就是从你的字里行间发现了善良。这个非常重要。我们必须知道有一种柔弱的、缓慢的力量，她的名字叫作善良，她是人性森林里最矮的那一棵树，但她的根须最为绵长，没有她，我们就丧失了感受幸福的能力。有能力用文字传达善良就更美，听话听音就是这个道理。

我知道，你一行行地看我的文字，基本没有误读。很多人不愿意这样读我的东西，我一厢情愿地认为我并没有写给他们看。近些年，我发现读我书的几乎都是那些天南地北的陌生人。你肯定知道，读我们这样的文字需要纬度、季节、光线、年龄、心境还有其他的细微的因素叠加起来。我不怪那些不读或误读的人，也不特别感激那些读我文字的人。读和不读都是缘分。

关于地浪。好的文字应该像缎子一样。缎子应该是这样，除了柔软光滑的质感以外，再有波动的起伏就更好一些。不过，这些文字有个最优秀的品质，是湿润。缎子里面潮潮的，就像泪水盈眶时，没流出来，但有水的痕迹……

如果用这样的文字，写一写最初的生命的感受，别局促在心绪里，那样，张力或波纹就出来了，应该适合你的。那将是大美。因为它将抵达虚无。

上面的这些话，如果表达得再单纯一些，是这样：你的文字已经有了柔软，这种柔软是善良生长的土壤，你知道善良只能生长在温暖、柔弱这样的土壤里，她自然会保持应有的湿度和旋律，你看过初春的土地吗？上面会有一层波动的热气，我们村子里的人叫她地浪。不过，你现在过于抒情屏蔽了地浪的出现。当你把视角调整到童年的时候，情况就会发生一些变化，你可以试试。我的意思是，当你将“写什么”调整一下，“怎样写”会自然出现，不是每一个人都适合，但可能只对你管用。那时，你的力量就会重新出现，就会有人在你的文字里看到天空和土地的气息。这时，你的焦灼又会出现，没有焦灼和不安不会有这些文字。我愿意推测你能行。

其实，你已经知道了我说的童年，“就是那些在我们的身体内窖藏了几十年的时光”，那些你永远也不会忘记的细部，更重要的是那些没有琐碎细部支撑的感觉，它不像浓艳的红酒，倒像一块经年的石头，静默而沧桑，里面润含着成长的声音，像哑人开口一样惊人。除了童年，还有你的生命力。

如果，你想写东西写不出来感觉憋闷的时候，咱就先不写，等待。等待是获得地浪最好的方法。当你获得地浪的时候，你会把文章做得很小。这时，虚无就会出现了。

关于沧桑和震撼。假如你的伤感和反省来得比较容易，比如，作为女人你应该会比我更容易哭，也容易很快就产生想法并且能迅速地表达。如果真的是书写，那么就会更草率，也更轻，文字里就会缺乏一种深厚的凝在里边的东西。我们与常人一样，都会经受震撼，与常人不一样的是，震撼的东西会有所不同。最最糟糕的可能是，我们容易很快忘记一瞬间最让自己震动的部分。记住这些，必须记住这些，如果我们想当个好作家。

这些天，我常常想起，一个女人，她也在这个时代写作，而且正在和我对话——她比我写得晚一些，也相应地少一些。我能告诉她一些什么呢？不要妥协——如果说一句话，就是这样。这时，你会固守住内心的骄傲。尽管我们的生活总是不同，也许会没有现实联系，但如果过些年，你和他们一样，我心里会很难受。我希望有那么一天你能成为一个好作家。一个什么样的好作家呢？我也不知道，但我愿意这么希望着。

致JH

稿子交到我手里的时候，你期待的应该是我的具体判断。作为一个读者，我也应该这样。其实，这只是一种约定的东西。谁知，读完你的东西，我的压力也随之产生。从什么地方开始谈你的稿子呢——我对自己这样说。作为写作者，我比你写得要早很多，这中间读了很多国外的东西。尽管近两年读的东西相应地少了一些。我的意思是，在小说领域，对我构成阅读障碍的东西不是很多。当然，你的东西也没有对我构成阅读的障碍。我知道你在这篇长小说（为了叙述方便，我将它定名《花非花》）里的想法，可以这样描述：人处在诡异情感里的样子，正常的情感和非正常的情感搏斗的状态。也可以这样描述：心灵底部的搏斗或死亡与情感。当然，还可以细化一些，对于我们以下的交流，这都不重要。

从日本文学开始可以吧。我推测，你也许读了一些日本小说家的东西，在字里、在行间，你已经映照一些。《花非花》的整个语脉，让我想起韩少华译的那本《挪威森林》。死亡、神秘感，还有淡淡的罂粟气味，在这里都有了。时间真是一个好东西，在20年前，我读《挪威森林》里闻到的气息，20年后，在我的下一代写作者的作品里已经弥漫啦。其实，你的素材被你较为精巧地使用，同时你创造出那几个纯粹的人物。我还推测，很多东西都是你的想象力在起作用。但问题是，这样的东西在日本文学里是习以为常的，但是在我国的文学里，目前还是一个禁区。的确，有些较好的作家碰过这样的素材，但大都是遮遮掩掩的。像你这样毫无遮拦地写这样题材的人不多，我的阅读经验里，中国作家里迄今没有这样，准确的说法是没有这样直露。

有的时候，日本文学的迷人之处就是死亡的气息、爱加死亡的气息、混沌的爱加上混沌死亡的气息。在村上春树的身上，在川端康成的身上，甚至在中国作家苏童的身上，我们都可以看见。我不知道这样的东西价值是什么（其实，好的文学根本就没有所谓的传统价值），但是我知道我喜欢这样一种气息，正如有的时候，我对死亡本身充满幻想、充满好奇一样。那是一种迷醉。

你知道，只有肯定你的方向，我们才有再说下去的必要。现在，你可以假定我肯定你的大致方向。你知道，现在我只是一位读者，用心读一部比我小很多的女孩儿写的书。我真的不敢轻易地判断，担心由于自己吃不准会阻碍你的前行。那么，现在可以说几句你的优点啦。你始终被叙述本身牵引着，你没有用太多的力气摆布它，甚至是你的力量还不够摆布你的叙述。有的时候，叙述真的像魔罐里的绸带，越抻越长，甚至不知道后来出来的是什么颜色。这时，有两个优势出现：一个是你的语言有现场感，能激活一些事物；二是你的语言有状态感，能读出你的心境。这是不错的，很多作家写了很久，甚至著作等身时还没有这些。我知道，这些来源于你的童年的心灵生活，对于写作，没有什么比一个作家的童年生活更重要的。其实，一个作家的形成期是在童年，后来只是发现，我们也和普通人一样，被自己发现为作家的。我常常对朋友们说：作家这个行当是在童年时期产生的，他不需要学习。

你知道，按照叙述的惯例，下面该说你的缺点了。那篇《忆点夜装》不是一篇完整的东西，我们就不谈，谈一种不完整的事物的缺憾没有意义。只是说说《花非花》吧。语言、叙述、故事还有文气都有一些缺憾。这种缺憾是应该接近完美的时候，你停顿一下，上不去啦。这怪不得你，刚刚写这样的长文，难免会出现这样的问题。其实，我说的这些东西你都可以理解，只是被叙述牵引的时候，你没有扶正它，就像在高速公路上驾驶，你还是要动一动方向盘的，这样才能保证随着路线的曲折感行进。

那么，怎样才能做到呢？我的体会只是我的体会，也许不适合你。其实，要说的东西当面会更好一些，只是现在我们选择这样一种方式。似乎写在纸上的东西比口语要好一些，可以不断地翻拣出来看一看。那么，就再说两句。

语言。你的语言的确已经找到一些感觉，那是一种比较特别的感觉，写人物的时候，心里边很舒服的。就是这样的感觉成就了《花非花》这样的篇章。使这样的感觉绵长地形成，需要自己和自己长时间地说话，慢慢地，语言里边的水分就相应地充足。记住，你不要在写作的时候激动，你可以写得激动。就像有幽默感的人不笑一样。

叙述。好的叙述是叙述引领着叙述者在前行，慢慢地，但是流畅地前行。那样的体验，就像我们在童年里，雨天，双脚踩在泥里，温润，毫无粗糙的感觉。你的叙述存在一些问题，大体上是这样，有的时候，你常常把握不好叙述的节奏，没有旋律感。这是一个较大的问题。没有什么好的办法，听听古典音乐吧。音乐的叙述是最最完美的叙述。这是一件我根本无法说清的事情。

故事。一般来说，小说应该有完整故事。原则上，有故事的东西才可以称作小说。你的故事常常被你的情绪淹没，这是没有办法的事情，我的意思是说你在采集故事的时候，没有确定的故事概念。故事的概念是什么呢？得有高潮。高潮就是音乐鼓点密集的时刻，这时最好能让读者的心抖动一下。这样最好。故事可以是你编出来的，也可以是你听来的，但是，你必须在叙述的时候能把握住它。怎样才可以把握住你的故事呢？叙述的力量完全可以把握故事的力量。其实，你的故事感可以，高潮你也注意了，就是没有做到疏密有致。这更多的时候需要经验。

意境。你肯定喜欢那些有意境的东西，常常自己也朝着意境的方向行走。但是，你要均匀地分布它们在文章中的位置。不要搞得太黏。通篇想表达意境的时候，常常把意境弄丢啦。当意境不在一些细节的时候，常常会出现在整个文章中。这样的时刻是最好的时刻。

文气。文气到底长什么样？我觉得，文气就是语感。我们常常能想起一些以前读过的好东西，但是，时间一长就记不起什么了，能记清的是那些若隐若现的、缥缥缈缈的东西。我说你的东西可以造就，就是说你已经有了一些。这东西很奇怪，有的人写了一生，却没有这样一丝一毫，而有的人刚刚上路就有啦，是悟性？不是，不全是。是什么？是心性——童年时候的心性。童年的黄昏里，有的孩子就开始望着星空想一些属于自己的事情，这时心里痒痒的……稍稍有了这样一些东西的人，都是那些聪慧、良善而奇怪的孩子。

坚持吧——没有什么更好的办法。就像我们在孩子时，期待某一件想要的东西。告诉你的时候，其实是告诉我自己。

据说你愿意选择作家这一行当，作为比你写得较早的人，我不好说不对。其实，你已经知道，这是一条比其他行当都要艰辛漫长的路，它没有一点点的窍门和运气，有的只是付出和祈祷。即使是你发现这个世界的很多秘密，也要按照常人的规则生活，没有办法，这样会使你成为一个这个行当里较为优秀的人。这个行当带给人的好处是，你有了三次生命：身体力行体验一次，想象虚构一次，记录一次。还有，写好了小说，你会发现这个世界单纯而混沌，最后的指向只能是虚无。还有，就是你常常模仿上帝的眼睛看人，会发现很多事情刚刚开始的时候，其实你似乎已经知道结果，只是你无法或不愿表达。还有，就是越写觉得自己写得越难过。

至于怎么处理你的《花非花》，我正想办法。

致LN

只能说我祝你好运。不过，我还是有些好奇——担任一只蝴蝶是一种什么样的情况，特别是现代的蝴蝶，我不知道。你说我是一只蜘蛛，还真的有一点像——不过我肯定不是有毒的那一只。我的“网络”也许就是我的写作。这些年的写作导致的结果是，我越来越怜悯年轻的女人和年老的农民。我知道，在现在这个时代这两种人是最不幸的。我以为，他们的生活与我写作的关系是那样的具体。当然，我说的是勤勉的年老农民和有自己内心生活的年轻女人。他们的付出远远地小于他们的收获……

LN，其实，我更喜欢你现在的名字。如果在搜狐的留言簿上你用LIHW这个名字，我应该不会回答你的问题。我和LN在一种特别的地方进行交流，我是认真的。多年来的写作生活告诉我，我必须认真做好关于汉字的每一件事情。对于我来说，和一个女孩儿谈话比同一位大国总统的交流重要得多。

当LN告诉我她读《百年孤独》时候的样子，我的内心被撼动了一下，那是一种特别的审美感受，不是一般人能理解的高级精神生活。当和你讨论《百年孤独》逐渐深入的时候，我发现我们对一些问题的相异部分已经加大，对，我们存在着一些对具体问题的认知差异。我从来不认为自己是人类中的精华部分。我是一个优点和缺点同样突出的人，特别是对于女人，我的感觉真是复杂极啦。

我不是你所推测的那种将自己现存的东西记得牢牢的人。这些年来，我始终在路上，我随时可以出发。我理解的生活就是变化和行走，别的都不关我的事。在这一点上，我和孩子们的想法是一致的。在更多的时候，我对一些简单问题的理解无法和他们相比。我知道自己和他们相同的部分大于相异的部分。

也许，我要说的是过多的交流可以不再使我们凝结，但不应该给我们制造更多的障碍。年轻真好，对什么都可以大胆地猜测甚至挥霍。过些天，我就要离开这个地方一段时间。我很留恋我们这段网上交流。如果说在这个世界上还有完美的话，我甚至已经体会到完美，还有一种久违的灼痛感。其实，你可能不知道，我在11岁的时候就将自己看作一个艺术家啦。感谢你，在我们的交流中，我了解到一个20岁的女孩儿是如何理解自身生命的，她的内心有一种自发而凌乱的东西在指引她前行。我知道那是21世纪前夜的钟声。我感激这样的钟声的存在。这，这些，甚至是我继续写作的理由。我知道自己经年的思索是值得继续的，我看到人的希望。在这个世界上，肯定有一种共同的东西在滋长，那就是生命底部的真实感觉。

这是一段属于人的美好时光，我知道我们彼此都不会很快忘记。真的谢谢你。我知道，其后的作品里肯定会出现你的影子。我们肯定曾经在灵魂的深处相契过。这是我第一次接触以前曾经轻蔑的网络，找到你我真的很幸运。我钦佩自己对母语的自觉力，我是在搜狐上通过片言只语找到你的。我知道，以后我也许不会再接触这个像梦一样的东西啦。我真高兴。此刻，我的眼里有些湿润。

我真诚地爱着像你一样的陌生人，那里有我最熟悉的部分。等我回来的时候，也许是另外的样子。文学和网络的关系在我的心中第一次变得具体——对于文学，我不比网络有过多的熟悉——我现在只是担心此刻有人在这一时刻问我："对于它们，哪一个更重要？"我想，这一次，我又没有表达清楚我的意思——和以往一样。

附　录

高晖生活及其文学艺术活动年表[①]

高晖，汉族。无党派人士。祖籍山东黄县（今山东省龙口市），生于辽宁昌图，现居沈阳。自1988年7月，于辽宁省财政学校毕业后，先后在村、乡、县、市、省五层组织机构、四级财政部门，分别任村、所、股、科、处长职务。现任辽宁省融资担保集团高管、工会主席。其间，先后在辽宁大学、财政部财政科学研究院研究生院进修本科、研究生学历。

自1988年起，业余从事叙事文学创作，并兼及文艺批评、诗歌。

1966年

8月，高晖出生于辽宁省昌图县康家村。童年曾用名高小兵。出生后，即与姥姥住在一起，并由其带大。父亲高玉坤时任公社武装

① 选自《走出与返回——高晖批评研究资料》（张清芳、高华远主编，辽海出版社，2021年10月第1版）。此年表的信息截至2018年12月，系张清芳、高华远根据高晖相关作品及高晖本人提供的相关原始资料整理而成。同时，通过检索、信函、邮件、电询等方式，联系所涉相关人士，对资料的存疑部分进行确认。鉴于2009年以前的相关资料缺失，加之数据化程度较低，为此，此年表的详尽性和完整性均有待提高，还望相关研究者接续补充、完善、增订。

部助理，姥爷李景玉为大队支部书记[①]。

1967年

夏天，患中毒性痢疾，曾在昌图老城中医院抢救多日，救命恩人系时任公社公安特派员费玉琦。

同年，奶奶孙淑芹去世。

1968年

开始认字，并可说出复杂句式。

1969年

听姥姥马凤兰讲故事，关于鬼神的居多。

冬天，姥爷丢失巨款230元人民币。

夏天，舅舅李秀中结婚。舅妈康素心系著名乡绅康九维的长女，历史学家康健[②]的侄女。

父亲任公社武装部长、公社革委会副主任等职。[③]

1970年

3月，弟弟高岩（诗人哑地）出生。

夏天，跟随姥姥徒步40余华里，去开原县庆云堡镇，看三姨姥和在三姨姥家等候的二姨姥。那次，三位老人聚会逾一个月。二姨姥善讲童话故事，三姨姥则是讲乡村故事的高手。这是高晖早期比较集中地接受民间文学的熏陶。

冬天，乘坐马车去昌图镇。这是第一次去县城。

1971年

这年起，陆续对高海军、盛田野、高风玲、郭大青、张春青、

---

① 见《昌图县十八家子乡组织史资料》，1996年12月第1版，岳国仲主编。

② 辽宁师范大学历史系教授。

③ 见《昌图县十八家子乡组织史资料》，1996年12月第1版，岳国仲主编。

鲁宝武、李明文、李明伟，王海文、王平新、康生、盛万岭、盛军、方玉、刘亚琴、盛桂清、黄玉山等村里的小伙伴和典型人物形成较强印象，并开始产生相关细节记忆。

春天，陆续结识赵强、齐志德等沈阳下乡知识青年。

夏天，曾尾随“女流氓”冯淑兰游街一整天。

秋天，首次出现厌世情绪，想到自杀。

1972年

年初，患黄疸型肝炎。其后，大量吃糖，治愈。此后不再吃糖。

春天，村里来了钻探队[1]，认识孙书明、李春福等典型人物。就在这个春天，为路过康家村的逃荒一家人购买过一兜儿面包。

夏天，姥姥家购买一台红灯牌收音机，陆续收听到中央人民广播电台少儿专题节目“小喇叭”等。

秋天，认识乌丙安及其家人，包括其夫人刘航舵、女儿乌疆、儿子乌迪。那时，康家村大多数孩子的名字均为乌丙安所酿。于是，乌将高小兵更名为高晖。

冬天，拾粪并卖给生产队，共获得5.47元的现金收入。

骑驴被踢，昏迷半日。其间，曾影像颠倒；醒后，相当长时间里处于过目不忘状态。于是，因能背诵《新华字典》而远近闻名。

1973年

大批量阅读小人书。

春节期间，家里购买一台红灯牌收音机。

春天，画家王永顺为姥爷画肖像。首次接触到毛笔。结识昌图县委书记李成东，并乘坐一次罗马吉普车。去康家村南部的齐家村看县剧团演出，其中有坐唱这种演唱形式[2]。

夏天，开始上康家村小学读书，主要教师有郑殿文、姚淑范、

① 铁法矿务局地质大队101采矿队。

② 见高晖散文《在结束时开始》。

隋敏学、王永顺、王殿荣、盛彪、尤凤云等。该教师阵容较豪华，姚淑范系一、二年级的音乐教师，毕业于长春师范学校音乐专业；王殿荣为沈阳育才学校知识青年；隋敏学为三、四年级的音乐教师，曾为长影乐团首席小提琴；著名画家王永顺为美术教师；盛彪系多才多艺的乡村教师；其后，乌丙安曾为其代语文课。

结识齐秀杰、齐国福等本溪下放户子女。

秋天，偷偷拿出父亲的毛瑟枪（驳壳枪），第一次射击。第一次爬上村东头的老榆树树冠，其后，在成年人的帮助下顺利落地。

冬天起，钻研养兔技术，并开始饲养家兔，最多时达40余只。

1974年

开始阅读古诗文及父亲所在公社的会议材料，并接触繁体字。

妹妹高颖出生。

暑假，结识康珍家从本溪来探亲的外孙女乔海心。

所养兔子10余只因患口蹄疫而死亡，非常伤心。

接触舅妈康素心的弟弟康而立。康家存有少量古籍，其中古典诗词较多。

1975年

母亲担任乡村综合商店店员。

2月，海城大地震。父亲赴海城县温香公社抗震救灾。

春天，乌丙安开始代语文课。从此，即开始喜欢文学。

冬天，跟爸爸一起到昌图县武装部开现场会，见到铁岭地区军分区司令员苟耀德。

春节前夕，公社武装部的武器库因电工耿彪使用电炉子烧土豆而不慎失火，共计烧毁轻重武器470余件，弹药若干。从此，父亲在家专门撰写检讨书。当时，家里时有各级军事部门的吉普车出入。

母亲与齐秀杰轮流抄写《第二次握手》，高晖曾读到半本。

阅读《新来的小石柱》《赤脚医生手册》。

1976年

大量阅读《人民日报》剪报和农业学大寨经验材料。

清明节，天安门广场事件。从父亲那里看到当时供批判用的天安门诗抄。

7月，唐山地震。唐山老姑一家至今失联。

9月9日，毛泽东去世。次日，高晖挨到一记耳光。此情节在《1976年秋天的纸飞机》有所披露。

10月，“四人帮”被捕。高晖率小伙伴拆毁村里的唯一的大烟囱。该事件被写入《姥爷的故事》。

1977年

阅读《怎样养兔》《战地红缨》《三国演义》《毛泽东选集》等。

春天，大伯父高玉田去世。

1978年

姥姥家购买一部“三洋牌”录音机。其后，高晖时常将自己讲的故事录音，并播放给小伙伴们听。

通读《唐诗三百首》《毛泽东选集》，逐渐熟悉繁体字，并曾用其写作业。

12月，中共十一届三中全会召开。结识乡村诗人于海昌。

1979年

康家村购买一部黑白电视机。此后的两年间，几乎每天晚上均与成年人一起挤在村部的大炕上看电视。

冬天，跟李明伟在一起喝酒，醉。系首次接触白酒。

1980年

从此以后，明显感觉食物逐年增多。

春天，拥有一双“回力牌”球鞋。

7月，结识付春风、朱奇、赵志文、王国良、孙书民、郑国义、郑国梁、李冬梅、崔国军、张成仁、张冬梅等师友。

1981年

阅读《红楼梦》《水浒传》《三言二拍》等中国古典文学书籍。

住在表姐家。

听到邓丽君的流行歌曲。

春天，开始戴军帽。军帽曾被高年级同学郑国义等人抢去。

夏天，患近视眼。随二姑郑淑贤、二姑夫刘国兴去沈阳配眼镜，住在沈阳军区某团参谋长史连贵家。

10月，拟参军，未果。

1982年

3月，离开康家村。

7月，参加《春风》文学讲习所学习，直至1983年6月。其间，开始非正式阅读，主要读物为《卓娅和苏拉的故事》《钢铁是怎样炼成的》《春风讲习所教材》《静静的顿河》《安娜·卡列尼娜》《复活》《三个火枪手》等。

7月，赴鞍山鞍钢北部消防队看望高侠、崔国军、张成仁等初中毕业即参军的同学，首次接触军营生活。

9月，读高中一年级。结识丛云峰、朱霞、高燕、于景祥及王文林、董长果、迟宇波、李旭、谢涛、李军、赵伟志、孙冬雨等老师及同学。其中，语文教师丛云峰曾发表过中篇小说，对其产生影响。

1983年

母亲担任公社文化馆负责人。

阅读《昌图县志》《少年维特之烦恼》《茶花女》。

在录像厅观看《上海滩》。

8月，父亲带其参观昌图县少年犯管教所。

9月，转至昌图县第二高中，结识于俊昌及潘树森、常德宏、于宝军、江军、李成波、毛强、王喜文、王志宇等老师及同学。

1984年

阅读一批古代汉语书籍，包括《古文观止》《清诗一百首》《宋词三百首》等，可背诵大量古诗文，包括初中、高中语文课本的古文部分。

结识张雷。

1985年

转至康平高中，结识张新路、郭长虹、张遂志、邓广文、程继恒等同学。结识老干妈孙素琴一家。

阅读《渴望激情》。

在收音机听到崔健的摇滚乐。

姥姥失明。

姥爷去康平看望高晖。

1986年

7月，考入辽宁省财政学校。其间开始自觉性阅读。主要读物有《精神分析引论》《存在与虚无》《词语》《心灵的激情》《童年》《在人间》《我的大学》《战争与和平》《被侮辱与被损害的人》《渴望生活》等。

9月，结识周万春、孙世鹏、杨俊亮、满艳霞及迟格、于一贫、赵方、李顺猛、李秀彬等老师和同学。

11月，创办手写报纸《懒汉报》。

1987年

1月，与李秀彬、宫静等同学创办白天鹅文学社。

8月，被误诊为肺部肿瘤。

9月，撰写论文《大中专学生心态特征及政治思想工作机制创新》，约两万字。

1988年

7月，毕业。在长岭子集贸市场贩卖鱼类。

8月，被分配到昌图县长岭子乡财政所工作。

10月，结识张春学。加入辽北诗社，并担任《辽北诗报》常务副主编。

11月，结识张东明、田文忠、张礼、杨德林、畅仲明、胡家友、张景芬、王会良、王虹、毕晓霞、李宏伟等。

1989年

共计编辑3期《辽北诗报》。

哑地开始诗歌创作。

陆续接触到王永纯、佟玉民、肖显志、海银龙、王作千、达文、姜立夫等昌图作家和诗人。

为张春学编辑的《昌图诗选》撰写后记《昌图有诗》。该篇文章为编者所能搜集到的高晖的最早作品。

5月，哑地发表处女作《手臂》《六弦琴》。

11月，调入昌图县财政局。

1990年

接触到北岛、顾城、舒婷的诗歌，并撰写两本阅读笔记。

8月，编辑达文诗集《倾斜的回归线》，并撰写序言《回归线上的坐标》。

1991年

开始与何志国[①]、张晓伟、党兴昶、任希中、孙日成、刘建国、刘国强、李维禄、于岫立、高旭国、黄涛等铁岭作家、文学批评家结识。

1990年9月至1991年5月，在昌图县满井乡满井村担任农村社会主义教育工作组负责人。其间，住宿在该村民兵连长陈连科家，并结识解景山、解景利、安凤革等乡村基层干部。

5月，《回归线上的坐标》发表于《辽北文学》，责任编辑肖显志。该篇文章通常被研究者视为高晖的处女作。

6月，短篇小说《出来进去》[②]发表在《辽北文学》第3期。

---

① 即剧作家何邦瑞。

② 编者认为，此篇系高晖的小说处女作。

7月，《随笔四题》发表于《芒种》1991年第7期，责任编辑常柏祥。

8月，与纪元一起代表铁岭市作协接待叶文福一家及随行的何首巫。

12月，短篇小说《封闭阳台》发表在《辽北文学》第4期，责任编辑肖显志。

1992年

5月，突发特异功能——猜字。

7月，短篇小说《片段》发表于《芒种》1992年第8期。责任编辑荒原。该篇小说通常被研究者视为高晖的小说处女作。

8月，结识鲍尔吉·原野。

9月，结识洪峰、林建法、曲枫。

10月，赴南开大学与郭长虹交流，并结识画家尹沧海、汪惠仁等天津的画家、作家。

11月，举办婚礼。

1993年

陆续与常柏祥、荒原、刘嘉陵、王宁、张颖、李黎、刁斗、马原、柳沄、丁宗皓、李轻松、麦城等辽沈地区的编辑、作家、诗人接触。

7月，儿子高巴顿出生。

8月，哑地出版诗集《忧郁的谎言》。

9月，参加铁岭市文联组织的“龙首山笔会”，结识满献智。

10月，林建法、宗仁发专程赴铁岭看望高晖。

11月，猜字功能消失。

12月，参加辽宁文学院第三期青年作家班。3天后退学。

1994年

1月，赴欧洲十国自费旅游。

创作《重返童年》《1976年秋天的纸飞机》。

5月，在铁岭龙首山，参加辽北文学编辑部主办的“94之春”文学笔会，曾与洪峰、刁斗畅谈一夜。

8月，结识柳沄、李松涛、李犁、王多圣、王辉。

9月，参加铁岭市文联开原笔会。

1995年

5月，调入铁岭市财政局。

7月，出版短篇小说集《寻人启事》，责任编辑宁珍志。

与肖显志、满献智、任希中、张晓伟、姜立夫、海银龙、耿华、哑地等作家、诗人一起，参加昌图笔会。

1996年

8月，加入辽宁省作家协会。

11月，出版散文集《内部问题》，责任编辑荒原。

1997年

阅读大量铁岭地区及所辖各县区的方志和民间文学。

正月二十四，姥姥去世。

5月，艾青去世。

6月，参加辽宁省作家协会首届会员轮训班，并与乌丙安相遇。

8月，作为辽宁省作家代表团成员考察朝鲜。

1998年

与陈显照合作经营餐馆，与他人合作创办卫生所，接触到大量典型人物。

其间，阅读西方文学经典著作。全年未写作。

1999年

继续阅读西方文学经典著作，并创作小说、散文作品。

3月，结识津子围、孙春平、韩春燕。

4月，参加辽宁省合同制作家的厦门笔会。

7月，赴广西、云南考察，并在缅甸境内短暂停留。

9月，作为辽宁作家代表团成员考察中国香港、澳门，泰国，新加坡。

10月，哑地出版诗集《体内报告》。

2000年

阅读若干哲学书籍。

5月，与常柏祥、费维达赴齐齐哈尔市富拉尔基区看望刘家琴、谷四虎等朋友。

7月，深入加格达奇军分区边防九团所辖的边境前线——北极村军营[①]。10月，结识崔道怡。

12月，去中央电视台研究室查阅资料。满献智病逝于铁岭。

同月，哑地加入辽宁省作家协会。

其间，与洪峰等先锋作家接触较多。创编散文集《向陌生人招手》。阅读若干西方文学经典。

2001年

2月，评论文章《阅读〈外省书〉的三点准备和三个问题》发表在《当代作家评论》2001年第1期。

3月，与洪峰赴长春，并到东北师范大学与文学院研究生座谈。

4月，评论文章《轻触微温的潘向黎》发表在《当代作家评论》2001年第2期。

5月，出版散文集《向陌生人招手》，责任编辑张四季。

中国作家协会党组书记、副主席金炳华来沈看望高晖等签约作家并座谈。

6月，中篇散文《细节》发表在《芒种》2001年第6期。

7月，中篇散文《味道怎么样》发表在《鸭绿江》2001年第7期。中篇散文《另一个方向》发表在《散文》2001年第7期。

中国电子图书网（秦通网）购买高晖已出版文学作品的电子

---

① 同行作家为津子围、孙春平、于晓威、周建新、黄瑞、徐光荣、张力等。

版权。

8月，中篇散文《姥姥》发表在《作家》杂志2001年第8期。

洪峰为《向陌生人招手》撰写的批评文章《走出与返回》发表在《当代作家评论》2001年第4期。

9月，作为辽宁省作家代表团[①]成员，与黑龙江省部分作家联谊，并赴俄罗斯考察。

作家晓梦为高晖散文集《内部问题》撰写的批评文章《阅读者的心灵参与——关于〈内部问题〉的阅读方式》发表在《铁岭日报》2001年9月16日第4版。

10日至12日，与肖显志一起举办铁岭市青年作家与儿童文学创作研讨会，并作题为“我国当代文学评论和散文创作的几种倾向”的专题讲座。

10月，调入辽宁省财政厅。

肖显志为高晖撰写印象记，题为《将文学和哲学编织在一起的人——作家高晖的另种印象》。

着手编辑文学评论集《原始阅读》。

11月，作为辽宁作家代表团成员之一，考察法国、德国、瑞士、比利时等10个欧盟国家。

耿华撰写的高晖印象记《朋友》发表在《芒种》2001年第11期。

12月，耿华撰写的高晖印象记《在高晖周围》发表在《辽西文学》2001年第6期。

短篇小说《此文献给少女李诺》发表在《福建文学》2001年第12期，责任编辑小山。

---

① 同团作家为马晓丽、孙春平、韩春燕、陈昌平、万琦、李建新等。

2002年

主编各类文学书籍、期刊9种196册，其中儿童文学丛书“黑毛驴儿丛书”和“辽宁作家书系”获得较大反响。其间，大量阅读人事档案。

2月，结识李嘉泰、马强、朱晓曦、刘日成等视觉设计师和动漫画家，并组建动漫工作室，编辑《卡通家教》。

7月，周国会撰写评论高晖的文章《现代人灵魂的自我拯救——评高晖新著〈向陌生人招手〉》。

文学评论《他凭什么挑战余秋雨》发表在《芒种》2001年第7期。

8月，黄涛的《渴望彻悟——评〈寻人启事〉》发表在《辽宁师专联合学报》2002年第4期。

10月，黄涛的《内宇宙的探险——评〈内部问题〉》发表在《辽宁师专联合学报》2002年第5期。

11月，成为辽宁作家协会签约作家，时代文艺出版社、辽海出版社特约编审。

2003年

1月，加入中国作家协会。

2月，《答〈辽宁作家〉记者问》发表在《辽宁作家》2003年第2期。

3月，海银龙去世。撰写回忆文章《在结束时开始》。

结识傅才。

4月，《高晖访谈录》发表在《辽河文学》2003年第4期。访谈人沙爽。

7月，《中年黄昏》发表在《福建文学》2003年第7期，责任编辑小山。

9月，主编出版“黑毛驴儿丛书”，共计10册。

10月，在辽宁文学院为辽宁新锐作家班作专题讲座“写作的近邻”。

11月，出版《原始阅读》。

同月，哑地出版诗集《哑地的诗·和自己合唱》。

2004年

5月，《先锋小说家和新状态小说家》发表在《当代作家评论》2004年第5期。

6月，为满献智编辑、出资出版《满献智遗作选》[1]，并撰写序言《献智回来》。

10月，作为辽宁作家代表团成员，赴牡丹江市参加黑龙江省地域文化研讨班。会后，赴位于俄罗斯境内的海参崴考察。

11月，结识上海思想家王晓宇。

同月，哑地获《人民文学》首届青春中国诗歌奖，并加入中国作家协会。

12月，结识韦尔申。

2005至2006年

2005年1月，哑地被辽宁省作家协会聘为第四届合同制作家。

2005年3月，结识李凤国。

2005年12月，哑地获《人民文学》爱与和平奖。

其间，继续阅读。负责机关后勤事务，首次深入政府组成部门的后台，积累较多写作素材。

2005年8月，文学批评《就像水消失在水中——从叙述学角度看沙爽的两个文本》发表在《鸭绿江》2006年第8期。

2005年11月，结识冯玉忠。

2006年因公频繁进京，接触大量住京作家和艺术家。

2007年

4月，温暖的《对〈原始阅读〉的阅读》发表在《太子河》2007

① 教育科学出版社2004年3月出版。

年第2期，责任编辑王多圣。

6月，《财眼看西藏——读〈离太阳最近的地方〉大型画册有感》发表在2007年6月14日《中国财经报》。

7月，赴北京参加范曾七十寿辰宴会。

10月，主编《沧海一粟》《写生课》，辽海出版社出版。

自驾车赴安徽，与尹沧海、郭长虹、战雪雷、王晓宇、吴玄等人在九华山会合。

11月，编辑散文集《向陌生人招手》增订本。

频繁进京赴津，接触大量文艺界人士。

2008年

正月初五，姥爷去世。

4月，孙日成逝世。

5月22日，作为中国作家协会抗震救灾采访团七成员之一，赴地震灾区实地采访11天，成稿3万余字。其中，中篇报告文学《陇南市委书记王义的一天》刊载于《中国作家》2008年第7期。中央领导批示，高度肯定中国作家赴灾区采访这一举措，并指示中央电视台新闻联播节目予以报道。归后，积极组织为陇南市康县豆坪小学、武都区安化镇寺林村等地捐款捐物捐书。

同月，辽宁省作家协会、辽宁日报社、沈阳师范大学在沈阳师范大学联合主办哑地诗歌作品研讨会。

11月，国家财政部办公厅及中国财经出版社、财政部干教中心在厦门国家会计学院举办全国财政宣传工作培训班，高晖应邀作专题讲座“现代媒体环境下的财政宣传工作”，首次将文本创新、题材挖掘、文学性新闻、深度报道等理念引入全国财政系统的新闻宣传工作。

频繁进京赴津，接触大量文艺界人士。

2009年

继续创作《康家村纪事——关于一个村庄的非结构主义文本》。

2月，《答自己问》发表于《开拓文学》2009年第1期，该刊由甘肃省陇南市文学艺术联合会主办。

3月，《鸭绿江街53号》收入辽宁文学院建院25周年纪念文集。

5月23日，高晖手稿被中国现代文学馆永久收藏。

6月，结识李峻岭、李海鹏、张恩超。

7月，为母校康家村小学捐赠少儿图书3300册。

8月，张清芳通读高晖的全部作品，并着手《高晖论》的创作。

9月，编辑尹沧海著作《沧海一粟》《写生课》，均为辽海出版社出版；编辑《尹沧海书法集》，由吉林美术出版社出版。

10月，结识小说家刘庆。

11月，纪念海银龙的散文《在结束时开始》，被收入《捧着你的花环行走——海银龙纪念文集》[①]。

12月，《新经济 mook+1》集中刊发高晖研究专辑，包括《新经济时代的中国文学选择》（《新经济》综述）、《〈康家村纪事〉：一部心灵秘史》（辽海出版社综述）、《〈康家村纪事〉：对作家和作品概念的一次重要订正》、《高晖眼里的康家村》（孔波）、《诗意和现实：另一种底层小说》（张清芳）、《〈康家村纪事〉：一部能够生长的书》（一诺）、《一位少年和他的村庄的心灵纪事》（孙晓东）、《高晖论》（张清芳）、《逆向生长——读高晖的〈康家村纪事〉》（韩春燕）、《康家村的传说意义：对文本〈康家村纪事〉的考古学研究》（曲风）。

2010年

2月，结识文学批评家张学昕。

5月，编辑尹沧海学术论文集《沧海论画》，并为其作序《沧海回家》，6月，出版《康家村纪事——关于一个村庄的非结构主义

---

① 该文集由昌图县政协文史学习委员会、昌图县文学艺术界联合会合编。

文本》[①]。

初版稿酬全部用于购买少儿读物共5200册，并捐给地震灾区陇南市康县豆坪小学。

6月，《史铁生的意义》发表在《当代作家评论》2010年第3期。

7月，王晓宇、吴玄、王洪波、杨瑞春、郭长虹、战雪雷等来沈阳。

8月，当选财政部中国财政文学会副秘书长。

8月11日，与来访的韩国文学与知性社代表团[②]一起交流、座谈。

8月12日，参加陈思和先生学术研讨会[③]。

8月9日，与长河进行题为“我们的先锋，我们的文学”的对话。

8月10日，与李轻松进行题为“关于我们写作的那些稀缺资源”的对话。

11月15日，《宣传革命下的财政策略》（《现代媒体环境下的财政宣传工作》）刊发于《新理财》2010年第11期，此稿引起时任国家财政部部长谢旭人的关注，并批转该部办公厅。

11月20日，参加《康家村纪事》学术研讨会[④]。

11月29日，《辽宁日报》B12版刊发王研撰写的综述文章《〈康家村纪事〉带来的启示：中国作家如何向内心走》。

---

① 辽海出版社出版，2009年12月第1版。

② 该团由韩国文学与知性社代表理事洪廷善教授，执行、编辑委员权五龙教授，金东植教授，郑明教教授及韩国仁川大学博士生李思儒组成。

③ 该会由《当代作家评论》杂志社、渤海大学、沈阳师范大学文学院共同在沈阳主办，国内共计二十多位学者与批评家参加会议。

④ 由《当代作家评论》杂志社主办，在辽宁省鞍山市汤岗子召开。国内著名学者、文学批评家、作家孙郁、蒋子龙、劳马、宗仁发、洪治纲、吴义勤、张正中、王研、丁宗皓、赵慧平、何言宏、杜江、李东亮、何平、徐连源、阎连科、董阳、穆涛、关敏、吴茱萸等参加研讨。

12月，《当代作家评论》着手组织编辑《康家村纪事》评论小辑，包括王妍的《中国作家如何向内心走》、曲风的《康家村的传说意义》、郭长虹的《〈康家村纪事〉：对作家及其作品概念的一次重要订正》、何平的《比观念和技术更重要的》编入该辑。

中篇散文《重返童年》（节选）发表于《财政文学》第1期，财政部中国财政文学会编。

2011年

被鲁东大学文学院列为重点跟踪研究的当代作家之一。张清芳组织该院部分青年教师及研究生、本科生细读高晖全部文本，并撰写大量批评研究文章，同时，张清芳着手搜集、整理、编辑《走出与返回——高晖批评研究资料》。其中，《康家村的天空》被鲁东大学列为2008级汉语言文学专业（本科）《现代文学史》科目的“评论写作”题目；《姥姥的笑声》被鲁东大学列为2009级汉语言文学专业（研究生）《现代文学史》科目的“评论写作”考试题目。

被沈阳师范大学文学院和辽宁省文艺与社会发展研究中心，列为重点跟踪研究的作家之一。2011年12月，沈阳师范大学组织部分青年教师及研究生，启动对高晖作品的全方位研读活动，并撰写专题论文22篇。

1月，发表《1976年秋天的纸飞机》，《美文》2011年第1期。

1月23日，与高旭国进行题为“关于生命体验、民间情怀和局外人”的对话。

2月11日，与郭长虹进行题为“从激情到温情：我们到底应该怎样表达”的对话。

2月，《此文献给小学同学五芹》发表在《美文》2011年第2期。

王妍对《康家村纪事》的综述批评文章《中国作家如何向内心走》发表在《当代作家评论》2011年第1期。

曲风的批评研究文章《康家村的传说意义》发表在《当代作家评论》2011年第1期。

郭长虹的批评研究文章《〈康家村纪事〉：对作家及其作品概念的一次重要订正》发表在《当代作家评论》2011年第1期。

何平的批评研究文章《比观念和技术更重要的》，发表在《当代作家评论》2011年第1期。

3月，《杀人犯吴玉刚印象记》发表在《美文》2011年第3期。

4月，《史铁生的意义》发表在《当代作家评论》2011年第2期。

《史铁生的意义》被选入《永远的史铁生》[①]，林建法主编。

高旭国的批评研究文章《〈康家村纪事〉的组合艺术》发表在《南京邮电大学学报（社科版）》，2011年第2期。

5月，《1989年初春至深秋的火车》发表在《美文》2011年第5期。

6月，《清明记》发表在《美文》2011年第6期。

赵淑梅的批评研究文章《〈康家村纪事〉的死亡叙述》发表在《当代作家评论》，2011年第3期。

7月，《杀人犯吴玉刚印象记》被日本《火锅子》杂志（总第77期）的"华语文学人物"专栏刊载，并向日本读者推介。

8月，《煤城往事》发表在《美文》2011年第8期。

10月，参加第三届中国当代文学"文学与传统"高峰论坛[②]，并作题为"中国古典文学的真正传统是先锋精神"的主题发言。

《在结束时开始》发表在《作家》2011年第10期。

11月，《〈词语的故事〉：康家村纪事的关键词》发表在《美文》2011年第5期。

---

① 林建法：《永远的史铁生》，北京：华夏出版社，2011年。

② 该论坛由《当代作家评论》杂志社、复旦大学中国当代文学创作与批评研究中心主办，在沈阳举行。尤凤伟、格非、张清华、王光东、林建法、赵慧平、高晖、刘庆、金仁顺等参会，旨在探讨中国当代文学与中国文学传统的相关问题。

结识美国汉学家葛浩文，并与其对谈萧红。

12月，电影导演李杨赴沈，与高晖商议将《1976年秋天的纸飞机》《此文献给小学同学五芹》《杀人犯吴玉刚印象记》改编为电影文学剧本。

张清芳《高晖论》发表在《渤海大学学报》2011年第6期。

《生命体验·民间情怀·局外人——高晖、高旭国对话录》发表在《渤海大学学报》2011年第6期。

2012年

3月20日，参加中国当代文学高峰论坛“重建中国文学理论批评”①，并被沈阳师范大学聘为住校作家。

农历四月二十八日，舅妈康素心去世。

4月，《宿命的阅读》发表在《艺术广角》2012年第2期。

6月，张学昕在《作家》杂志第3期发表批评研究《康家村纪事——关于一个村庄的非结构主义文本》的理论文章——《小说家如何推开故事的窄门——从高晖的〈康家村纪事〉说起》。

7月，编辑出版《沧海论画》。

8月，重返地震灾区。作为中国作家协会抗震救灾采访团成员之一，获得甘肃陇南市政府授予的“陇南市荣誉市民”称号。

10月，接受《华商晨报》采访，并发表《莫言的标志》，刊登在《华商晨报》2012年10月14日B15版。

---

① 3月20日，由《当代作家评论》杂志社、沈阳师范大学文学院、辽宁省文艺与社会发展研究中心共同主办第四届中国当代文学高峰论坛“重建中国文学理论批评”。会上，聘请高晖、刘庆为沈阳师范大学驻校作家，聘期五年。林群校长宣读聘词并为其颁发聘书。中共辽宁省委宣传部副部长盖成立，辽宁省作家协会党组书记、副主席朱庆昌，中国社会科学院外国文学研究所所长陈众议，江苏省作家协会主席范小青等出席；沈阳师范大学党委宣传部、学科与科研处、文学院和辽宁大学的部分师生参加。

发表中篇纪实文学《回忆与记述：2008和2012，我们都在灾区》，《中国作家》旬刊纪实2012年第10期。

11月，中篇小说《煤城往事》入选《2011年中国最佳中篇小说》[①]。

12月，《野蛮的读者》《姥姥的笑声》发表于《海燕》2012年第12期。

杨德林去世。

2013年

3月，创作长诗《诗意的幸存者》。

10月11日，与冯玉忠、王晓宇在辽宁宾馆专题座谈。

11月18日，参加第二届“当代中国文学批评家奖”颁奖典礼暨第五届中国当代文学高峰论坛，同日答《华商晨报》记者杨东城问。

12月，着手创作长诗《诗意的幸存者》。

2014年

1月，赴天津参加天津大学“两岸三地”中国画展。其间与蒋子龙座谈。

2月，诗歌处女作组诗《冬天里的春天》（长诗《幸存者》节选）发表在《作家》杂志2014年第2期。同时，配发张学昕的评论文章《精神的伦理与灵魂的表情》。

---

① 王蒙、林建法主编：《2011年中国最佳中篇小说》，沈阳：辽宁人民出版社，2012年。

5月，参加首届当代中国文学翻译高峰论坛①，并作题为“译著双方的心灵契约是中国文学翻译的核心问题”的主题发言。

6月，《海燕》杂志编发高晖专辑，包括中篇小说《阅读者》、短篇小说《笔会纪事》、中篇散文《关于表演者的故事》。

7月，被南开大学（哲学院）书法绘画与美学研究中心聘为客座（文学）教授。

邀请蒋子龙来沈，冯玉忠参加，在沈阳中道艺术馆进行三人谈。

8月，着手创作长篇小说《幸存者》。

11月，在上海结识钱宏、赵辉、温克坚。

12月14日，“诗意的幸存者”——中国当代诗人视觉艺术巡展，在位于上海浦东三林老街的中道（上海）艺术馆启幕首发。此次巡展由高晖担任总策展人，诗人杨炼为艺术总监。参展人有中国朦胧诗代表人物芒克、杨炼、唐晓渡、严力，有作家兼画家友友、诗人摄影家李笠、诗人学者郭长虹，还有画家解危等八人组成。此展被誉为2014年度中国文化界的一个标志性事件。

编辑《诗意的幸存者》画册，撰写后记《一次可以延续到幸存者余生的巡展》，并作为展览后记。

2014年11月，开始全面研习笔墨。

2015年

2月，结识宋建华、杨集才。

5月3日，与鲍尔吉·原野受《华商晨报》邀请做客沈阳天地，

---

① 该论坛旨在探讨中西文学交流的现状与前景。贾平凹、阎连科、阿来、欧阳江河、李洱、劳马、高晖等当代中国作家，陈众议、陈思和、倪若诚、谢天振、张清华、宗仁发、林建法等翻译家和批评家、编辑家，以及来自德国、英国、美国、法国、捷克和中国香港地区的11位汉学家、翻译家参加。本次论坛由中国社科院外国文学研究所、北京师范大学国际写作中心、香港浸会大学翻译学研究中心、《东吴学术》杂志社、《作家》杂志社共同举办。

参加沈阳读书季活动，与读者座谈并进行现场签售。

6月5日，与冯玉忠、甑忠义[①]座谈美术教育。

7月，结识日本收藏家弓也直。

8月，被聘为“2830小说家联盟”导师。

9月，与芒克、严力、旺忘望、艾丹等一道被聘为辽宁文学院客座教授。

10月，完成长篇小说《幸存者》。

11月，获邀参加第一届北京诗歌节，并加入“1116”诗人俱乐部，当选为理事。

结识岳敏君。

参加“1116”诗人俱乐部活动。

受友友、杨炼之邀，赴苏州参加“雅野为艳——旅欧画家友友扬州故园展”。

12月，成为中道六合（北京）文化基金签约艺术家。其后，高晖的书法和绘画作品开始被中道六合（北京）文化投资公司、美日韩收藏家和国内文化界朋友收藏。

2016年

3月16日，赴铁岭与任希中、张树福、李海研究电视剧本创作问题。

4月6日，多幅书法作品被弓也直收藏。

4月16日，被中道六合（北京）文化机构聘为艺术总监。

6月4日，“诗意的幸存者”——中国当代诗人视觉艺术巡展登陆沈阳站续航，并于同年12月26日闭幕。其中，“中道：高晖中国书法绘画小品展”，作为附展在华商艺术馆展出。

6月22日，为辽宁省作协深入学习贯彻习近平总书记在文艺工作座谈会上的重要讲话培训研讨班开设专题讲座“写作的使命”，引

---

① 甄忠义，画家，河北美术学院院长。

发热议。

7月24日，参加辽宁省直属机关书法协会挂牌仪式。

8月3日，赴青岛博物馆，参加“继往开来：杨佴旻水墨画展及杨佴旻水墨画”学术研讨会，并作专题发言。

8月13日，赴康平金沙滩国家沙漠公园，参加康平高中1986届三年五班同学会。

8月14日，与冯玉忠、李松涛、杨集才、宋建华座谈经济形势。

9月，参加第二届北京诗歌节“时间的剥夺和给予”。

9月17日，赴昌图县鹭鹭树镇，谒端木蕻良故居。宗仁发、任白、刘庆、郭力家、麦城等同行。

10月，完成长诗《诗意的幸存者》。

赴南开大学，接受台湾中国文化大学关于中国文人画问题的纪录片专访。

11月，着手创作长篇小说《康家村纪事——关于一个村庄的民间故事文本》。

11月6日，王旭、张龙、徐兆群来访中书房。

11月20日，与韦尔申、赵宝平、韩忠，在中道（沈阳）艺术馆座谈。

12月，在辽宁省图书馆组织“诗意的幸存者”——中国当代诗人视觉艺术巡展沈阳站闭幕展。

全年获得各种各类书法奖11次。

2017年

研读若干版本的中国书法史。完成百猫图，并用毛笔字抄录《道德经》等中外著名篇章。

1月，参加辽沈地区首届诗歌春节晚会。

2月，任希中逝世。

2月12日，在昌图康家村参加“中国东北文学高峰论坛”[①]。

3月30日，受岳敏君、渝儿邀请，在鲁迅美术学院美术馆参加“走出迷宫：岳敏君作品展”。

结识吕澎。

与当代艺术家张晓刚、王广义、叶永清、岳敏君一起写毛笔字。

5月3日，在沈阳，参加“王贺良隶书唐诗三百首书法作品展”。

5月15日，宋雨桂逝世。

6月9日，李树基回国。

6月13日至15日，在江苏昆山锦溪古镇，参加“锦溪风情”第一届中国诗歌民谣节[②]。

6月17日，伐柯来沈阳。

6月下旬，受邀赴宿州参加“田园幽梦：陈志峰博士书画巡回展”。会后，赴萧县探访尹沧海出生地。

6月30日，在沈阳参加“端午茶会，‘棕’情诗歌”朗诵会。

鲍尔吉·原野、常柏祥来中书房。

7月，杨集才逝世。

与董海平去宋庄拜访芒克。

7月4日，温克坚、莫之许来访。

7月21日，与郭长虹赴重庆龙翰书画院讲学。

7月23日，在沈阳玖伍文化城参加刘庆长篇小说《唇典》读者见面会，并与刘庆对谈。

---

① 该论坛由《作家》杂志社、《新文化》报社、《华商晨报》社共同举办，昌图金地上林湾物业管理委员会、昌图康家村协办。宗仁发、郭力家、任白、麦城、哑地、杨成田参加论坛。

② 该活动由中国诗歌学会、昆山市文学艺术界联合会、锦溪镇人民政府联合主办，锦溪镇文学艺术界联合会、苏州诗情画意文化传播有限公司承办，喜马拉雅FM、苏州诗院参与协办。来自全国的百余诗人、作家、翻译家、评论家、导演、民谣歌手、媒体人参与此项活动。

8月，张清芳主编的《走出与返回——高晖批评研究资料》定稿。

9月，赴京参加刘庆长篇小说《唇典》作品研讨会，并作专题发言[①]。

10月，参加第三届北京诗歌节。会间，参加北京高校诗歌与刊物研讨会。

11月，完成长篇小说《康家村纪事——关于一个村庄的民间故事文本》。

12月，受岳敏君、渝儿邀请，在湖北美术馆参加“@武汉2017再偶像中的原型：岳敏君”美术作品展。

2018年

研读各种各类中国绘画史。完成第二批、第三批百猫图。

1月，去北京参加中道六合（北京）文化投资基金团拜活动。

回家乡参加“新时代、新跨越共谋发展建家乡暨2018年在沈昌图企业家交流对接论坛”。

2月，回出生地康家村整理旧物。

6月，审定长篇小说《康家村纪事——关于一个村庄的民间故事文本》。

8月，接触北京高校文学社团。

9月，参加北京第四届诗歌节。参加北京高校诗歌与刊物研讨会。

---

① 该会在北京中国现代文学馆举行，由作家出版社、辽宁省作家协会和《当代作家评论》杂志社共同举办。中国作协副主席阎晶明、作家出版社总编辑黄宾堂、《人民文学》杂志主编施战军、《人民日报》海外版文艺部主任刘琼、《收获》杂志副主编钟红明、辽宁作协副主席沙宪增、《当代作家评论》主编韩春燕，文学批评家陈晓明、谢有顺、孟繁华、贺绍俊、王春林、刘艳、杨庆祥，作家高晖等20位专家学者与会研讨。

10月，用毛笔抄写大量当代诗歌。

11月，完成长篇小说《康家村纪事——关于一个村庄的民间故事文本》。

12月，上海思想家王晓宇来沈阳。参加满献智儿子满腾予婚礼。

关于高晖的写字与写猫[①]

多年以来，我与高晖定期见面，主要是研判社会发展形势、交流读书体会、探讨相关问题。比如，“党的十八届三中全会决议”刚刚公布，他就约我畅谈其中的诸多亮点。其中，对于为什么要解决政府与市场、政府与社会的关系问题，为什么建立健全产权保护制度等等经济、社会、法律以及当时形势分析，他都有精准的认知与精辟的见解。

至于他的写字和写猫，在我的印象里，只是他在思考社会问题、进行文学创作遇到障碍时，持有的一种补充类言说方式而已。其实，我觉得，在高晖身上，既有当代人的先锋属性，又有古代士人的传统因子，于是，他可以将文、艺、技等诸多领域打通。总之，我这样解读高晖：他不仅在人文社会科学领域是个奇才，在文学、“写字”与绘画界也应该是个可爱的“异数”。高晖堪称超众的复合型人才，也是一位优秀的“思想者”。高晖现象令我深感后生可喜，后生可期！

——冯玉忠，学者、辽宁大学原校长

---

① 题目为编者所加，并按评介者的年龄排序。——编者注

高晖先生貌若弥勒，常现一片阳光般的东方微笑；至于硕头宽腹中藏有多少宝贝，恐他本人也未必知晓。他兴之所至，均可出奇出新：十余年前他的写作，即吸引一众国内顶级评论家品评，都认为文坛又出一位独树一帜的作家。孰料几年后，一只只形态各异的灵猫，自他笔下跃然而出：或动或静，或目光灼灼或眼睁眼闭，一副阅尽世间百态的智者模样。此刻，高晖的文学才华全部用来代猫发声。猫图配上他的字，珠联璧合，是谓“绝配”；他管自己的书法叫“写字”，每个字单拿出来不一定规范，待长短不一、大小不等的字组装在一起，便是一张天书，弃圣绝智，肆艳横发，天下不可无一，又难得有二。“照猫画虎”——他果然又画出虎来：或纸老虎，或真猛兽，或病大虫，或笑面虎，个个奔突张扬、风势横霸，绝对是当今画坛珍稀动物，贵重难求。妙哉高晖！高人高晖！

——蒋子龙，作家，中国作家协会原副主席，国家“改革先锋”称号获得者

高晖在绘写高光时刻。我赏读高晖书画，领略奇思妙想。

智者高晖，要躲避因循，欲独辟蹊径。晨钟暮鼓间，百般思索千番追寻，他最终找到了历代先贤预留给后人的一方场域，于是他拥有了自己的沃土，耕耘与收获皆化作了颗粒归仓的艺术价值。为造型卷帙拾遗补缺，为文化长廊标新立异。择路精准，健步如飞，高晖做了自己的向导。

明明是他生活中豢养的宠物猫，挪到纸上便成了他的代言人。一肚子的话语，半辈子的感悟，总得说出方才痛快。他虽借猫皮隐身“猫”了起来，却从不曾与人生和岁月“藏猫猫”。

于笼养的季候，酿野生的念头；操公共的文字，行个体的表达。高晖之诗文，可跨越寒暑四季玩味；高晖之书画，却不可持常规俗律观赏。毫端挥洒阳刚之气，墨痕彰显真知灼见，字与画形神兼备，联袂中互为形神，勃然吞吐沧桑，打通古今。娓娓点评尘世，铮铮纵论天下。宛若一则则童话、寓言，一行行格言、警句，或意趣横生，或哲理充盈，让人不禁神思飞扬顺势想到一干猛兽：虎、豹、狮子、猞猁……想到猫科动物之孤傲、之狡黠、之机敏、之凶猛，想到啸动山林漠野的气度与力量。倘耳聪目明，不难读出高晖的画外之境、弦外之音，进而触摸到传统仕子的良知墨韵、忧患情怀。

高晖诞生于地平线兜紧大平原的辽北，故园铭心，他永远不会在风雨兼程时找不着“北”。他以酣畅淋漓的文字铺幽径，以出神入化的灵猫为坐骑，从容地驰向光阴深处，一路上于不动声色中尽览声色，并创造声色。自高晖始，我与他共同的生身之地——昌图从此赫然有了特别的丹青之“昌”、非凡之“图”！如若概述高晖其人其才，恰可借其姓一用：高士也！

——李松涛，诗人

高晖这本书，名为《高晖写字写猫集》——他写字，可谓自创一体的毛笔字，我看过不少，也能看得懂；至于他“写”猫呢——我知道他画过很多神态各异的猫，可为啥非得叫“写”猫呢？他用文字写过猫吗？我没有读到过。我倒是见过他养的一只名叫高朗朗的大蓝猫，那猫有时甚至比他还像家里的主人：一脸高傲，两眼发光有神，不知在思考什么，貌似很有学问、很有思想的样子。于是，高晖常常晒出这只大猫的各种照片来炫耀。

当然，更有学问和思想的还是高晖本人，毕竟他才是真正的主人。高晖不仅懂经济、金融，还会写作，包括叙事文学和诗歌。我觉得，至于他随手写的那些毛笔字和画的猫，对他来说，那无非就是玩玩而已吧。他由着性情写自己的字，不管别人怎么看；他凭着自己的眼光和审美画自己的猫，也不在乎别人是否喜欢。其实，像高晖这样有独特的个性和想法，已经成了。高晖确实是一位个性鲜明的人，也是一个如同他身躯一样巨大的思想者。对了，高晖可能是按照中国画的传统，将“画”一律称为“写”——好，那就继续“写”吧。

——芒克，诗人、画家

按中国传统习惯称谓，我与高晖君属于道友。自从10多年前于沪上相识，便始终保持联系，时而交流读书体会、经济形势乃至时局看法，时而谈论形而上的哲思问题。高晖君智性、冷静，观察思考多于表达，尤其难得的是其格局幅面宽厚、性情至善。

至于高晖能够写字画画，那是再自然不过的事情啦——我始终认为，中国文人的字与画，根本不是写出来、画出来的，而是活出来的东西。4年前，我去沈阳中书房拜访高晖君，他为我展开《道德经》长卷，真是叫我慨叹不已！

高晖书老子，其字透着慈，其迹通着俭，其轴七丈五体也，不为天下先而独步全球先！当时我即联想到，王立平谱红楼，其声其乐其音，触耳穿肺钻心，再无出其右者。如是我闻——让我再不忍用“凝固的音乐”“永恒的文曲星”套在他头上了——实际上，高晖是一位天生的书写者，一个活出来的书写者。

——钱宏，一个从大地上生长出来的思行者、全球共生论坛（GSF）发起人

我与高晖，有天下奇缘。此说有书为证，书即《金瓶梅》——天下第一奇书。我二人初识于2014春渤海之滨麦城饭局，高晖如约破门而入，远望一佛，近观一怪，坐而论道，与我有同好，皆推崇《金瓶梅》为古今小说之首，旋即奉上拙文《我，兰陵笑笑生》，不意大获谬赞，遂成知交，且以笑笑哥、笑笑弟相称。

今相识日久，细思前缘，更欲拍案，因为概括高晖，非一“奇”字不可。由内而外，个性焕然。其人奇，独立豪侠，风流不羁；其诗奇，破格随心，敢笑敢骂；其字奇，放浪形骸，披头散发。然众奇之外，更有一奇，便是猫奇。高晖之猫，大名朗朗，毛短色灰，神清气爽，常徜徉群书之畔，坐卧经典之巅，怡然自得，视贤哲如无物。高晖画朗朗，逸笔草草，寥廓传神，借猫眼之通透，舞神灵于笔端，是为画奇。笑曰：高晖养朗朗乎？朗朗养高晖乎？晖朗相映互养乎？奇人生奇艺，奇艺证奇人。笑笑弟满门，怎一个“奇”字了得?!

——杨炼，诗人

大约在六七年前，高晖刚热衷笔墨书写时，恰好有几次我同在现场，觉得他在起步阶段就靠近中国古代文人传统的精粹部分，即心灵参与，于是，我就始终鼓励他坚持下去。没有想到，他能一直坚持下来。其后，高晖逢人便讲我是他开始“胡写乱画”时第一个给予肯定的人。

其实，我倒觉得高晖是个异数。在20多年前我们就认识，当时作为财经专家，他谈及相关专业问题时如数家珍并通俗易懂；后来，我才知道他从事业余写作以及在作家圈的状态。高晖的复合力、接受力、艺术感知力时常能出人意料；高晖对多重事物的认知，总会不偏不倚。于是，当他进入笔墨书写状态时，几乎是无所畏惧，甚至是凭借着诸多先验的东西。你看他写字画画，几乎每一笔都会出现险情，但他最后还是能够控制住局面，于是，若干笔墨排列在一起，往往弄出意料之外的况味。

记得上次见面，我们谈论的问题是审美意识能否经由后天训练？我认为能，他认为不能。总之，规范的美学程式教育难以制造出高晖这样的家伙。

——韦尔申，画家、中国美术家协会原副主席，鲁迅美术学院原院长

“遂古之初，谁传道之？上下未形，何由考之？”这是屈原《天问》中的头两句，可见形的重要。除音乐而外，人类一切文艺犹如老天造物，皆由形生，皆由形传。高晖是诗人，而且是硕果仅存的随感派诗人。他旁逸斜出地专注于书法与猫，倏忽之间竟洋洋洒洒地恣肆起来，且多有神来之笔戏谑感时，尽在稀声。至于是否应了“古人庶几字画间，可以求其心”的意境，有待诸位方家考之。我除了感佩，唯有惊叹。

——陈众议，学者，中国社会科学院学部委员、外国文学研究所原所长

当我以为高晖仅是一名诗人的时候，忽然发现他亦擅叙事作品，更兼散文和批评。然后，我才看到他的书法和猫。我喜欢高晖的书法，有一种特异的恣肆无羁，能随着不同的情感变化起伏。我请教了一位懂书法的朋友，被告之：“他的书法，有金石气，有法度；同时又保持了天真烂漫和率性的气息，一紧一松，张弛平衡。”二月里，看他抄我的一首诗，他提升了作品的锋芒和悲意。朋友圈里经常看到他画的猫，只只有深意，其态各有内蕴。

——林白，小说家、诗人

溢出专业的才华是才华，专业内的才华其实是专业。一如鲁迅的版画和他的中国第一部的《中国矿产志》所溢出来的才华样，高晖才是真正才华漫溢的人，因为他除了有丰沛立体的各种文学作品外，他的“字与猫”，构成了他才华漫溢的横流与风景，使人透过这些“字”“猫”而看到一个作家的才华是如何溢成一片汪洋的。

——阎连科，作家，中国人民大学文学院教授

高晖是位具有多方面才华的当代重要作家。他创作了叙事文学、诗歌、散文、文学批评等多种文本，其中文学批评常能精准发力，并以少胜多。近年来，高晖书法渐入佳境，写意猫等图像文本的制作别开生面。写意猫与神相视，像舞蹈，是线条的诗。高晖堪称以意写猫之集大成者。

——王尧，批评家、作家，教育部长江学者特聘教授

高晖属于我喜欢的那类复合型的跨界人才。他在小说、散文、诗歌、文艺批评、书法、绘画、收藏，财经等多方位释放着感觉。这种自由，其实是种人生观念和艺术态度。存在就是多方面的尝试和创造，唯有如此才能赋予沉闷、无聊、撕裂的生活以意义，才能更多地打开生命中的多种感受开关。我可以把高晖整体的创作视为一种“行为艺术”——他的生活本身就是一个非常棒的作品。正是后现代艺术极力推崇的“生活就是艺术，人人都是艺术家”这个观念的佐证。从他的书法和绘画里面，也能看到他的松弛和无概念障碍的自由度和天马行空的才华。我认为，他的这种状态才是真正艺术家的状态。我相信在这种状态里，还会出现很多不确定的，一种开放性的艺术成果。我们可以拭目以待。

——旺忘望，艺术家、诗人，中国文化艺术人才管理中心数字艺术委员会副主席、《中国美术报》视觉总监

认识高晖先生，我很幸运。多年以来，我们“金木水火土”五人小组定期聚会——除我俩外，还有著名经济学家冯玉忠先生、著名诗人李松涛先生、著名记者杨集才先生。实际上，我不大了解书法和绘画上的技术问题，仅仅懂一点逻辑思维而已。当然，我是高晖书法和绘画的首批收藏者，据说排名还比较靠前。同时，我是“以茅酒换高字”的发起人，至今仍保持着用4瓶500毫升飞天茅台酒换他一小幅字的良好纪录。我是他的粉丝，同时认定自己与他有较深的前缘，且属相相合。我和高晖还是邻居。

基于相关的历史文化逻辑因素，并结合当下文人视觉艺术品实际情况，我断定高晖是增值空间巨大的潜力股，理由如下：第一，高晖将具有较强的历史文化标本意义。大家公认——高晖是集作家、诗人、艺术批评家、书法家、画家于一身的奇人，是东西方文化及其相关文艺门类的综合体或综合载体，关于这一点，感兴趣的朋友可参照古人标准进行溯源性考察，我不再赘述。第二，高晖具有先验先知般天赋，对相关事物的识别力判断力超越常人。在我看来，不能用“天才”两个字概括，他甚至具有外星人的思维与灵性，就像他的猫儿子——高朗朗一样，具有特定的神性。比如，高晖总能弄出惊天动地泣鬼神的语句或灵异的叙事；高晖福大命大，乃过阴之人——前年8月，曾在重症监护室被抢救11天，最终安然返回；高晖的笔墨里有一种我说不清楚的神气；同时，高晖在处理日常生活细节时充满佛性。此外，就是高晖具有超常的精力、专注与勤勉——这一点，我非常了解。

综上，我对高晖存有无限的期待。相信在不久的将来，我手里的高晖书法和绘画作品的存量和增量肯定会给我带来可观的财富。当然，多多益善哪。

——宋建华，律师、收藏家

与诗人高晖是微友，几乎每天都在朋友圈读到他的书画作品。高晖书法用笔沉实而结字多随性，点画老辣，不拘于碑帖绳规。读之，文辞语句幽默睿智且不乏深刻；喜画猫，或翻扑跳跃，或蜷缩懒卧，神态各异，活灵活现。书画，本文人余事，诗意文心溢而自成，前贤多有议论，诚不我欺。故“诗意”地写字画画，格调意境自然不俗。高晖是诗人，胸中诗心豪宕，下笔诗情横溢，无论书画诗文皆意趣天成，令人耳目一新。

——于明诠，艺术家、学者，山东艺术学院教授

狸奴向为文人雅好，甚属帝王宠物，隋唐而下入画者不知凡几，不让虎犬。概取其富贵灵媚之意。吾友高晖写猫，曲尽人间百态，尤见世相万千，形神兼具，生气毕现。更以字入画，字画两宜。礼拜仓颉，亦步亦趋；自我作古，从心所欲。虽不敢妄说百余年唯一人，实未见其二者。真所谓匠心非小道，俯仰有天地。阿弥陀佛，么么哒！

——吴俊，批评家，教育部长江学者特聘教授，南京大学文学院院长

如果将旧体诗比况传统意义上的中国书画，那么，与新诗相匹配的无疑是一种具有新面孔和新品质的东西。然而遗憾的是，在当下所说的中国书坛和画坛里，这样的东西尚不多见——大多书画家仍沉醉于“故国山河”的笔墨情趣里，做着要么敦厚、要么荒寒的梦。重复与无病呻吟，是传统语境下中国书画艺术的症结所在，或许真的需要一次启蒙，从人格的独立和精神的成长开始——而这一点，确实要有赖于那些对书画保有兴趣的诗人和作家。

而在我看来，集诗人、小说家、批评家于一身的高晖，便是极具这样潜质的人。近年来，他也一直写字、画画，用他自己的方法，从心灵和兴致出发，生活的喟叹、无聊的打发，都在他独树一帜的笔下个性化地呈现着，并在这灰蒙蒙的日上尘嚣里，闪烁着诗性的光芒。

高晖写字都是在写新诗和他喜欢的篇什；高晖写猫也是一种象征和追求自在的一种方式。其实，脱却一切羁绊，不仅是人生的最终祈向，同时，它也是艺术的理想。

向高晖学习，开拓生活的视野。

——王登科，艺术家、学者，荣宝斋书法院院长，《艺术品》杂志主编

见到高晖前，我对“气定神闲”的理解，只是停留在字面上。2015年秋天北京诗歌节，有幸结识高晖以后，我才真正理解什么才是传说中的气定神闲的人物。高晖为人气定神闲，因此，他的诗歌是气定神闲的，他的书法更是气定神闲。高晖是我广阔的人生阅历中极其罕见的一位传奇人物。我想，在任何时候、任何场合、任何领域，高晖所表现出来的气定神闲，肯定不仅来自他丰富的学养，更来自他修炼多年的境界。

而今，《高晖写字写猫集》的出版，无疑是中国当代诗界、书界乃至画界的一个标志性事件。我在上海倾心遥祝，同时，也为自己人生中结识高晖这么一个气定神闲的弟兄而倍感骄傲。

——默默，诗人、摄影家，撒娇系诗院主持人

蒋子龙先生曾对我说过，高晖是一位优秀作家。我曾对学生们说过，高晖不仅仅是一位优秀作家，而且他完全有可能什么都是，只要他愿意做。你们已经看到，他写字画画都有一种邪劲儿——其实，这种邪劲儿恰恰是中国文人特有的神采。我向来对文人字和单一题材绘画者不愿过度赞美，但对高晖却是例外。高晖的文人字意造而师法、清逸而高古；写意猫独辟蹊径，从古至今鲜而有之。高晖的字与画中所寓含的哲思、文心、意蕴，足以引起中国当代画家深思。而今，高晖已由猫及虎，我们拭目以待。

——尹沧海，画家、学者，南开大学艺术与美学研究院主持工作副院长

我见高晖写字、画猫、画虎，惊奇赞叹，一如喜欢听他说话、看他作文。这位老友纵笔恣肆无羁，而内里自成法度；图文相配相得，独出机杼，趣味横生。猫虎百态，曲尽其妙；人世万象，直逼其真。观其作，得享经验的会心、智慧的荡漾。他大概常是即兴运笔，神采灵动，又带蕴积之深思，功在字画之里，也在其外。

——张新颖，批评家，复旦大学中文系教授，教育部长江学者特聘教授

其实，高晖就是一位萨满巫师。萨满巫师是一定要击鼓作法，舞之蹈之的。对于高晖这样的萨满巫师来说，艺术并无分类，一切诗性化的表达都是人与神灵世界的伟大联结。多年来，他写诗、写小说、写散文，又写文艺批评。在这些形而上的叙事里，他用各种可能的声音诵唱、哭述、祈求、赞美、呼喊，充满挣扎与忏悔。骨骼绽放，鹰隼降临殿宇，幻象飞舞，力量在河水中聚集。对于一个职业萨满，在通往异域的旅途中，必须有一个或数个具有人格魅力的动物与其结合为一个新的生命体，从而构建生命的第二身体。在漫长的探索中，我们看到高晖出其不意地选择了（或是被选择）猫科动物，首先是猫，然后是老虎。猫科动物的超越性早已体现在商人青铜大器的虎噬人图像中，也在南美亚马孙丛林印第安萨满药师的仪式中引领着人类对宇宙的探知。在高晖的挥毫下，猫科动物或是散淡如星光下的丛林，或是神秘如黑暗中的神祭与若有若无的轻唱，或聚拢于无形，或显像以灵动。书法如画猫，实同理。猫科动物与大字跃然纸上，顿成具有独立人格的萨满面具。萨满面具非为遮掩人的真实面容，实为揭示动物和宇宙神性力量的显现以及与佩戴者的融而为一，从而构造出萨满大师的第二身体。第二身体冲破物质性局限，让赞美不再被此世的任何点滴功利所羁绊。高晖不分门类的艺术旅程让我们回到生命的本体，回到人类生活最简单的层面上来，让我们这些在20世纪80年代上大学的人在天命之年总算明白一件事：对意义的追求原本是没有任何意义的。

——曲枫，人类学家，美国印第安纳大学人类学系兼职教授，聊城大学北冰洋研究中心主任

书画乃文人余事。古人称之为清华之渣滓。胸中有一股郁勃之气，发而为词章，吟而为篇什，犹有未竟者，向缣素泼洒，以存心迹。故唐张彦远云，古之善画者，莫匪衣冠贵胄高逸之士，振妙一时，传芳千祀。

高晖与余相知30余年，其小说诗文，不胫而走天下者亦20余年矣。近岁颇以笔墨自娱，以书画为文余之游戏。然以其格高，正苏东坡所谓“苟能通其意，常谓不学可”者。其书不循窠臼，自我作古，然天趣盎然，有汲汲于此者所不及之处。其画专写狸奴，嬉笑怒骂，存心史焉。其顾盼之际，是自写照，亦是图众生相，乃见人生智慧，世道人心。且也，书与画，相得益彰，互为发明，洵中国文人画之正道。其所谓偏中正者也欤？故虽为吾挚友，不敢不力荐，所谓举贤不避亲也。

——郭长虹，文化学者，中国电视艺术委员会副秘书长

高晖写字画猫，隐隐有个追求。他做的事是——不愿那样写字、不愿那样画猫，他隐隐有个追求。他并非无力道破，而是他喜欢隐隐追求。他甚至也不是喜欢隐隐的状态，事实上，他一直为人敞亮，不偷偷摸摸——他只是凭借隐隐，让自然意志浮现出来，从常人眼里的笔墨破绽处浮现出来，从猫生斑驳行藏处浮现出来，从时光之手篡改一切现存处浮现出来。高晖看着自己的字与猫，怎么可能没有大欢喜呢？那里都是自然意志与自由精神。

——汪惠仁，作家、书法家，百花文艺出版社总编辑

高晖简介①

鲍尔吉·原野

我们穿过铁轨，往月台方向走。亮晶晶的铁轨低于地面，铁轨边上堆着硌脚的、鹅蛋大的灰色砾石。火车头蹲在远处，像一只吃饱的狼在观察路过的羊群。我们穿过几十条铁轨，想不到作为中小城市的铁岭火车站竟有这么多铁轨。我们爬过水泥屏障，比朱自清的父亲敏捷得多，站在月台上等候开往沈阳的火车。这时候，高晖有点沮丧，属于声带突然出现问题，用手比画，不精准的哑语那种。他舍不得我们走。我知道，他舍不得这么多朋友在一起谈论文学的氛围——谈论普鲁斯特、谈论卡夫卡，突然散了，来到一个叫作火车站的地方作别。他的表情好像要哭，他知道哭并不恰当，应该表现出豁达和无所谓——那时候，高晖还没有学会这套本事。到后来，他对一切事情都很豁达和无所谓。这是我第一次见到高晖。

见到高晖之前，我不知道世上还有这样一个人。这没什么奇怪。不因为他不优秀，也不因为他名气小，事实上，他那个时候名气不小了，只是我不知道而已。就像我不知道西班牙有一位诗人洛尔迦之前，洛尔迦就写出“格林纳达有两条河，一条在流血，一条在歌

① 此文系鲍尔吉·原野为本书撰写的序言，并已刊发在《作家》杂志，2019年第12期。

唱”。那是在20世纪90年代初。

小说家刁斗不止一次对我说，高晖真好玩儿。这样说时，刁斗一笑，瞳孔缩进弯月形的眼缝里，嘴角上扬。刁斗面白无须，笑起来有弯月眼睛和上翘的嘴形，我常常管他叫蒙娜丽莎。当年，刁斗曾作为刚收到北京广播学院录取通知书的准大学生，因在沈阳五一商店跟人打架，搬起柜台装零钱的钱匣子投掷到对方脸上而被视为抢劫罪嫌疑人，接受派出所讯问。当派出所确认木头钱匣子是刁的斗殴工具而不是抢劫目标时，就将他放了。但警察困惑，这样的人怎么能考上北京广播学院呢？蒙娜丽莎·刁曾对我说过几次，哪天咱们上铁岭看看高晖去。我那时很功利，只想去见比我高大完美的榜样，譬如在《收获》《人民文学》上连续发表作品的人，高晖当时还没做到这一点。刁斗说，高晖最优秀的地方是爱读书，这人嗜书如命。他将书中所描绘的一切都当成真的，而他自己的生活好像是假的。我问刁斗，高晖靠什么谋生呢？刁斗说：这家伙在体制内“打工”。

我们来到铁岭，去拜访高晖。那时候我们的年龄还处在嘻嘻哈哈打打闹闹的阶段，想不到三十多年之后会将这段经历写出来。同行的人好像有作家荒原、张晓伟。张就是铁岭人。可能还有别的人，我一下记不起来了。我们坐在由沈阳通往铁岭的绿皮火车上。刁斗每逢进入像火车轮船这种交通工具，以及来到草原大坝矿山的时候，往往控制不住自己感情的澎湃。他仿佛想随时引吭高歌，未果，便开始找人打扑克并批判对方的牌技，同时看窗外掠过的风景，用颤抖的喉音哼唱李劫夫谱曲的毛主席语录歌。我们一路上嘻嘻哈哈来到铁岭，来到高晖所在的地界。他家住在铁路的西侧，跟火车站隔着几十条闪亮的铁轨。

高晖住在七八十平方米的老式住宅楼里，房间最好的位置没放床也没放餐桌，而是摆放图书馆那样的书架。两个书架之间，刚刚容一个人走过去。高晖结巴，介绍他的藏书之前，脸已憋得通红。

结巴的人往往聪明，事实上他说的话在头脑里早就准备好了，但由于聪明，脑子里准备的话太多，不知先说哪一句，结果出现语言堵车的现象。高晖举起一本书，他知道自己会结巴，先把嘴唇咧挺大，便于多过话，再闭上眼睛，使劲把那些话说出来。但我估计他也就说出他所准备的话的1/10。

由于我们反应平静，他感到委屈，也带一些难过的表情。他想说的是他多么爱这些书、这些组成书的纸和油墨、这些书柜，它们几乎是他全部的亲人。他说，他熟悉书里的人物。书中所有的人，不管是好人还是坏人，不管他们叫玛丝洛娃还是叫渥伦斯基，都是他的朋友。白天读书，这些人和他在一起。晚上做梦，他们还跟着高晖在一起。但高晖并没被文学大师刻画的人物所迷惑，他知道他更愿意研究他们的写作方式，更愿意关注作家本人和他所处的时代。他的口吃妨碍了他对文学大师的致敬，连1%的敬意也没表达出来。热血在他脸庞上涌流，他全身的血小板和血红素都涌到了脸上，使他的脸越来越红。他说卡夫卡、博尔赫斯、海明威、福格纳。他说到这些名字的时候，闭上眼睛，好像是一个小男孩体会阳光照进他心里的感受。

我很惊讶。当然我的表情是平静的。惊讶的原因不在于他结巴，而在他是这样的虔诚。在这座名为文学的威斯敏斯特的大教堂里，走过这个名叫高晖的纯洁儿童。他虽然只是个儿童，但他自认为是这些文学大师的朋友。这种纯洁感染了我。高晖对文学的态度是爱，而非功利。那些心中有爱的人会征服别人。

20世纪90年代初，我国突然进入一种全民经商的状态之中。每个人都在卖东西，在卖他们所不知道的建筑材料、化工材料等等。中国在严格的计划经济的管控下，突然走入市场经济轨道，钱的作用被放大无数倍，人们极其迷惘。那些卖东西的人，事实上什么也没卖出去，因为他们手里没有资源也没有钱，那只是官倒的风气在民间的折射而已。在那时，中国喜欢文学的青年仍旧痴迷于文学之中，他们还没有从文学跨入功利的文学之中，他们只停留在文学中，这已经让人满足。刁斗、高晖和我都是其中的人。我们明知会被残酷的市场经济所打败，但是我们情愿如此，文学是我们的靠山。

高晖领我们参观了他的书房之后，从小饭馆里端回菜，在家开席吃饭。诸如四喜丸子、炖笨鸡、酸菜血肠、炟肘子、炟鸡架这些菜摆满一桌子。在装土里土气的菜肴的盘子的缝隙，高晖放进去各种各样的酒，剑南春、五粮液以及辽北本地土酒。这时候，高晖的谈风改变，他完全不再口吃，甚至是妙语连珠。他讲述各种各样奇特的故事，其感染力超过单田芳。他的讲述有描绘刻画、有挖苦讽刺、有旁白独白。他的表演（表演在这里的含义是中央戏剧学院表演系的表演，属专业称谓）让大家捧腹大笑，纷纷放下筷子，手摁自己的肚子，朝各个方向放声大笑。吃客的反应无疑激励了高晖的表演欲，他越发变本加厉，大家越发狂笑不已。那时候，你觉得高晖是一个文学禀赋优异的人，他知道怎么样把一个人刻画得活龙活现，他也知道中国的语言在庄的同时有谐的一面，在正的同时有歪的一面，在美的同时也有丑的一面，而好的文学是把庄谐正歪与美丑融于一体。这是文学的奥妙，也是文学的功力。那时候，赵本山应该只是在铁岭的乡村集市装盲人给别人唱一点小戏的艺人，尚未爆得大名，因而知道铁岭的人不多。高晖的表演能力早在20世纪90年代初就远远超过了赵本山，而且，表演内容由他自己创作，无需别人给写本子。在大家眼里，高晖是个本真的人、诙谐的人、艺术感悟力极高的人。他对于书的热爱和对文学的热爱让我印象深刻。这样的人，比如说他有一天突然写毛笔字、画猫，尽管会让周遭熟悉他的人惊讶，但是我毫不奇怪。他所写的字和他所画的猫，一定融入了他对生活的理解、对爱与美的理解。这就是艺术与人生之间复杂的关系，相互影响、相互依存，最后造就自家面貌。

通往沈阳的绿皮火车到达铁岭站。我们登上火车。高晖远远站着，没和我们握手，也没向我们挥手。我看到他热泪盈眶。那时候，他没现在胖，头发也比现在多。他流泪的样子很特别，好像在恨自己或恨什么东西。别人没注意到这一幕，但被我看到了。这一幕或者叫作高晖的痛苦是什么呢？这是超越友情与文学，可以归类于哲学的东西，用佛教的话说叫别离。佛教认为人生最大的痛苦，或者说人生之不可取，是因为摆脱不了别离。你说你别离了朋友，尽管是刚刚相识的朋友，但你分明觉得别离了很多东西，不对吗？那些场景，那些永不再现的语言与表情都随着火车的笛声消逝了。对人生，你如果仔细看下去，穿透那些繁华盛景，实际是很沉痛的。

后来，高晖由铁岭市财政局调入到辽宁省财政厅工作。在社会评价体系中，“财政”是一个处于高端的词汇。在官场，“厅”也是个威严的称谓。“财政”与“厅”给在那里就职的人镀上一层金光。于是，高晖沐浴着金光积极向上。

人就是这样，离得远，见的次数还多。到了一个城市，反而不怎么见面了。据说，高晖之才能被该厅厅长发现并重用，终日忙忙碌碌。有一次，我得了眩晕症，久治不愈。高晖来到我的陋室，并拿来两大包药，其中肯定有何首乌和丹参片这两种。他明确指出眩晕症吃这两种药后必定痊愈。后来，这样弄一下、那样弄一下，主要是遭够罪之后痊愈了。还有一次，我妻子陈虹老师检查出某种内分泌疾病，我很慌张，也很难过。还有一个问题不好解决，那就是她服的这种从瑞士进口的药物，每月吃一瓶，费用800元，自费。当时，我和我妻子的月工资加起来刚好800元，每个月只能剩下几十块钱的生活费。高晖得知后到我家来，他很着急，试图努力将陈虹老师吃药费用，通过寻找相关政策做以处理。这让我很欣慰，一种暴雨停歇、云开雾散的欣慰。好在当年年底，国内引进匈牙利生产的这种药，比瑞士生产的便宜一半，每瓶只要400元。给我妻子看病的医生姓T。我去开药的时候，看到一群妇女围绕着他，该医轻声慢语地解答患者提出的问题，像一个和蔼亲切的街道干部。后来，这位T医生升职为大学副校长，再后来，升职为副省长。我和我妻子在电视上看到T省长出来活动的画面，都觉得有趣。他是那样一个朴实亲切的医生，每天在小小的诊所里面接待患者，忽然变成副省长。有一次，T医生对我说，这种病按《科学》最新研究，仅是个水泡而已。只是在教科书上还没有把病的名称改过来，没有什么危险，但药还要吃下去。再后来，我们的工资随着通货膨胀指数的增加而增加，觉得能够买得起这种药，已经没问题。虽没让高晖去办那种特殊照顾，但我对这件事记忆深刻。高晖讲情义，对弱者尤其有同情心。其实，高晖本身也一个弱者。一个人是不是弱者，不取决于你是否在体制内、是否在强势机构里工作。如果你有良知、你有不忍之心、你不愿意告密、不愿意卖友求荣、牵挂太多、下手不狠，你所有弱点都暴露出来，你就像高晖一样是一个弱者。

高晖爱搞笑。前面说过，他的现场发挥能力不比他家乡的赵本山逊色。在酒桌上，高晖常常喜欢模仿学者。有一次，我记得是在中国医科大学第一附属医院后面一条小街的饭馆里，餐室墙上写满从各地来沈阳与高晖见面的作家和诗人们的墨迹。那次吃饭说到欧阳修的《秋声赋》。高晖点燃一支烟，深沉地看着房顶，说，这个《秋声赋》嘛，是欧阳修在1437年10月12日，也就是农历九月初九那天下午写的一篇文章。高晖刚说到这儿，被在场的一位画家打断。他说可别扯了，宋朝是公元九几几年开始，公元一二几几年结束，不可能是在1437年。高晖一愣，他没想到这人这么快、这么犀利就结束了他的学术讲座。当时，他脸上的表情已酝酿好学者的情绪，准备细讲欧阳修的心理状态，以及宋朝大地的自然样貌，但被人打断了。问题出在一个小小的瑕疵上，也就是年代问题。高晖不是恼羞成怒的人，他很憨厚。听人这么说，他马上露出了甜蜜的笑容，举起酒杯说："喝，喝一个。"

我曾命名为他为东北"二高"——高鹗、高晖。他含笑答曰：可以，可以的。我又命名他为东北"三高"——高鹗、高其佩、高晖，他含笑点头：可以，可以的。高晖知道，这不过是玩笑而已，是语言而已，人生没有什么可以不可以，大都可以。有一些人生特质，比如坚忍不拔、威武不屈、临危不惧等，广受辞章赞美，但不必推送给所有人。当你对人生有所体悟之后，不得不承认，人生摆脱不了虚无性，即无意义。好多人看到鲁迅的激烈，但没看清他思想里面的虚无。他受过尼采很深的影响。鲁迅抄写佛教典籍那么多年，也难免受到浸润。既然如此，东北“二高”和东北“三高”有什么不可以呢？画猫有什么不可以呢？高晖画猫并不能给猫带来什么好处，是他自己爱画，表达他的方式。他可能觉得他的猫儿子高朗朗不被画下来传世，就是巨大的浪费。于是，他以空前的热忱画高朗朗的各种各类姿态。这种热忱像秦始皇时代那个名叫郑国的人修了一条郑国渠一样持久，郑国知道他会由此被历史记忆。

有一次，高晖翻他上班拎的破公文包找一个东西，从里边拿出一本薄薄的破旧的佩索阿的书。他说这本书在他包里放了三年，他每天上班下班都带着它，现在一页还没有看。但是如果他不带上这本书，就会心慌，类似低血糖发作。还有一次，他下楼发现包里没有这本书，立刻上楼把它放进来。说着，高晖点燃一支烟，望着天空翻卷的秋云。他说：“佩索阿是一位伟大的作家啊。”说完盯着我，好像我会驳斥他。他看我没异议，自己点点头，说确实是伟大的作家。他的表情仿佛说佩索阿得到他的肯定之后，就可以到有关部门领一个证啦。

诸君翻阅这部《高晖写字写猫集》时，如果仅仅认为高晖只是一个写毛笔字和画猫的人，就会犯下狭隘主义和经验主义的错误。公允地说，高晖是一位文学家。他写过好多文学作品，包括长篇小说、短篇小说、散文随笔和诗歌，其代表作是《康家村纪事——关于一个村庄的非结构主义文本》。同时，高晖还是一位文学理论研究者，我称他为文学深度评论家。当他从事文学创作的时候，脑子里冲出更强烈的文学批评意愿，于是义无反顾地投身于他那些尚未完成的文学评论文章中。当他撰写文学评论文章时，觉得文学作品在等待他跳出来疯狂创作。由于他不满意好多作家不成功的写作，于是对很多体裁都会亲自去写一写。有人说，以高晖的才情、阅读量和对生活的理解，作品数量偏少，进步有些缓慢。我说，他进步一点也不慢。有人一个人开一部车，高晖是一个人开两部车——一部车叫文学创作，另一部车叫文学评论。现在又增加了两部车——一部叫写字，另一部叫写猫。他手脚并用驾驶四部车在大马路上奔驰。这些文学艺术创作都是高晖的全集。这里，还不算他对酒、对朋友、对女人、对山河、对历史、对财经金融理论的磅礴热情。如果都算起来，他所开的车，`比阅兵式上的坦克方阵还壮观。以上全景才能构成高晖的全集。

高晖收藏当代绘画较早，也收藏酒。有一次，他请其处女作责任编辑、作家常柏祥和我吃饭，拿出一瓶酒。酒瓶用毛头纸糊着，看上去破破烂烂。他给我俩每人倒了约有一两酒，说："你俩先喝下去，我说个事。"该酒像野猪一样闷乎乎地烈，我喝半天才喝下去。常喝一小口，说太辣不喝。高晖举起我的空杯说："你刚才喝下去的一两酒，值一千元，这可是1976年的赖茅啊。"于是，常毫不犹豫地干下，说："今天我得整3000块钱的。"我摸摸肚子，感受千元酒经过口腔、食道进入胃里之后将发生哪些喜人的变化。高晖凝重地看我们："你俩慢慢体会。"我说："现在还没啥感觉。"高说："喝得太少。"咣咣咣又给我倒四五两酒。我慢慢喝下去，对高晖说："迷糊、困，没别的感觉。"高晖眼看着七八千块钱没了，毫无所获，略显伤感："我还一口没喝呢，下面只能喝新酒了。"于是，他从装着佩索阿的破公文包里拿出一瓶五粮液。我对高晖说："还是五粮液好喝啊。"高晖摇摇头："一万块钱白瞎啦。"

2012年的秋天，我为一件事情困扰，思维跳离轨道去另外一个界面上运行。我被这种力量所驱赶、所鞭挞，内心比较痛苦，不能自主。有人问这是什么事情呢？实际什么事情并不重要。比如说你在大街上被一个人打了，打你那个人长什么样，是单眼皮儿还是双眼皮儿，是A型血还是B型血，都不重要。重要的是你被他打了一顿，你需要养伤。我当时感觉极其沉重又极其虚无。这两种表述有矛盾，但完全可以在一个人身上体现。那时候你觉得眼睁睁地被抛出正常的轨道，在另一处荒凉之地独自运行。有一次，高晖用车将我拉到沈阳中街怀远门，进一家全市最大的书画用品商铺，说："你要在这儿买笔墨纸砚，不用考虑钱。"店铺里的人见到高晖十分谦恭。高晖说："原大师是我国最重要的书法家之一，他能来这里买东西是你们的光荣。"店家猫腰点头："那是，那是。"我根本没想写什么书法，我也不会写什么书法。好在我不是一个贪财的人。我挑选半天，选一支最小的小白云毛笔，说买这个。高晖说："你们把每支300块钱以上的毛笔分大中小号给我拿20支。"他把这些笔放在我面前，说："从明天开始，你就是中国文人字的代表人物。"

随后，领我到宣纸柜台让我选纸。我不懂宣纸，用手摸一摸纸，问这纸多少钱一捆儿。售货员掩口而笑。高晖趴我耳边说："宣纸不论捆儿论刀。"我说："没人告诉我啊！"他告诉售货员："从今以后，书画大师买纸全都论捆儿不论刀。"售货员又开始对我点头哈腰。高晖说最好的纸拿5刀。到砚台面前，让我挑选砚台。我挑选半天，选一个我觉得是合适的砚台。高晖说："你怎么能用那样的砚台呢？用这样砚台写的字怎么可能留存中国书法史呢？"他端起一个最大的雕龙描凤的砚台，说把这个搬车上。我一看那个砚台价格好几万，立刻急眼："你这完全是胡整。"高晖说："那你自己挑吧。"我在那儿挑了一个价钱略贵的砚台，大约1000多元。最后是买墨汁。这里的墨汁很有奥妙，有日本产的，也有中国台湾产的。高晖替我选了10瓶墨汁。对了，我想起来他给我买的宣纸是价格最贵的红星牌宣纸。总之，他给我装备了10年也用不完的笔墨纸砚，用车拉到我家里。在我家，高晖神秘地对我说："原大师，我有个事儿想求你行不？"我问："啥事儿啊？"他说："现在有好多地方求你的字，求不到，着急找到我这儿来了。"我说："我怎么不知道有这事儿呢？"他说："你知不知道不重要，你就写吧。你能不能在100天之内写200幅作品？每幅作品字最少也得是一首唐诗，28个字，长的更好。你最好写一下白居易的《长恨歌》《琵琶行》，还有《长征组诗》。"我说："我写这些东西，做什么用？"

他说要办展览。首先在国内10个城市同时办联展，作品太少不够用。然后到日本的大阪和神户各办一个精品展。他说："现在时间太紧迫了，你必须昼夜干。你写的书法将会让中国书法面貌一新，对密切中日友好关系起到不可替代的作用。"

我听完高晖这些话，大吃一惊，他说的每一个字我从来都没听说过。我用了很长时间思考他所说的话，比如在全国10个城市联展，然后到日本办精品展。我后来打电话问他："这事是真的吗？"他说："我已经和别人签合同了，如果完不成，要处以10倍的罚金。国内十城展厅的租金已经预付了，人家不给退。"我说："这件事幕后是谁操纵的呢？"他说："你不要问了，这个事情很敏感，牵涉方方面面，你写就可以了。"

从那时起，在2012年9月、10月、11月、12月，以及2013年的1月、2月这几个月，我用高晖给我选购的高级笔在高级纸上写我会写的所有字，包括唐诗宋词、诗经元曲。写腻歪了，就抄写福格纳的短篇小说。写书法是修为，人要站立，要凝神，笔管中正，一天写两幅到三幅六尺整张，常常写得满头大汗。有一天我从上午11点一直写到晚上11点，中间只上了一次厕所。我需要跟各位交待：我不会写书法，无论用多么好的笔、多么好的纸，写出来的字还是不好看，我写的字跟所有不会写毛笔字的人所写的字同样难看。高晖经常来视察，他将我写的字放地上，指指点点，说不错不错。然后大谈颜真卿、王羲之、柳公权，还有张黑女碑、韭花帖等等，我根本听不懂。

我问："我的字怎么样呢？"他说："你的字放在中国书法史上能占个中下游。"我说："那不可能吧？"他说："这是最保守的估计。"

当时，我哗哗写字，写一批，高晖就收走一批去装裱。他装裱的字画非常考究，仿红木框、亚麻布衬、真空挖裱。他用车拉着我到装裱的店，我看到我写的所谓书法作品被装裱得这么精妙，思维完全混乱。有一度，我认为自己就是一个大书法家。

高晖将这些装裱好的“书法作品”，送给他的亲朋好友，并在宾馆、饭店、会议室里悬挂。其间，高晖曾经将我接到宾馆住过一段，他说：“你可以将你的所有朋友都找到宾馆，跟他们一起吃饭、聊天。”我也找过几个朋友到那里吃饭、说话，但我觉得没意思，绝不是朋友没意思，也不是宾馆没意思，是那个时候我对任何事情都打不起精神来。

高晖发现用写书法和集中住在宾馆写书法方式并没有让我的消沉得到缓解，他的耐心结束了，终于有一天，他涨红了脸，大声说：“原野，你是不齿于人类的狗屎堆。”“狗屎堆”这个称谓，我觉得耳熟，想了想，这是“文革”中流行过的形容词。我问他：“你咋想起这句话来了呢？”他羞涩地笑：“我看看能不能用当头棒喝的方法把你整好。”

一年以后，当我抑郁症痊愈，从陈虹老师那里知道高晖导演这项书法活动的缘起。他试图通过写字转移注意力的方法，来缓解我的抑郁症。我知道后大吃一惊，这个局做得太大啦，十城联展，亏他想得出来。

很多年前，高晖曾对我说过，每隔两三年他的阅读和写作就会遇到瓶颈，过一两年才能找到突破口。他在这种间歇困顿的状态中孤独前行。2013年9月，在又一个写作困境来临的时候，高晖遇到一位“贵物”。此贵物是一只猫。按人类有名字的习惯，它也有自己的名字，叫高朗朗。高晖遇到高朗朗之后，潜藏在他身体内部关于宇宙与人生的想法全被激活。我们根本没料到“一位”哺乳动物能让高晖的艺术和审美感知进入一个更为深邃的境界。高晖曾经对我们说过，他现在的尖锐和细腻都是高朗朗传达给他的。见我们不太相信，他补充说，高朗朗常常在写字台上与他对视。猫的眼睛如琥珀一般黄澄澄，深邃诡秘遥远，不带有任何时间的印记。从他的眼睛里看不出现在是唐朝，还是汉朝，是2018年或者2019年。

高朗朗沉默，但高晖觉得高朗朗知道一切，譬如知道罗马帝国崩溃的原因，也知道转基因对于人类到底有哪些作用。但是他不说，只是长时间凝视高晖。高晖觉得全身酥软，所有的经络都被打通。高晖原来想将这只“伟大”的猫全身的毛数一遍记录下来，申请吉尼斯世界纪录。但他听说猫每分钟都会掉21根毛，数毛的过程中，猫始终还在脱落毛，同时还在生长新毛，数据不可能准确，于是放弃这个计划。后来，高晖想卖掉几张收藏的画作，为这只猫塑造一个等身重量的纯金塑像。他联系到山东日照一家黄金企业，准备以每克低于市场价25元的价格购入6000克黄金做塑像。但这时，又有一只猫走进了他的生活。这只猫叫高跳跳，重1.7公斤。他觉得一下子用7700克纯金塑两只猫有点吃力，所以这个计划也放弃了。高晖认为，猫带给人类的智慧与美太多了，而人对猫的回馈太少，仅仅生产一些猫粮和猫罐头而已。他觉得他最应该做的事情就是写出它们。

高晖画猫这件事，重要的不是他画得像还是不像。如果追求像，用手机拍一张照片最像。中国画在画的过程中，有主体与客体之间的交流。不光是人与猫的交流，还有纸与墨的交流。你看到的猫警觉、安逸、悠闲，这时候猫的内心可能正在焦虑、狐疑、谋划。绘画难在透过它的外形接触到它的内心世界。众所周知，猫的内心世界是非常丰富的，而猫又如此镇定，对自己情绪控制得非常得体，很难捕捉到它的情绪变化。高晖为画猫，将斯坦尼斯拉夫斯基的名著《演员的自我修养》读了三遍，《道德经》读了二十多遍。他用这两部经典指导他进入猫的内心。他相信他就是一只猫，只是他在人间的名字叫高晖而已，那不过是假象。他在体制内工作更是假象。实际上，他比猫更具备猫的品质。

高朗朗耐心地向高晖传授了猫的“三观”。高晖从此知道，猫并不像它在人类眼里那样子，只是馋、睡觉、交配。非也，猫考虑最多的是用什么样的姿态与人类相处、与世界相处、与气候相处。猫做的最多的事情是什么也不做，舍弃各种热闹、各种喧哗，保持自己内心的宁静，让人类唱独角戏，在一旁看人类怎样起高楼、怎样摆宴席、怎样被动迁、怎样自欺欺人、怎样折腾。高朗朗认为，对猫而言，这一切都显得有趣。高晖从高朗朗、高跳跳那里获得审美超越。猫即使走一步，也可以分解为好几个动作。你看它怎样轻轻抬脚，脚腕子完全是放松的，向前迈出，然后放在地下。这表示猫对天地的敬畏，也使它的天敌对它的声息一无所知。猫回头的时候，伸懒腰的时候，特别是睁大眼睛看世界的时候，都显示出独特的美。这些美将高晖迷住。在黑夜，高晖常常给高朗朗和高跳跳诵读黑格尔、尼采、叔本华的片段，甚至不惜用原文。桌上点一支洋蜡，露出微光。谈论哲学的时候，高朗朗兴趣比较大，听到合意处会不断舔爪子。高跳跳毕竟年轻，很快就沉沉入睡了，但它对高晖朗诵的博尔赫斯关于中国的虚构故事有兴趣，不断原地转圈，抓自己的尾巴。高晖为拓展高朗朗和高跳跳的知识面，也挑一些中国作家的作品诵读，但结局是不幸的。高跳跳听到这些文字，竟跳起来对高晖张牙舞爪。高晖把书啪地合在案子上，沉痛地说：“中国文学任重道远，还需我腾出手来亲自振兴之。”

高晖说，中国画最大的问题不是表现对象，而是笔墨。无论你画泰山、画翻白眼的鱼还是画猴，其实最终画的都是你自己。只不过在那一刻你的外形变成了泰山、鱼和猴子。高晖在绘画上打通自己的悟性，走进一个高古的世界。那里千山万壑，草木向荣。那是一个道场，修行者先要刻苦虔诚，这只是迈出的第一步。第二步是通透和悟性。第三步是有强大的进取心。第四步是放弃所有进取心。第五步是随波逐流。第六步打碎全身的血肉和骨骼。书家和画家用血肉骨骼所喂的鹰就是艺术。不是你吃下了艺术，而是艺术吃下了你。第七步是你想办法从鹰排出的粪便里面重新站起来，重新安排成一个人，行走并呼吸。第八步，你和原来一模一样，街坊邻居看到你之后，看不出你有任何变化，体制内的人根本看不出来高晖到底经历了什么，但高晖自己知道，他亲密的人知道，与高晖有同样审美力的人知道。上述八步论是高晖向猫们学习，并将猫儿活龙活现地描绘出来的心路历程。当然，八步论也适合于高晖的书法。他画的猫和他所写的书法，采用的是一样的笔墨。只不过猫有形，字象形而已。

前面说过，高晖写字和写猫，是他制造《高晖全集》的组成内容。他下一步还要搞什么名堂，不得而知，他自己也不知道。

2019年9月28日写于赤峰阳光小区

后记 HOUJI

姥姥的笑声

姥姥临走前有些日子，常常一个人躺在炕上想心事，想着、想着，就笑了，嘴瘪瘪的，还念念有词：“真招笑儿呀！”这时，我舅母总会说：“瞧，你姥姥又说胡话了。”我愿意这样推测——姥姥是想起了村子里一些人的行为或者是自己以前的一些想法。不知怎的，看完这本清样，想起了姥姥的笑声。想着、想着，我自己也想跟着笑。

这只是一本关于阅读的书，并不特别，只是出现的时间有些不寻常。这两年，我在省里参与官样文章的写作，几乎每天都被那些没有灵性更没有水分的文字萦绕着，“难以呼吸和视听”，也顺势用繁重的体力劳动疲劳身心，努力不再尖锐和细腻。这期间，我甚至和一些朋友失去了联系，不大知道文学世界发生了什么，每周翻翻《南方周末》——这张时好时坏的新闻纸险些成为我的唯一读物。这是一段游离时光，我知道自己是在用创作生命换取生存资料，有的时候，我开始怀疑文字本身对我应有的张力。

1991年冬天，我在一个小村子里住了将近一年——社教——是名词也是动词，总之是突破语法规则的词汇。我住那家有一个孩子，喜欢在本子上写字，他爸爸是该村的民兵连长，问我：“这孩子好弄文学，咋办？”我当时就认为这是一个严重的问题，不知道怎样回答。离开小村的这些日子，我偶尔会想起那个孩子深夜里在昏暗灯光下写作的样子。前些天，村子里有人给我打了电话，问起那个孩子，那人答："还没娶媳妇，成天喝酒，也写。"文学真是个使人不安的东西，它会在某一个夜晚降临到一个人的心里，然后慢慢地生些根茎，结果的只是少数，无法成为活命的工具。常常能想起那次电话、那个说话人的怪异的语气，联想起自己的一些事情，会默默地为那个青年祝福。在我家乡的村子里，也有一个年轻人，也是这样的情形，常年默默地写字，几乎不与人交往。我知道，文学折磨的不是我一个人。现在，能坚持的人不多了，我不愿意去探究这些文学人出了什么问题。如果因为自己文学了，就使自己和别人割裂开，那应该是一种遗憾。文学的初衷和归宿都不应该是这样，她应该是一种和普通人联系在一起的东西，是教人站在人的立场上如何说话的，尽管有些人不需要。

前些日子，我和几个朋友说：勇敢其实是——知道真相后仍然深深地热爱。这是一句上不着天、下不着地的话。现在，人们为了生存，也为了摆脱恐慌，忙忙碌碌——开始的理由总是充分的，大约是证明自己最好。这样，就很难有时间安静地想一想自己内心发生了什么、自己真的需要什么。最后，我们很难发现什么最好。于是需要另外一种东西来平衡自己也平衡世界。

"我必须学会放弃以前的一些想法。"1995年初春的一天，我对自己说。那是一个很特别的晚上，我刚刚从一家酒店出来。从那一年开始，对友谊、对政治、对家庭，还有对爱情……比如，我知道了爱情不是宗教，宗教是人和上帝的关系，爱情只是人与人之间的关系。这些，都不知不觉地发生了细微的变化。那时，我会把自己拥有的时间按着五年为界进行人为的划分：第六个五年、第七个五年和第八个五年……这是一段寻找理由的时间，在没有充足理由的时候，我依靠梦想、祈祷和努力工作生活。第二年，姥姥走了，我似乎长了10岁。姥姥活着能为我的生命放哨，姥姥不在的时候，我依靠另外一种方式——我开始领悟忏悔的力量。几乎是同时，我知道了自己的生命最后将走向虚无。有些像姥姥的笑声。

2000年夏天，我去了北极村。在夏天去北极村是个让成年男人羞于说出口的事情。印象最深的是在边界上遇到的那个孩子，军人，18岁的军人。那天，他的任务是在边界的岗楼里向我们介绍对面的自然情况，解说词的大意是：各位首长，请看，对面就是………他说了一个小镇的名字，是吉斯开头的，由于他有些口吃，说了两遍也无法绕过这个字，他哭了。他的首长生气了，我过去拍了拍他的肩头，说："我也有些结巴，没关系！以后你可以把口吃当作特色。"他的首长笑了。他的脸通红通红——紧闭的双眉展开了，抖动嘴角平复了，他笑了，更像个儿童。那一刻，我希望他日后成为将军。其实，也是可能的事情，在北极村，有极限与极致的感觉，这样的感觉可以产生单纯，单纯可以产生真诚，真诚本身就是一种精神资源，是全世界的通行证。

有一种东西最简单也最复杂，那就是坚持。坚持着一种东西，始终站在人的立场上对日常生活做出判断。这不需要技巧和灵活，只需要禀赋和倔强，有了这样东西就不怕丧失。其实，坚持的另一个结果是丧失，丧失那些不属于你的东西。

姥爷爱洗澡，喜欢泡在热气腾腾的水里，现在92岁了仍然有这个习惯。在我的印象里，姥爷的一生就是洗澡的一生。进入这个冬天，他开始了孩子般的生活，主要表现是爱吵架、爱笑、爱说一些没头没脑的话，有时挺气人的。我知道，这是一个男人到了最后的时刻，他又回来了，他或许把整个世界当成了可以无遮拦游戏的大澡堂子。我也推测，他对自己的一生只会留下一些不连贯的印象。这时，他不会爱，也不会恨了，留下一些童年习惯，许多事情在时间的缝隙里变得可笑了。

姥姥是个爱讲故事的人。在她的一些故事中，有一个我的记忆最清楚。有一个阴阳先生，就是运用周易理论看宅基地的人，现在叫大师。说是三伏里的一天，他急匆匆走过一个村子，口渴，到一户人家讨口水喝，这家人给了满满的一碗水，上面放了一些草棍。这先生愣了一下，但还是边吹草棍边将水喝了下去。恰巧这户人家要盖房子，顺便让他看了房宅地。过了好些年，阴阳先生又路过这村子顺便到了这户人家，见这户人家过得丰衣足食、人丁兴旺，就问："那回，我向你家讨水喝，你们放草棍羞辱我，我给你们选了一块凶地，你们怎么会过得这样兴旺呢？"那人说："当时是夏天，你走得气喘吁吁，放了草棍，不是拿你当牲畜，是怕你急喝伤了肺。"姥姥的故事应该是说，好心必有好报。这是简单的佛学理论。也就是因为简单，我30来年没有忘记。

后来，叙述成了我生活的一部分，开始是七八岁时从收音机里听小说，在那些天，我几乎是为《山呼海啸》这个小说生活。成年时候，我常常被叙述牵引，尝试着讲一些歪歪扭扭的故事，也就是这些故事，模糊了我的年龄界限，使自己愿意在岁月丛林里穿行。不写作的时候，我大都依赖阅读生活，没有书籍就无法安定入睡。我读那些我喜欢的文字，想在平淡的生活里寻找诗意，期盼可以飞翔，哪怕就那么一下。

11月1日是北方的取暖期，这一天，我又拿起了过去读过的一些书，有一本叫《了不起的盖茨比》，翻了几页就发现，原本自己没有看懂这个故事。当时是怎么了？也许是由于大量的阅读，自己的心灵在一种局限里屏蔽了。也许阅读形成的是经验，而不是粗粝的本能，常常会和想象力闹别扭。在今年这个取暖期，我感到了寒意。也就是在我和文学疏离的这两年，文学却在慢慢地接近我，甚至在不读书的时候，常常有文字进入我的脑际，特别是一些形象在我的心里突兀起来，我知道这是一种很好的状况。

这本书，里边都是我读别人和别人读我的文字，现在看这些文字，我都感觉有些异样：别人的东西，我未见得读懂；当然，别人读我的东西可能也是这样。

那么，为什么还需要这样一本书呢？为了给这段时光留下一些纪念。我对自己这样解释。其实还是一种功利——有时我可以摆脱利的纠缠，但还是很难摆脱名的诱惑。这时，我知道自己笑什么了，懂了一些姥姥的笑声。